國學常識精要

邱燮友
張學波
田博元
李建崑
編著

簡松興
試題增補

東大圖書公司

國家圖書館出版品預行編目資料

國學常識精要／邱燮友,張學波,田博元,李建崑編著;簡松興試題增補.——三版一刷.——臺北市:東大，2019
面；　公分

ISBN 978-957-19-3174-6 (平裝)

1. 漢學

030　　107023671

編著者　邱燮友　張學波　田博元　李建崑
試題增補　簡松興
發行人　劉仲傑
著作財產權人　東大圖書股份有限公司
發行所　東大圖書股份有限公司
地址　臺北市復興北路386號
電話　(02)25006600
郵撥帳號　0107175-0
門市部　(復北店) 臺北市復興北路386號
(重南店) 臺北市重慶南路一段61號
出版日期　初版一刷　1990年7月
修訂二版一刷　2003年9月
修訂二版九刷　2014年3月
三版一刷　2019年7月
編號　E 030520
行政院新聞局登記證局版臺業字第〇一九七號

ISBN 978-957-19-3174-6 (平裝)

http://www.sanmin.com.tw 三民網路書店

前言

一

中國學術，簡稱「國學」。國學的範圍極廣，從時間而言，縱貫五千年的歷史與文物；從空間而言，涵蓋三江五嶽的人文和生活經驗，這些都記錄在歷代的典籍中，表現了華夏民族高度的智慧，以及東方文化豐厚的異彩。

前人對中國歷史，有「一部二十五史，從何說起」的浩歎。其實中國學術的範圍，要比中國歷史的範圍更廣，今要簡介中國學術，其難度更高過於中國歷史。為了使初學者接觸中國學術，能明快地了解中國學術的內涵和精華，我們合力編撰了這一部最新的國學常識精要。使年輕的一代學子，以新觀念、新方法，來體會中國學術的博大與深奧，進而喜愛它，並發揚光大。

二

國學常識精要，是從本書局所編的國學常識一書刪略而成。國學常識共六百餘頁，是自修的良友，也是自我學習國學的必備書籍。由於其中範圍廣闊，內容繁富，是一部包羅完備的國學常識。而國學常識精要，顧名思義是擷取國學常識的精華，使讀者易於記誦，便於攜帶，作為枕中珍祕的書籍。

三

國學常識精要不是一部教科書，它卻是一部很實用的參考書，可以作為國文科的補充教材；它也是供應一般國學常識的泉源，既可豐富學問，又能開拓視野。就以一般適用性而言，對於提昇國文程度、奠定國學基礎，當有所裨益。愛好中國文學者，更可以它作為研讀國學的入門書籍，進而登堂入室，窺探中國學術的堂奧。

本書編纂的宗旨，主要是提供高中、高職、大學生，以及一般喜愛中國學術的社會人士，作為自我研讀進修之用。尤其對一般升大專或就業考試的考生而言，有關「國文」、「國學常識」、「中國文學」等科目，往往因為範圍漫無邊際，不知從何準備、從何找尋適當的參考書。本書便是針對這個需要，從基本常識上著手，並配合新時代的觀念來一一加以介紹。內容包括：國學的名稱和範圍、國學典籍的分類、經學常識、史學常識、子學常識、文學常識等項。此外，尚開列「國學基本書目」，讀者可依此簡明書目，再配合坊間古籍今註今譯的本子，或後人校注的普及本，仔細研讀，達到自我進修的功效。同時，書末提供「國學常識題庫」，設計數百題的測驗題和問答題，旨在幫助讀者反覆學習，並自行評量學習的效果。

四

我們都做過這類的數學題目：即一項工程，由甲單獨去做，五天可以完成；乙單獨去做，四天可以完成；丙單獨去做，三天可以完成，今甲、乙、丙三人同時去做，請問幾天可以完成？這項題目給我們的啟示，說明了人類合作的可貴和團隊精神的時效。我們本著這種精神，邀集了志同道合的學者，就各人的專長，分工合作，在短期內完成這部著作。其中國學的名稱和範圍、國學典籍的分類、文學常識，由本人執筆；經學常識，由師範大學張學波教授執筆；史學常識，由師範大學田博元教授執筆；子學常識，由中興大學李建崑講師執筆；國學基本書目及國學常識題庫，由本書編者與東大圖書公司編輯部同仁合力編纂而成。茲明表所司，以示徵信。

五

東漢王充論衡謝短篇云：「夫知古不知今，謂之陸沉；……夫知今不知古，謂之盲瞽。」然而，今天橫亙在我們面前的，不是王充時代古今貫通的問題；而是我們面臨古今中外學術文化交匯的新時代，如何確定中國學術的精華和價值？我們該如何自處？又如何迎接未來的挑戰？也許這本書能給予我們一些啟示罷！

中國學術，浩如煙海；中國典籍，珍如珠璣，細數中國學術的精華，猶恐有遺珠之憾。全書篇幅不少，必有疏漏，尚祈博雅君子，有所指正、指教。

民國七十九年六月

邱燮友寫於國立臺灣師範大學

國學常識精要

目次

前言

壹、國學的名稱和範圍

一、國學的名稱 1

二、國學的範圍 2

貳、國學典籍的分類

一、西漢劉歆七略的七分法 5

二、西晉荀勖中經新簿的四分法 6

三、南朝宋王儉七志的七分法 7

四、隋書經籍志的四分法 7
五、清代四庫全書的四分法 8
六、清代曾國藩的新四分法 9

叁、經學常識

一、概說 13
經字的涵義・經書的範圍
二、經書概述 21
易經・書經・詩經・三禮・三傳・論語・孝經・爾雅・孟子
三、經學流傳 62
兩漢的經學及今古文的爭論・魏晉南北朝的經學・唐宋明清的經學

肆、史學常識

一、概說 71
史的意義・史的分類・史家的四長
二、紀傳 74
紀傳的由來・紀傳的體例・紀傳的史書

三、編　年——98
編年的由來・編年的史書
四、紀事本末——104
紀事本末的由來・紀事本末的史書
五、政　書——109
政書的由來・政書的史書

伍、子學常識

一、概　說——117
諸子的涵義・諸子產生的背景・諸子與王官的關係・諸子的流派與發展
二、先秦諸子概述——121
儒家・道家・墨家・法家・名家・陰陽家・其他各家
三、兩漢以後子學概述——147
先秦諸子重要注本舉隅・兩漢以後子學的發展

陸、文學常識

一、概　說——153

文學的內涵・文體的分類
二、韻　文 —— 159
詩經・辭賦・詩・詞・曲
三、散　文 —— 191
周秦兩漢散文・魏晉南北朝散文・唐宋至清代的古文
四、駢　文 —— 199
魏晉南北朝駢文・唐以後的駢文
五、小　說 —— 202
筆記小說・傳奇小說・短篇小說・章回小說

柒、國學基本書目

一、經　學 —— 207
二、史　學 —— 208
三、子　學 —— 208
四、文　學 —— 209

國學常識題庫

國學名稱、範圍及分類測驗題——214
經學常識測驗題——219
史學常識測驗題——246
子學常識測驗題——278
文學常識測驗題——306
國學常識題庫解答——342

壹、國學的名稱和範圍

一、國學的名稱

「國學」一詞，始於清代。國學，是指中國學術而言，也就是中國一切學問的總稱。國學與西學是相互對待的。西學，便是泛指西洋的學術。自從清道光二十年（西元一八四〇年），中英鴉片戰爭以後，五口通商，由於中西文化的交流，西洋學術也輸入中國，從此就有國學、西學的名稱相對而存在。晚清時，張之洞崇尚洋務，主張：「中學為體，西學為用。」這裡所說的「中學」，就是「國學」。

中國學術，涵蓋古今，包羅廣闊，舉凡中國的一切學問，皆包括其間：無論經學、子學、史學、文學、語言學、文字學等著述，均列在中國學術的範圍中，可謂體大而思精，湛深而博大，凝聚了先民生活的經驗和民族特有的智慧，散發出東方文化特有的異彩。

國學，又有國故、國粹等名稱。今人或稱之為漢學。近人章太炎（西元一八六九－一九三六年）曾撰國故論衡、國學略說等書，以闡揚中華固有文化，弘揚中國學術精粹的所在。他在書中，提到「國故」、「國粹」、「國學」等名詞。今人採用「國學」一詞，而「國粹」、「國故」等詞彙，便少有人使用。大抵名稱的確定，也是隨時代而變化，由眾人的使用而約定俗成的。

近年來，西方學者對中國學術的研究至為普遍，他們稱中國學術為「漢學」(Sinology) 或「華學」。至於日本人則稱中國學術為「支那學」，韓國人稱之為「中國學」，有些國家則稱之為「中國研究」(Chinese Studies) 或「東方研究」(Orientol Studies)、「遠東研究」(Far Eastern Studies)。

總之，國人稱本國的學術為「國學」；外國人稱中國的學術為「漢學」，已被世人肯定而接納。

二、國學的範圍

國學的範圍很廣，清乾隆年間，姚鼐（西元一七三一－一八一五年）將中國學問分為義理之學、考據之學、詞章之學。同治年間，曾國藩（西元一八一一－一八七二年）更主張增添經世之學（又名經濟之學）。在曾國藩的日記上云：

有義理之學，有詞章之學，有經濟之學，有考據之學。義理之學，即宋元所謂道學也，在孔門為德行之科。詞章之學，在孔門為言語之科。經濟之學，在孔門為政事之科。考據之學，即今世所謂漢學也，在孔門為文學之科。此四者，闕一不可。

曾國藩文中所說的「漢學」，與前段所說的漢學，內涵不同，曾氏所云，是指考據之學，與宋學相對待，而宋學是義理之學。

中國人把學術分為四大類，其實每一大類之中，又涵蓋了一些類別，其範圍仍然廣闊，今列舉大要如下：

(1)義理之學：包括經學、子學、玄學、佛學、理學、現代哲學等。

(2)考據之學：包括語言學、文字學、聲韻學、訓詁學、目錄學、校勘學、考古學、金石學、敦煌學等。

(3)經世之學：包括天文學、地理學、曆算學、博物學、醫學、兵學、政學，以及今日的自然科學。

(4)詞章之學：包括文章學、文法學、修辭學、詩學、詞學、散曲學、戲劇學、小說學、俗文學、文學批評，甚至可擴展為文學和藝術。

這些對國學範圍的劃定，往往也因時代的不同、社會的需要而不斷地向外擴大；同時學術的領域也日益拓展，學術的分類日益精細，有系統的新科目，也不斷的增多；我們研究學術的視野，無形中日益增廣。

近年來，交通方便，海外研究中國學術的漢學家日益增多，但外國學者對中國的學術畢竟只能見其一而不能窺其全貌，以為漢學的範圍只是研究中國歷史、語言，或研究禪學、道家與道教之學，或研究紅學（紅樓夢學）、敦煌學、吐魯番學等，便視為漢學的全體了。同樣地，國內學者，以為研究國學，只是研究十三經、四史、先秦諸子、昭明文選、文心雕龍、說文、廣韻、爾雅等一些古籍。其實中國的學術博大精深，涵蓋的範圍極廣，只要能窮究其理，或成專家，或成通儒，都有益於中國學術的擴大與文化的弘揚。

貳、國學典籍的分類

中國典籍，數量浩瀚，雖然大部分經過前人的整理分類，但對於一般讀者仍然有著閱讀上的困難，且不知從何著手，本書便是試圖給中國學術的範圍和源流，勾勒出一個大致的輪廓，使喜愛中國學術的年輕一代，也能繼武前賢，薪火相傳。

中國學術的精華，大半記錄在歷代典籍之中，在此說明歷代典籍的分類，有助於了解國學的分類，以便於尋找所需的圖書。今將歷代國學典籍的分類，略述於下：

一、西漢劉歆七略的七分法

依漢書藝文志的記載，漢成帝時，圖書散佚，陳農奏請皇上派人尋求天下遺書，因此成帝詔令劉向校訂經傳、諸子、詩賦等書，會向卒，哀帝再令劉歆繼承父業，完成七略一書。七略便成為我國最早的一部圖書目錄的書籍。今漢書藝文志圖書的分類，便是依照七略七分法的分類：

(1)輯　略：相當於圖書總目。

(2)六藝略：包括易、書、詩、禮、樂、春秋、論語、孝經、小學等類的書。

(3)諸子略：包括儒、道、陰陽、法、名、墨、縱橫、雜、農、小說等十家的著作。

(4)詩賦略：包括屈原等賦、陸賈等賦、孫卿等賦、雜賦、歌詩等。

(5)兵書略：包括兵權謀、兵形勢、兵陰陽、兵技巧等類的書。

(6)術數略：包括曆譜、五行、蓍龜、雜占、形法等類的書。

(7)方技略：包括醫經、經方、房中、神仙等類的書。

二、西晉荀勖中經新簿的四分法

三國魏鄭默編中經，到西晉荀勖加以整理，是為中經新簿，其中將圖書分四類：

(1)甲部：包括六藝及小學的書。

(2)乙部：包括古代諸子、近代諸子、兵家、術數家的書。

(3)丙部：包括史記、舊事、皇覽簿、雜事等書。

(4)丁部：包括詩賦、圖贊、汲冢書。

三、南朝宋王儉七志的七分法

王儉的七志，沿劉歆的七略而有所增減，合六藝、小學、史記、雜傳為經典志，並增圖譜佛道的書為圖譜志。七志的分類為：

(1)經典志：包括六藝、小學、史記、雜傳的書。
(2)諸子志：包括古今諸子的書。
(3)文翰志：包括詩賦的書。
(4)軍書志：包括兵書。
(5)陰陽志：包括陰陽圖緯的書。
(6)術藝志：包括方技的書。
(7)圖譜志：包括地域、圖譜、佛書和道書。

四、隋書經籍志的四分法

隋書經籍志是依荀勖中經新簿的圖書分類而來，但其分類，不用甲、乙、丙、丁部，改為經、史、子、集。其後四部的分法，大致以此為準。其四分法為：

(1)經籍一．經：包括易、書、詩、禮、樂、春秋、孝經、論語、圖緯、小學等書。

(2)經籍二．史：包括正史、雜史、霸史、起居注、舊事、職官、儀注、刑法、雜傳、地志、譜系、簿錄等類的書。

(3)經籍三．子：包括儒、道、法、名、墨、縱橫、雜、農、小說、兵、天文、曆數、五行、醫方的書。

(4)經籍四．集：包括楚辭、別集、總集、道經、佛經的書。

五、清代四庫全書的四分法

清代乾隆三十七年（西元一七七二年），設館編修四庫全書，歷十年完成，分經、史、子、集四部，故名四庫。收錄圖書三千五百零三種，共七萬九千三百三十卷。全書分抄七部，分別收藏於清宮的文淵閣、奉天行宮的文溯閣、圓明園的文源閣、熱河承德行宮的文津閣、揚州的文匯閣、鎮江的文宗閣，以及杭州的文瀾閣。咸豐時，英法聯軍入北京，火燒圓明園，文源閣被焚毀；洪楊事起，文宗閣、文匯閣相繼被毀，今存文淵、文溯、文瀾、文津四部。文淵閣為正文，現存臺北故宮博物院，今有商務印書館的影印本，其餘存放大陸。四庫的分法為：

(1)經部：包括易、書、詩、禮、春秋、孝經、五經總義、四書、樂類、小學等書。

(2)史部：包括正史、編年、紀事本末、別史、雜史、詔令、奏議、傳記、史鈔、載記、時令、地理、職官、政書、目錄、史評的書。

(3)子部：包括儒家、兵家、法家、農家、醫家、天文算法、術數、藝術、譜錄、雜家、類書、小說、釋家、道家的書。

(4)集部：包括楚辭、別集、總集、詩文評、詞曲等書。

六、清代曾國藩的新四分法

清代姚鼐將中國學問分義理之學、考據之學、詞章之學。曾國藩更增列經世之學，合前三者，於是有新四分法分類的成立。其後朱次琦沿用曾氏的說法，在禮山草堂講學加以推廣。朱氏後隱居南海九江鄉，學者稱九江先生。新四分法的內容大要，在前節國學的範圍中有所說明，在此從略。

以上六種，大致對中國圖書的分類，作概要的敘述，也可以了解圖書分類的演變。其中分七分法和四分法兩大類，七分法有七略和七志的分類，四分法有中經新簿、隋書經籍志、四庫全書的分類，甚至清代尚有義理、考據、詞章、經世的新四分法。至今四庫的分類，或曾國藩、朱次琦的新分類，猶為世人所習用。

其次近代圖書館中，對圖書的分類，摻雜了西洋書籍，於是圖書館圖書分類，採用了杜威十進法。美人杜威將世界圖書共分十類，每類之中又分十項。其分類大綱如下：

000	電腦科學、資訊與總類	100	哲學與心理學	200	宗教	300	社會科學	400	語言學
010	目錄學	110	形上學	210	自然神學	310	統計學	410	語言學
020	圖書館學和資訊科學	120	認識論	220	聖經	320	政治學	420	英語與古英語
030	普通百科全書	130	超心理學和神秘學	230	基督教理論	330	經濟學	430	日耳曼語言；德語
040	未使用或已失效	140	哲學思想流派	240	基督教信念和祈禱	340	法律	440	羅曼語言；法語
050	雜誌、學報與期刊	150	心理學	250	地方教會和宗教職務	350	公共行政	450	義大利語、羅馬尼亞語、列托－羅曼斯語
060	社團、組織和博物館	160	邏輯學	260	基督教俗世神學	360	社會服務；協會	460	西班牙語和葡萄牙語諸語言
070	新聞媒體、新聞學與出版	170	倫理學	270	基督教會歷史	370	教育	470	義大利諸語言；拉丁語
080	普通論集	180	古代、中世紀、和東方哲學	280	基督教派及分支	380	貿易、通訊、交通	480	希臘語系；古典希臘語
090	手抄本和珍本書	190	現代西方哲學	290	其他宗教及宗教比較	390	風俗、禮儀、民俗學	490	其他語言
500	科學	600	技術	700	藝術與休閒	800	文學	900	歷史與地理

510	數學
520	天文學及其相關學科
530	物理學
540	化學及關連科學
550	地球科學
560	古生物學；古動物學
570	生命科學各學科
580	植物
590	動物科學
610	醫學
620	工程及關連作業
630	農學
640	家政學及家庭生活
650	管理及輔助服務
660	化學工程
670	製造業
680	特殊用途的製造
690	建築
710	城市及景觀藝術
720	建築
730	塑形藝術；雕塑
740	素描和裝飾藝術
750	繪畫及其作品
760	圖案藝術；版畫及印刷
770	攝影藝術與作品
780	音樂
790	休閒和表演藝術
810	美國文學
820	英國及昂格羅—撒克遜文學
830	日耳曼語言文學
840	羅曼語言文學
850	義大利語、羅馬尼亞語、里托—羅曼語文學
860	西班牙和葡萄牙的諸語言文學
870	義大利文學；拉丁語
880	希臘語系 希臘語文學
890	其他語言文學
910	地理及旅行
920	傳記、系譜學、紋章
930	古代史
940	歐洲歷史
950	亞洲歷史；遠東
960	非洲歷史
970	北美洲歷史
980	南美洲歷史
990	其他地區歷史史

現今一般圖書館圖書的分類，採杜威的分法，但多加以修正，以合國內實際情形。今日由於電腦的運用極為普遍，圖書的檢索，都可儲存電腦資料中，從作者姓名檢索，或從書名首字檢索，都很容易尋找到所需要的書目，然後再從編號中，取得所要找的圖書；甚至有些圖書館，已將圖書的提要和章節輸入電腦，以備讀者取用；資料的取得，已較往日簡便快捷很多，這是讀書人之福。

叁、經學常識

一、概說

中國文化以儒家思想為主流，而儒家思想的基本典籍就是經書。我國有文字以後，流傳最早的儒家典籍，就是易、書、詩、禮、春秋這五部書。當時這五部書並不稱為經，大概到了戰國以後，這些書始被稱為經。至於六經這個名稱，最早見於古書的，是莊子的天運篇：

> 丘治詩、書、禮、樂、易、春秋六經，自以為久矣。

但自唐以後，經的數字並不限於五經、六經，而有七經、十經、十三經諸多不同的名稱。劉勰在文心雕龍宗經篇上說：

> 經也者，恆久之至道，不刊之鴻教也。

這種說法，固然是尊孔之風大盛，一般儒者對於經書的觀念，認為經書是中國文化的精華、修己安人的典籍，那是不容否認的。因此，要認識中國文化，涵養崇高品德，必須從讀經書開始。茲就經字的涵義、經書的範圍、要義、價值與流傳，加以摘要論述：

(一)經字的涵義

經字的涵義，古人的說法殊多不同，如：

> 班固白虎通：「經，常也。有五常之道，故曰五經，言不變之常經也。」
>
> 劉熙釋名典藝篇：「經，徑也，常典也。如徑路無所不通，可常用也。」

其實經字的本義，是「織布的縱絲」，所以許慎說文解字說：「經，織從絲也。」段玉裁注：「織從絲謂之經，必先有經，而後有緯。是故三綱五常六藝，謂之天地常經。」由是可見，說文以織縱絲為經，是經字的本義，而班固、劉熙以經字當作「常」字、「徑」字講，那已經是引申、假借的意義。至於儒家最早的易、書、詩、禮、春秋之書，因為一些儒者認為這些書是記載天道人事常理的書，所以就稱之為經書。

㈡經書的範圍

經書的範圍，各家的說法亦多不同。首先提出六經之說的，是莊子的天下篇：

詩以道志，書以道事，禮以道行，樂以道和，易以道陰陽，春秋以道名分。

其次，司馬遷的史記滑稽列傳說：

六藝之於治，一也。禮以節人，樂以發和，書以道事，詩以達意，易以神化，春秋以道義。

六藝就是六經，莊子與史記所論六經之用，原是一致的。不過，六經排列的次序，又有不同的說法，大致言之，有兩種排列的方式：

⑴詩、書、禮、樂、易、春秋。

(2)易、書、詩、禮、樂、春秋。

上面兩種排列的方式，屬於第一種排列次序的，有莊子天下篇、史記儒林列傳等，屬於第二種排列次序的，有漢書藝文志、儒林傳。至於何以有這兩種不同的排列，近人蔣伯潛在經與經學上說：

六經的次序，有兩種不同的排列法：一、易、書、詩、禮、樂、春秋。二、詩、書、禮、樂、易、春秋。主張第一種排列法的學者，認為六經是周公的舊典，所以依其制作的時代先後為次序：易由於八卦，八卦是伏羲畫的，故列第一；書的第一篇為帝典，是記堯舜的事的，故列第二；詩的豳風七月是周末去豳遷岐時的作品，商頌是商代郊祀的樂章，故列第三；禮、樂是周公所制，故列第四、第五；春秋是孔子就魯史記修成，故列第六。主張第二種排列法的學者，以為六經是孔子所作，用以教人的，所以依其本身程度的淺深為次序：詩、書是文字的教育，程度比較淺，所以排在前面；禮是約束人的行為的，樂是陶冶人的品性的，已是進一步了，所以列在其次；易明陰陽之變、天人之際，如其拿現代的話來比喻，是從「宇宙論」以推論「人生哲學」；春秋則是孔子的政治主張，借褒貶往事以示其微言大義的，所以并他們下列的「文學」一科的子游子夏，對於他的筆則筆，削則削，都不能贊一辭，這兩種書，程度最為高深，所以列在最後。

蔣氏所說，是今文家和古文家所持的不同意見，其實，六經本來只是六種書籍，其排列的先後，可以說全無關係。不過，由於古書中記載的次序不同，今文家和古文家的見解不同，因此又使六經排列次序成為經學的問題，這也是研讀經書的人所必須知道的事。

其次，六經雖有其名，而樂經卻始終未能見其專書，此又是什麼緣故？一般言之，又有兩種說法：

(1)樂經原有其書，而亡於秦始皇的焚書。

(2)樂經本無其書，所謂「樂」只是附於「詩」的樂譜。

上面兩種不同的說法，主張第一種說法的是古文家，他們認為六經是周公的舊典，樂經當然有這部書，後世所以不見此書，那是因為秦火燔書的緣故。此種說法固然言之成理，但秦火之後，其他的經書都能復出，何以樂經竟全無痕跡，而且先秦流傳至漢的書籍，也無一句引過樂經的話，因此主張樂經原有其書而亡於秦火之說，不免令人懷疑。其次，主張第二種說法的是今文家，他們的持論，從前面論述觀之，樂經本無其書的說法，似乎可信。至於「樂」是「詩」的樂譜之說，固然在論語的子罕篇上說：

吾自衛反魯，然後樂正，雅頌各得其所。

由孔子之說觀之，古代「樂」和雅頌具有密切關聯之處，是不容置疑；不過，六經中的「樂」是否就是「詩」的樂譜，卻未有確實的證據。但就古書的儀禮、禮記二書觀之，用樂的情形，卻記載非常詳細，如儀禮燕禮：

> 小臣納工，工四人，二瑟。小臣何瑟，面鼓執越。內弦，右手相入。升自西階，北面東上坐。小臣坐授瑟，乃降。工歌鹿鳴、四牡、皇皇者華。

又禮記鄉飲酒義：

> 工入，升歌三終，主人獻之。笙入三終，主人獻之。間歌三終，合樂三終。工告樂備。遂出。一人揚觶，乃立司正焉。知其能和樂而不流也。

由上觀之，詩的樂譜不見得就是樂的經。至於何以未有樂經傳世，依據今人王靜芝先生的推測，他在經學通論上說：

> 樂是合於詩而用於禮的。詩的唱譜便是樂調；樂的用場便在禮中。禮中用樂重在形式，奏樂出自詩的樂譜，二者都不是專靠文字記載的，所以沒有專書。

王氏所說，固是推測之言，但在其他證據未曾發現之際，只好姑妄信之。

樂經既然沒有這部書，那麼六經只有其名，而實際上只有五經。五經中的易、書、詩、春秋四經，師傳雖有不同，但都是「經」，至於禮，在西漢立博士時，是以儀禮為「經」。到了唐代，孔穎達作五經正義，禮卻取了小戴禮記。其次，漢代立春秋博士，只有公羊、穀梁二傳，但到唐代孔穎達作五經正義，春秋卻取左氏傳，而五經中便沒有公、穀二家。至於今日吾人所說的五經，那即是指孔穎達所說的五經。

自唐而後，經書的範圍又多不同，有七經、九經、十經、十二經、十三經之說：

1. 七經之說

(1)詩、書、禮、樂、易、春秋、論語。(見後漢書張純傳李賢注)

(2)尚書、毛詩、周禮、儀禮、禮記、春秋公羊傳、論語。(見王應麟小學紺珠)

(3)易、書、詩、春秋、周禮、儀禮、禮記。(見清康熙御纂七經)

2. 九經之說

(1)易、書、詩、春秋左氏傳、禮記、周禮、孝經、論語、孟子。(見宋刻巾箱本白文九經、清秦鏷刻九經)

(2)易、詩、書、春秋、周禮、儀禮、大學中庸、論語、孟子。(見明張照奉敕刻篆字九經)

(3)易、書、詩、春秋、禮記、周禮、儀禮、論語、孟子。(見明郝敬九經解)

(4)易、書、詩、周禮、儀禮、禮記、公羊傳、穀梁傳、論語。(見清惠棟九經古義)

以上四種都是宋以後的人采輯的，其內容各自不同。其實，南朝宋時，設國子助教十人，分掌十經：周易、尚書、毛詩、禮記、周禮、儀禮、春秋左氏傳、公羊傳、穀梁傳各為一經，論語、孝經合為一經，名義上是十經，實際上已有十一經。唐文宗開成間石刻十二經，置於太學，則於十一經又多了一種爾雅。後來十二經再加一部孟子，便是所謂十三經。南宋光宗紹熙間已有十三經注疏的合刊本，成為經部的一部叢書，其內容是：

周易正義：魏王弼、晉韓康伯注，唐孔穎達正義。

尚書正義：漢孔安國傳，唐孔穎達正義。

毛詩正義：漢毛亨傳、鄭玄箋，唐孔穎達正義。

周禮注疏：漢鄭玄注，唐賈公彥疏。

儀禮注疏：漢鄭玄注，唐賈公彥疏。

禮記正義：漢鄭玄注，唐孔穎達正義。

春秋左傳正義：晉杜預注，唐孔穎達正義。

春秋公羊傳注疏：漢何休注，唐徐彥疏。

春秋穀梁傳注疏：晉范寧注，唐楊士勛疏。

論語注疏：魏何晏等注，宋邢昺疏。

孝經注疏：唐玄宗注，宋邢昺疏。

爾雅注疏：晉郭璞注，宋邢昺疏。

孟子注疏：漢趙岐注，宋孫奭疏。

上面十三部經書，其實，並不能說都是正式的「經」。易、書、詩、儀禮、周禮、春秋，固然是「經」；而左氏、公羊、穀梁，都是「傳」；禮記、論語、孝經、爾雅，都是「記」；孟子一書，宋以前是一部子書。到了南宋光宗紹熙間將此十三部書合刊成書，始有十三經注疏的合刊本。

二、經書概述

經書是古代最早的書籍，它是古人所遺留下來智慧的累積，也是一些最珍貴的史料。在這些書籍中，蘊藏著古人的倫理、政治、哲理思想，因此，吾人想要了解我國古代的文化，就必須讀這些經書，想要懂得立身處世的道理，也就必須讀這些經書。現在就依據十三經排列的次第，來論述這些經書的要義：

(一)易　經

易經是我國一部最古的經書，相傳伏羲畫卦，文王重卦，孔子作十翼。其書中的六十四卦三百八十四爻，本來只是用來卜筮的，後來到了孔子之際，他又把讀易所得作成十翼，附之易中，於是由卜筮之書，而成為哲理之書。至於這部書何以叫做「易」？鄭玄在六藝論上說：

易，一名而含三義：易簡，一也；變易，二也；不易，三也。

鄭氏所說甚是，易經就是一本從卦爻的變化，以探討宇宙一切事物不變的理則，所以古人就把這本書叫做「易」。

其次，談到易的內容，現在分成三部分來敘述：

1. 卦　爻

卦爻本是一些具有象徵性的符號，它分為兩種：一種是陽爻，其符號作「—」；一種是陰爻，其符號作「- -」。八卦就是由這些卦爻組合而成的，如：

☰ 乾卦　　☷ 坤卦

☳ 震卦　　☶ 艮卦

☲ 離卦　　☵ 坎卦

☱ 兌卦　　☴ 巽卦

八卦雖然只是由三畫的卦爻組合而成，可是它卻代表八種不同的物象：乾卦代表天，坤卦代表地，震卦代表雷，艮卦代表山，離卦代表火，坎卦代表水，兌卦代表澤，巽卦代表風。這八種的物象，只是八卦原始的含義，至於由此引申，每卦所代表的意義就很複雜了。

其次，由八卦錯綜相重就成為六十四卦。這六十四卦，每卦都有六爻，都是用來象徵宇宙的萬物萬事，從這裡面可以占卜吉凶，所以六十四卦之作，其原意也只是占卜之用。至於卦爻的名稱，陽爻叫做「九」，陰爻叫做「六」，每卦最下的一爻，陽爻叫做「初九」，陰爻叫做「初六」。從第二爻到第五爻，陽爻叫做「九二、九三、九四、九五」，陰爻就叫做「六二、六三、六四、六五」，每卦最上的一爻，陽爻叫做「上九」，陰爻就叫做「上六」。現在就以乾、坤二卦的圖形為例，說明如下：

乾卦

—— 上九

—— 九五

—— 九四

—— 九三

—— 九二

—— 初九

坤卦

－－ 上六

－－ 六五

－－ 六四

－－ 六三

－－ 六二

－－ 初六

2. **卦爻辭**

卦爻下面所寫的字，用來說明卦爻象徵意義的，叫做卦爻辭。卦爻辭分為兩種：

(1)卦辭：在每卦下面所綴聯的辭，叫做卦辭。如乾卦：「乾：元亨利貞。」乾，是卦名；「元亨利貞」，即是卦辭。

(2)爻辭：在每爻下面所綴聯的辭，叫做爻辭。如乾卦：

初九	潛龍勿用。	九二	見龍在田，利見大人。
九三	君子終日乾乾，夕惕若厲，无咎。	九四	或躍在淵，无咎。
九五	飛龍在天，利見大人。	上九	亢龍有悔。

「初九、九二、九三、九四、九五、上九」，是爻名；「潛龍勿用……亢龍有悔」，便是爻辭。

從易經的組合觀之，卦辭是闡述一卦卦象的含義，爻辭是詮釋每爻爻象的含義，所以卦辭、爻辭，是易的經文。

3. 十　翼

十翼是易的傳，用來解釋經文的含義，相傳是孔子所作。張守節在史記正義上說：

> 夫子作十翼，謂上彖、下彖、上象、下象、上繫、下繫、文言、序卦、說卦、雜卦也。

十翼是否出於孔子之作，姑且不論，在此只把十翼略作說明：

(1)彖傳：又名彖辭。彖傳是解釋卦辭的，其文辭精醇，蘊藏著天人之道。每卦中「彖曰……」云云，即是彖傳。

(2)象傳：又名象辭，分為二種：解釋一卦卦象的，叫做大象，如乾卦「象曰：天行健，君子以自強不息」，即是大象；解釋一爻爻象的，叫做小象，如乾卦「象曰：潛龍勿用，陽在下也」，即是小象。

(3)繫辭：又名繫辭傳，漢人或名之曰易大傳。泛論陰陽、象數變化的道理，分上下二篇，其對經義、易道的詮釋，至為精闢。

(4)文言：又稱文言傳。乾坤二卦為易的門戶，故作文言以詮釋卦爻辭的義蘊，今本周易分隸乾坤二卦中。

(5)說卦序卦雜卦：說卦，是論說八卦的德業、變化及法象；序卦，是詮釋六十四卦先後次序的含義；雜卦，是雜糅眾卦，如「乾剛坤柔」、「比樂師憂」，多用兩卦相對的道理來說明。其言近而旨遠，頗能發人深省。

總之，易經是由卦爻、卦爻辭、十翼組合而成的，它是一本講求天人之道的典籍。在這部書中，不但說明自然界的一切現象和法則，而且更從自然的現象和法則，透現出人類生存的道理，所以易經是一部講求待人處世、安身立命的哲學，其在中國的古書中，確是一本重要的典籍。

㈡書　經

書經，是一部歷史的書籍，古代只稱「書」。「書」的本義，是記述、著錄的意思。古代政府的公文檔案，由史官記錄之後，保存在官府，為了表示這些是由史官所記錄的，所以就稱之為書。到了東周之世，王官失守，檔案流散民間，孔子便將這些史料加以編集，作為教材，這便成為百篇尚書。到了漢代初年，又稱之為尚書。自是而後，書經歷代都稱尚書。至於何以稱之為尚書，孔安國尚書序上說：

以其上古之書，謂之尚書。

尚，即是上古之意，因為這部書中所記錄保存的，都是上古的史料，所以就稱之為尚書。其次，談到尚書的內容。

一般言之，尚書由孔子編集整理之後，共有百篇，每篇各有篇名，最早的是堯典，最晚的是秦誓，所以漢書藝文志上說：

> 書之所起遠矣，至孔子纂焉，上斷于堯，下訖于秦，凡百篇，而為之序，言其作意。

孔子所編的尚書百篇，經過秦始皇焚書之後，到了漢代，已經亡佚四十二篇。今日所傳的尚書五十八篇，有二十五篇是東晉人所偽作，此即所謂「偽古文尚書」。至於其餘三十三篇，舜典是從堯典的後半篇分出來的，不是原來的舜典；益稷是從皐陶謨的後半篇分出來的，不是原來的益稷；盤庚三篇原本合為一篇；如此去除四篇，得二十九篇，此二十九篇，即所謂「今文尚書」，是由漢初伏生傳下來的，所以史記儒林列傳上說：

> 漢定，伏生求其書，亡數十篇，獨得二十九篇，即以教於齊魯之間。

由是觀之，今日所傳的尚書，只有二十九篇的今文尚書，最為可信。至於這二十九篇的內容，現在依據孔安國書經的體式，略述於左：

(1)典體：如堯典，是記載堯舜命官任職，對讚揚王庭之事。
(2)謨體：如皐陶謨，是記禹、皐陶、伯益與帝舜謀議國事之言。
(3)訓體：如高宗肜日，是記述祖庚肜祭武丁時，祖乙告誡殷王之事；無逸，是記周公誥成王戒逸樂之辭。

(4)誥體：如盤庚，是記盤庚自奄遷殷，告誡百姓之辭；大誥，是記周公伐殷時告誡屬下的文辭；洛誥，是洛邑建成後，周公誥成王之辭；多士，是成王遷殷之遺民於洛，周公代成王告殷民之辭。

(5)誓體：如甘誓，是記夏啟伐有扈氏的誓師辭；湯誓，是記商湯伐夏桀的誓師辭；牧誓，是記武王與商紂戰於牧野的誓師辭；費誓，是魯僖公伐淮夷的誓師辭；秦誓，是秦穆公伐晉的誓師辭。

(6)命體：如文侯之命，是記周平王錫命晉文侯之辭；顧命，是記成王臨終時的遺言。

總之，尚書是一本記錄上古政事的史書，有的史料是今日考古重要的史料，有的學說是吾人立身治國的龜鑑，所以尚書這部書，其價值永垂不朽，值得探索研究。

(三)詩　經

詩經是我國一部最古的詩歌總集，古代但稱為「詩」。這一部書，共收集了三百零五篇，另外還有有目無辭者六篇。孔子時用作教材，教授弟子。至戰國晚期，學者尊之為經，始稱之為詩經。

1. 詩經有關的問題

一般言之，要想探討詩經的內容，先要認識詩經有關的一些問題：

(1)采詩與刪詩

首先來談談詩經這部書是如何編集而成的：大致言之，詩經包含風、雅、頌三部分：頌是朝廷祭祀的樂章，雅是朝廷宴饗的詩歌，這些詩篇，都是出自朝中士大夫之手，當然不必派專人去採集，只有風是民間的歌謠，必須由專人去採集。根據古人的說法，周代的時候，政府裡設有專人，分別到各地去採集民間歌謠，所以漢書藝文志上說：

古有采詩之官，王者所以觀風俗，知得失，自考正也。

由是觀之，王者所以採集民歌，只是為了自己蒞政施政的參考。其次，古代所採集的詩篇，是否經過孔子的刪定呢？這個問題，始見於史記孔子世家：

古者詩三千餘篇。及至孔子，去其重，取可施於禮義，……三百五篇，孔子皆弦歌之，以求合韶武雅頌之音。

司馬遷所說孔子刪詩之說，似不可信。近人屈萬里先生在詩經釋義敘論上說：

魯襄公二十九年左傳，記季札在魯觀樂，所見的詩，已和今本略同，所不同處，只是國風的次第，以及對於頌沒說到周、魯、商之分。那時孔子才八歲，自然不會有刪詩之事；可見刪詩之說，不足憑信。

屈先生之說，不為無見，孔子刪詩之說，當不可信。

⑵毛詩與三家詩

其次，談談詩經的版本：自從秦始皇焚書之後，到了漢代，經學產生了今、古文的派別。今文的詩經，有齊、魯、韓三家。齊詩傳自齊人轅固生，魯詩傳自魯人申培公，韓詩傳自燕人韓嬰。此三家的詩，後人合稱為「三家詩」。到了魏時，齊詩便首先亡失；至西晉之時，魯詩也隨之失傳；只有韓嬰所作的韓詩外傳，現在還流傳於世。至於古文的詩經，只有毛詩一家。毛公是趙人，名亨，其學自謂是子夏所傳，他作有毛詩故訓傳三十卷，而毛萇傳之。當時的人稱亨為大毛公，萇為小毛公。毛詩雖然只在平帝時一度立為博士，但其學流行於民間。到了漢末的鄭玄，更根據他的故訓傳而為之作箋，於是毛詩到現在還流傳於世。

⑶四始與正變

此外，詩經又有「四始」之說，毛詩、魯詩、齊詩之說又各不同。毛詩以為四始之意，是以風、小雅、大雅與頌為王道所由興廢的四端，所以毛詩序說：

是以一國之事，繫一人之本，謂之風。言天下之事，形四方之風，謂之雅。雅者，正也，言王政之所由廢興也。政有小大，故有小雅焉，有大雅焉。頌者，美盛德之形容，以其成功告於神明者也。是謂四始，詩之至也。

其次，司馬遷也說到「四始」，他在史記孔子世家上說：

關雎之亂（按：依下文例，「之亂」二字為衍文，當刪）以為風始，鹿鳴為小雅始，文王為大雅始，清廟為頌始。

司馬遷所說的四始，只是指詩經中的風、小雅、大雅和頌的第一篇詩篇。司馬遷學的是魯詩，他的四始之說，應該是魯詩的說法。此外，齊詩的四始之說，見於詩緯氾歷樞：

大明在亥，水始也；四牡在寅，木始也；嘉魚在巳，火始也；鴻雁在申，金始也。

齊詩四始之說，是用五行家的理論，其所指的是春夏秋冬四時奏樂開始的詩篇，原來是根據樂律來說明的，比之齊詩、魯詩的說法，當較可信。

其次，詩經中的風和雅又有正變之說，此說始見於毛詩序：

至於王道衰，禮義廢，政教失，國異政，家殊俗，而變風、變雅作矣。

由是以觀，毛序以盛世之詩，安樂和平，為正聲；衰世之詩，困苦怨怒，為變聲。不過，三百篇中，何者為盛世之詩，何者為衰世之詩，固難確定，但漢代的鄭玄卻提出他的看法，他在詩譜上說：

文武之德，光熙前緒，以集大命於厥身，遂為天下父母，使民有政有居。其時詩風有周南、召南，雅有鹿鳴、文王之屬。及成王、周公致太平，制禮作樂，而有頌聲興焉，盛之至也。本之由此風雅而來，故皆錄之，謂之詩之正經。後王稍更陵遲，懿王始受譖亨齊哀公；夷身失禮之後，邶不尊賢。自是而下，厲也，幽也，政教尤衰。……故孔子錄懿王、夷王時詩，訖於陳夷公淫亂之事，謂之變風變雅。

鄭氏之說，以西周初葉的詩為正，懿王以後之詩為變，此雖是臆測之辭，但文獻不足的今天，也只好留待考證。

2. 詩經內容的探討

至於詩經的內容，毛詩序說：

詩有六義焉：一曰風，二曰賦，三曰比，四曰興，五曰雅，六曰頌。

由是觀之，「風、雅、頌」是詩的三種體裁，「賦、比、興」是詩的三種作法。現在就來談談風、雅、頌的內容：

詩經中的風，一共收錄了十五國一百六十首的詩，這些詩篇，都是各國所採集的民歌。至於這些詩篇何以叫做風？毛詩序說：

風，風也，教也。風以動之，教以化之。……上以風化下，下以風刺上，主文而譎諫，言之者無罪，聞之者足以戒，故曰風。

由是觀之，毛序把「風」解作諷，恐怕不是「國風之風」的本義。宋人鄭樵在六經奧論上說：

風土之音曰風。

又說：

風者，出於風土，大概小夫賤隸婦人女子之言。其意雖遠，其言則淺近重複，故謂之風。

鄭氏所說甚是，國風的風，應該解作「風土之風」，這一百六十首的詩篇，都是民間的歌謠，有的描述各地的風土民情，有的抒寫青年男女的情懷。

其次，詩經中的雅詩，分為小雅與大雅，一共收錄一百零五首。雅字的意義，本來是樂器之名。周禮春官笙師鄭司農注云：

雅狀如漆筩而弇口，大二圍，長五尺六寸，以羊韋鞔之，有兩組，疏畫。

由是可見，周代歌唱雅詩時，就是以雅這種樂器為主，因此即以樂器之名，作為樂歌之名。至於雅又何以謂之正樂，那是因為古代雅字又與夏字相通，夏字的本義，是「中國之人」的意思，所以流行中原一帶而為王朝所崇尚的正聲，就謂之雅。同時，雅又有大雅、小雅的區分，大概是從它的音節、內容來分別的，所以朱熹詩集傳上說：

正小雅，宴饗之樂也；正大雅，會朝之樂，受釐陳戒之辭也。……詞氣不同，音節亦異。

朱子所說甚是。小雅七十四篇，大多是士大夫宴饗的樂詩；大雅三十一篇，大多是士大夫會朝的樂詩。

至於詩經中的頌詩，分為周頌、魯頌與商頌，一共收錄四十首。頌字的意義，清人阮元在釋頌上，以為頌就是容，是歌而兼舞之意。在這些頌詩中，周頌三十一篇為最早，大致都是西周初年的詩篇；魯頌四篇，全都作於魯僖公之時；商頌五篇，大約是宋襄公時的作品。這些頌詩，大多都是用來祭告神明的樂詩。

總之，詩經三百零五篇，不但在文學上具有極高的價值，而且它也是一本培養美德的典籍：如周南桃夭：

> 之子于歸，宜其室家。

這兩句詩，就是在抒寫夫婦必須和順相待；其次，如大雅抑：

> 溫溫恭人，維德之基。

這兩句詩，就是在說明溫恭是做人的基本涵養。由是觀之，詩經的詩篇，也是修身進德所必讀的一部典籍。

(四)三　禮

1. 周　禮

周禮，原來稱作周官。荀悅漢紀上說：

劉歆以周官經十六篇為周禮。王莽時歆奏以為禮經，置博士。

由是觀之，周官到了西漢末年的劉歆，始稱為周禮。而「周禮」這個名稱，自從鄭玄為三禮作注以後，就成為世人習慣的定稱。至於周禮的作者及內容，略述於下：

◆周禮的作者

秦始皇焚書以後，漢初並未見到周官一書，到了武帝時，河間獻王從季氏得到這部書的古文本，但亡失了冬官一篇，於是用考工記來補綴。至於周禮一書的作者，議論紛紜，最重要者有下列四說：

(1)鄭玄周禮注：「周公居攝而作六典之職，謂之周禮。」

(2)張載橫渠語錄：「周禮是的當之書，然其間必有末世增入者。」

(3)洪邁容齋隨筆：「昔賢以為戰國陰謀之書，考其實，蓋出於劉歆之手。」

(4)梁啟超古書真偽及其年代：「周禮是戰國以後的書。」

周禮一書的作者，固難確定，但武帝時河間獻王已得到周官，由是觀之，此書絕非劉歆的偽作。至於此書著成的時代，大體言之，周禮或許是成於西周時代，到了戰國末期又有人從事增補整理。今人周何先生在周禮述要一書中說：

> 周禮著成時代……就文章體制的發展來推測其時間，應該要到戰國的末期；如就思想型態的發展來說，可能與荀子的時代、荀子的思想都非常接近。

周先生所說甚是，周禮一書，其作者固難確定，但其著成的時代，當是戰國的末期。梁氏之說，甚是。

◆周禮的內容

周禮這部書，是敘述周代的行政官制和職掌，本來就收了天官、地官、春官、夏官、秋官、冬官等六篇，所以過去也有人稱此書為「六官」。不過，漢代初年，冬官部分就已經亡佚，後來就用考工記補綴在後面，因此今本的周禮雖然還是六篇，但已經不是周禮的原文。至於周禮全書的內容，最重要的包括下面四個部分：

⑴總序：周禮每篇文章的前面，都有這麼幾句話：「惟王建國，辨方正位，體國經野，設官分職，以為民極。」這幾句話，是周禮六官的總序。

⑵總職：每篇總序以下，接著就說出其總職，如：「天官冢宰，掌邦治。地官司徒，掌邦教。」

不過，冬官亡佚，沒有「冬官」總職的說明。後人就根據天官小宰及尚書周官篇來增補，認為「冬官」的總職是：「冬官司空，掌邦事。」

(3)序官：每篇總職以下，都列有序官，說明各官的僚屬，以及官秩的高低和編制的人員。

(4)職掌：每篇序官以下，又列出各屬官的專司職掌，這是周禮的正文。

總之，周禮這一部書，固然不是劉歆的偽造，但就其內容觀之，其不但是我國最早一部職官治事的政典，同時，也是一部儒家政治思想的淵鑑，所以周禮這一部書，是研究我國古代政治制度重要的典籍。

2. 儀　禮

儀禮，原來只稱作「禮」。班固漢書藝文志但云「禮古經」及「經」，並無「儀禮」的名稱。大概到了梁陳以後，始有儀禮的名稱。自此以後，儀禮便成了常用的書名。至於儀禮的作者及內容，略述於下：

◆儀禮的作者

儀禮的作者，最重要的有下列三說：

(1)孔穎達禮記正義序：「成王幼弱，周公攝政六年，制禮作樂。但所制之禮，則周官、儀禮也。」

(2)邵懿辰禮經通論：「以周禮為周公作固非，以儀禮為周公作亦未是也。禮十七篇蓋孔子所定。」

(3)崔述豐鎬考信錄：「此必春秋以降，諸侯吞併之餘，地廣國富，而大夫士邑亦多，祿亦厚，是以如此其備，非先王之制也。」

儀禮的作者，固難確定，不過，依據論語、禮記的記載，孔子時已有鄉飲酒禮、鄉射禮，那麼儀禮並非全由孔子所作，或可相信。其實，禮儀是由生活漸漸約定俗成，不可能由一人強制規定，所以儀禮當沒有作者，而是輯纂成書的。今人王靜芝先生在經學通論上說：

> 禮儀是生活中漸漸形成的，初時無書，漸有文字記載。文字記載可能很多，秦火後散失。高堂生得十七篇，以今文傳之，於是有了一部儀禮。

王氏所說，固是臆測之言，惟就全書的內容觀之，當可深信。

◆儀禮的內容

儀禮有今古文的分別，而且篇數也不同。班固漢書藝文志上說：

> 禮，古經五十六卷，經七十篇。（劉敞校云：此七十與後七十皆當作十七，計其篇數則然。）

漢志所錄的「古經」，就是「古文儀禮」；「經」，就是「今文儀禮」。後來古文流傳不廣，漸漸亡佚，而今文十七篇，一直流傳至今。

漢代的時候，儀禮有三種傳本：戴德本、戴聖本、劉向別錄本。東漢鄭玄注儀禮，即是採用別錄本。而十三經的鄭玄注，其篇目是：

(1)士冠禮	(2)士昏禮	(3)士相見禮	(4)鄉飲酒禮	(5)鄉射禮
(6)燕禮	(7)大射	(8)聘禮	(9)公食大夫禮	(10)覲禮
(11)喪服子夏傳	(12)大喪禮	(13)既夕禮	(14)士虞禮	(15)特牲饋食禮
(16)少牢饋食之禮	(17)有司徹			

從這十七篇的篇目觀之，其內容不外是記述古代冠、昏、喪、祭、鄉、射、朝、聘等八種禮節的儀式。

總之，儀禮這一部書，是記述古代習俗禮儀的書，雖然禮儀是隨著時代改變而有所因革損益，但是社會上許多相沿成習的禮俗，還是可以從這部書中找出它們的根源來，所以儀禮這一部書，是研究我國古代社會文化所必讀的一部書。

3. 禮　記

禮記，在漢時有時稱「記」，如班固漢書藝文志六藝略上說：

記，百三十一篇。

不過，有時也稱「禮記」，如班固漢書河間獻王傳上說：

> 獻王所得書皆古文先秦舊書，周官、尚書、禮、禮記、孟子、老子之屬，皆經傳說記，七十子之徒所論。

由是觀之，禮記在漢時有時稱「記」，有時稱「禮記」。至於後世的通稱，都是稱作禮記。孔穎達禮記正義引鄭玄六藝論說：

> 戴德傳記八十五篇，則大戴禮是也；戴聖傳禮四十九篇，則此禮記是也。

大戴記今存四十篇，其中有與小戴記相重複者，也有雜入小戴記篇中者，而小戴記四十九篇，至今沒有散失，就是現在的禮記。下面就來談談禮記的作者及其內容：

◆禮記的作者

禮記四十九篇，是一部蒐集編輯而成的書，作者眾多，前人所提及而最重要者，有下列數說：

(1)漢書藝文志班固自注：「七十子後學所記。」顏師古注：「劉向別錄云：六國時人也。」

(2)漢書藝文志六藝略樂部敘錄：「武帝時，河間獻王好儒，與毛生等共采周官及諸子言樂事者，以作樂記。」

(3)陸德明經典釋文：「禮記者，本孔子門徒共撰所聞，以此為記。後人通儒各有損益。故中庸是子思伋所作，緇衣是公孫尼子所制。鄭玄云：『月令是呂不韋所撰。』盧植云：『王制是漢時博士所為。』」

(4)何異孫十一經問對：「問：『禮記一書誰作？』對曰：『孔子說，七十二子共撰所聞，以為之記，及秦漢諸儒錄所記以成編，多非孔子之言，凡子曰者多假託。』」

上面各家所說，多是臆測之言，恐不可信。其實，禮記一書，大概是戰國至秦漢間儒家學者之所作。今天吾人所見十三經中的禮記，是經過戴聖編定的，當可確信。

◆禮記的內容

十三經中的禮記，便是四十九篇的小戴記。至於它的內容，非常豐盛繁雜，現在就參考高明先生禮學新探的分類，藉此以窺知禮記一書的梗概：

(1)通　論

甲、通論「禮」意的：包括禮運、禮器、郊特牲、經解、哀公問、仲尼燕居等六篇。

乙、通論與「禮」有關的學術思想的：包括孔子閒居、樂記、學記、大學、中庸、坊記、表記、緇衣、儒行等九篇。

(2)通　禮

甲、關於世俗生活規範的：包括曲禮上下、內則、少儀、深衣、玉藻等六篇。

乙、關於國家政令制度的：包括月令、王制、文王世子、明堂位等四篇。

(3)專　禮

甲、喪禮：包括奔喪、檀弓上下、曾子問、喪大記、喪服小記、雜記上下、服問、大傳、閒傳、問喪、三年問、喪服四制等十四篇。

乙、祭禮：包括祭法、祭義、祭統等三篇。

丙、冠禮：冠義一篇。

丁、鄉飲酒禮：鄉飲酒義一篇。

戊、射禮：射義一篇。

己、燕禮：燕義一篇。

庚、聘禮：聘義一篇。

辛、婚禮：昏義一篇。

壬、投壺禮：投壺一篇。

從上所述觀之，禮記一書，有的是說明禮文制度的原意，有的是闡論淑世拯民的道理，有的是記載祭祀養老的制度，有的是敘述生活行為的規範，所以禮記這部書，是認識素有「禮義之邦」美稱的我國傳統文化必讀的典籍。

(五) 三　傳

1. 左　傳

左傳，是「春秋左氏傳」的省稱，原來的名稱叫做「左氏春秋」，漢人又省稱為「左氏傳」，它與「春秋公羊傳」、「春秋穀梁傳」，合稱為「春秋三傳」。現在就先來討論左傳的作者與內容：

◆左傳的作者

首先提出左傳為左丘明所作的，是太史公司馬遷。他在史記十二諸侯年表序上說：

是以孔子明王道，干七十餘君，莫能用，故西觀周室，論史記舊聞，興於魯而次春秋，上記隱，下至哀之獲麟，約其辭文，去其煩重，以制義法，王道備，人事浹。七十子之徒受其傳指，為有所刺譏褒諱挹損之文辭，不可以書見也。魯君子左丘明懼弟子人人異端，各安其意，失其真，故因孔子史記具論其語，成左氏春秋。

自史記以後，幾乎都認為左傳是左丘明所作的，但自唐宋以後，卻有不少學者認為左傳不是左丘明所作的，如唐人陸淳春秋集傳纂例上說：

予觀左氏傳，自周、晉、齊、宋、楚、鄭等國之事最詳，……左氏得此數國之史以授門人；義則口傳，未形竹帛。後代學者乃演而通之，總而合之，編次年月以為傳記。

宋人葉夢得春秋考上又說：

今考其書，雜見於秦孝公以後事甚多，以予觀之，殆戰國周秦間之人無疑也。

綜觀前人之說，唐宋以後的人之所以懷疑左傳的作者，其最大的理由，是左傳所載的史事，有後於左丘明之時代者，故疑其非左丘明所作。其實，細考先秦的典籍，鮮有未經後人附益者，左傳所載的史事，當然也有後人的增竄。紀昀四庫全書總目提要上說：「經止獲麟，而弟子續至孔子卒；傳載智伯之亡，殆亦後人所續；史記司馬相如傳中有揚雄之語，不能執是一事指司馬遷為後漢人也。」紀氏所說甚是，左傳當是左丘明所作，但也有後人的增竄，所以史公之說，當可深信。

◆左傳的體例

左傳的內容，其主旨在闡釋經旨，傳示來世，所以左氏蒐集許多史料，用來褒貶是非，講論春秋的大義，但左傳也往往溢出經文之外，敘述一些春秋所無的事情，因此，左傳是一部經學的書，同時也是一部史學的書。至於左傳傳經的體例，現在根據劉正浩先生左傳導讀一文之所述，撮要列述於左，以供研讀之參考：

(1)左傳記事，直書其事：左傳述事，主要是為了闡發春秋的微言大義；假使事態既明，大義可得，當然也就只有直述其事。

(2)左傳傳經，兼述其義：經文的寓意隱微，左氏除了陳述事實，而且還要探索春秋經文的大義。

(3)左傳述事，自申其義：左傳記事，也常有他獨到的見解，隱微的寓意，無法用述事之辭表達，恐日久湮沒失真；於是他自創新例，假託「君子」之名以發議論，自申其義。

總之，左傳是一部經書，也是一部史書，它融經學於史學，寓褒貶於記事，是我國一部不朽的著作。由是觀之，研究我國古代文化的人，都應該潛心研讀左傳。

2. 公羊傳

西漢之際，由於漢武帝的尊儒，而董仲舒的對策，又都依據「公羊家」之言，因此，公羊傳乃成為西漢最受人重視的經典。在此試論公羊傳的傳授及其體例，以作研讀之參考：

◆公羊傳的傳授

公羊傳的傳授，出自孔子的門人子夏，所以戴宏公羊傳序說：

> 子夏傳與公羊高，高傳與其子平，平傳與其子地，地傳與其子敢，敢傳與其子壽，至漢景帝時，壽乃共弟子齊人胡母子都（胡母生，字子都）著於竹帛，與董仲舒皆見於圖讖是也。

由是觀之，公羊傳的傳授，最初只是口傳，到了公羊壽與胡母生始著於竹帛，其實，西漢傳此書者不止公羊壽和胡母生，董仲舒也是「公羊學」的著名學者。鄭玄六藝論說：

> 治公羊者胡母生、董仲舒。董仲舒弟子嬴公，嬴公弟子眭孟，眭孟弟子莊彭祖及顏安樂，安樂弟子陰豐、劉向、王彥。

由此觀之，漢初傳公羊傳者以胡母生與董仲舒最為著名；而二者之中，董仲舒尤為重要。

◆公羊傳的體例

三傳對春秋的解經，左傳重在敘述春秋經文所書的事實，所以謂之「記載之傳」；公羊、穀梁重在解釋春秋經文的義例，以發揮春秋的微言大義，所以謂之「訓詁之傳」。至於公羊傳解經的體例，現在根據王靜芝先生經學通論一書之所述，撮要列述於左，以供研讀之參考：

(1)公羊傳的解經，每句一解：左氏主要在敘事，因此無法每句一解，而公羊主要在解經，所以每句一解，不過，其在行文之間，並未標識經傳的分別，所以眉目不如左傳清楚。

(2)公羊傳的記事，多用問答：公羊傳中的記事，多在字句之間，作問答式的解釋，並記其事的始末。

(3)公羊傳的探義，重正名分：正名分是孔子作春秋的要旨，所以公羊傳對正名分，就特別注重。在公羊大義中，這算是一個最重要的項目。

總之，公羊傳之書，其對春秋大義中的正名分、別善惡的解說，最為詳盡，所以要想研究春秋大義，不可不讀公羊傳。

3. 穀梁傳

穀梁傳的性質，大致與公羊傳相同，主要在解釋春秋經的義例，但其解經的內容卻又與公羊傳殊多不同。至於穀梁傳的傳授與體例如何？在此略作說明：

◆穀梁傳的傳授

穀梁傳的傳授，也是出自孔子的門人子夏，所以楊士勛春秋穀梁傳序疏說：

穀梁子名淑，字元始，魯人。一名赤。受經于子夏，為經作傳，故曰穀梁傳。傳孫卿；孫卿傳魯人申公；申公傳博士江翁。其後魯人榮廣大善穀梁，又傳蔡千秋。漢宣帝好穀梁，擢千秋為郎。由是穀梁之傳大行於世。

由此觀之，穀梁傳當是穀梁子的自作，不過，清人紀昀卻反對此種說法，他在四庫全書總目提要上說：

> 公羊傳定公即位一條，引沈子曰。何休解詁以為後師。此傳定公即位一條，亦稱沈子曰。公羊穀梁既同師子夏，不應及見後師。又初獻六羽一條，稱穀梁子曰。傳既穀梁自作，不應自引己說。且此條又引尸子曰。尸佼為商鞅之師，鞅既誅，佼逃於蜀，其人亦在穀梁後，不應預為引據。疑徐彥之言（案徐彥公羊傳疏：公羊高五世相授，至胡毋生乃著竹帛，題其親師，故曰公羊傳。穀梁亦是著竹帛者，題其親師，故曰穀梁傳，則當為傳其學者所作。）為得其實。但誰著於竹帛則不可考耳。

紀氏所說甚是，穀梁傳並非穀梁子的親作，至於穀梁傳何時著成，寫錄成書的人是誰？文獻不足，已經難以稽考；但必是傳其學者所作，因稱穀梁傳。

◆穀梁傳的體例

穀梁傳的體例，大致與公羊傳相近，也是一句一句用問答方式來解釋春秋經文的含義，但它與左傳採用記事、敘述的體裁不同。至於穀梁傳體例的特色，現在根據王熙元先生春秋穀梁傳述要一文之所述，撮要列述於左，以供研讀之參考：

(1)穀梁之義，多本於論語，如僖公十九年傳提出「正名」二字，這正是論語子路篇孔子告訴子路「為政必先正名」的主張，可見穀梁傳中包含了不少純正的孔子思想。

(2)穀梁傳對春秋的辨別名實，都能明察秋毫、一絲不苟地將實情解說得完全符合。

(3)穀梁傳的義例，凡列國諸侯會盟不書日，若為三國合盟之始，則謹慎書日，以志其要。如隱公八年書：「秋七月庚午，宋公、齊侯、衛侯盟于瓦屋。」穀梁傳說：「外盟不日，此其日何也？諸侯之參盟於是始，故謹而日之也。」

從上所述觀之，穀梁傳是重在解釋春秋經文的義例，而且其解經又多本於論語，書中寓有「明辨是非」的精神，所以穀梁傳不僅是闡發春秋大義的典籍，而且也是探索孔子思想的津梁。

(六)論　語

論語是記載孔子言行的典籍，也是儒家最有價值的名著。二千多年來，深受世人的推崇，所以趙岐孟子題辭上說：

七十子之疇，會集夫子之言，以為論語。論語者，五經之錧鎋，六藝之喉衿也。

宋史趙普傳也說：

普嘗謂太宗曰：「臣有論語一部，以半部佐太祖定天下，以半部佐陛下致太平。」

趙岐和趙普所說的話，其實一點也不誇大，論語的確是一部安身立命、拯民救世的經典。至於論語的編纂、傳本和內容，下面就來加以敘述：

1. 論語的編纂

論語這部書，究竟是何人編纂而成的？自班固以來，最重要的有下列四說：

(1)班固漢書藝文志：「論語者，孔子應答弟子時人，及弟子相與言，而接聞於夫子之語也。當時弟子各有所記，夫子既卒，門人相與輯而論纂，故謂之『論語』。」

(2)陸德明經典釋文序錄：「鄭玄云：『論語乃仲弓子夏等所撰定。』(邢昺疏：「仲弓下脫子游二字。」)

(3)程子論語集注序說：「論語之書，成於有子、曾子之門人，故此書獨二子以子稱。」

(4)皇侃論語義疏：「論語者，是孔子沒後七十弟子之門人共所撰錄也。」

從上所述觀之，論語一書的編纂，固難考定，不過，就全書的內容觀之，泰伯篇既已記載曾子臨終時的話；曾子之死，孔子的弟子多已無存；且古人之稱字稱子，並無輕重之分。由是觀之，論語一書，當是孔子弟子之門人所撰錄。皇氏之說，較為可信。

2. 論語的傳本

論語在漢代，有三種的傳本。皇侃論語義疏引劉向別錄說：

魯人所學，謂之魯論；齊人所學，謂之齊論；合壁所得，謂之古論。

由此可知，論語在漢代有三種傳本：魯論、齊論、古論。至於這三種傳本的不同，略述於左：

(1)魯論：今文本，魯人所傳，共二十篇。傳魯論的，經典釋文序錄載有六家，即龔奮、夏侯勝、韋賢及子玄成、魯扶卿、夏侯建和蕭望之。

(2)齊論：今文本，齊人所傳，共二十二篇。多問王、知道二篇。據經典釋文序錄所說，齊論多此二篇外，其餘二十篇，章句亦多於魯論。傳齊論的，漢書藝文志載有五家，即王吉、貢禹、宋畸、五鹿充宗和庸生，何晏集解序又增王卿一家，共六家。

(3)古論：古文本，據漢書藝文志所說，也是魯恭王得之孔宅壁中，共二十一篇。分堯曰篇的第二章「子張問何如斯可以從政」及第三章「不知命」為一篇，有兩個子張篇。篇次和齊論、魯論也不太相同，文字和魯論不同的有四百多字。孔安國、馬融曾作過注解，今已失傳。

至於今本二十篇的論語，就是張侯論。漢書張禹傳上說：

魯扶卿及夏侯勝、王陽、蕭望之、韋玄成皆說論語，篇第或異。禹先事王陽，後從庸生，采獲所安，最後出而尊貴。諸儒為之語曰：「欲為論，念張文。」由是學者多從之，餘家寖微。

陸德明經典釋文序錄上又說：

安昌侯張禹，受魯論於夏侯建，又從庸生、王吉受齊論，擇善而從，號曰張侯論，最後而行於漢世。禹以論授成帝。後漢包咸、周氏並為章句。

由是觀之，張禹本受魯論，後採齊說，刪去二者的煩惑，又除去齊論的問王、知道二篇，以魯論二十篇作為底本，這就是世人所稱的張侯論。漢末鄭玄又以張侯論為本，參考齊論、古論而作注，魏時何晏又集孔安國、包咸、周氏、馬融、鄭玄之說，著成一本集解，這就是今天所見十三經中的論語。

3. 論語的內容

論語自學而至堯曰，全書凡分二十篇。每篇篇名並沒有特殊的意義，而且篇章之間也無任何關聯，所以在研讀這部書時，最好分類研讀，才能深入探討孔子的思想。從論語一書來看，仁道思想，就是孔子的中心學說，所以清人阮元在論語論仁論上說：

> 孔子為百世師。孔子之言，著於論語為多。論語五常之事詳矣，惟論仁者凡五十有八章，仁字之見於論語者凡百有五（按：論語仁字共一百零七，阮氏之說，實不正確），為尤詳。

阮氏之說甚是；仁道學說，是孔子的中心思想，因此研讀論語，首先就必須體認這個仁字的涵義，如此始可真正理解論語這部經典。

總之，論語是儒家一部最偉大的典籍，在這部書中記載著孔子許多不朽的思想。「孔子個人有多少價值，論語便也連帶地有多少價值。」梁啟超這句話，是很對的，所以在十三經中，論語的確是值得也是不可不讀的一部經典。

(七)孝　經

孝經也是十三經之一，它是討論孝道的書。從前的人都認為孝經是孔子作的，所以孝經這本書向來都受到世人的重視。現在就來談談孝經的作者及內容：

1. 孝經的作者

孝經的作者，自漢以降，最重要者有下列四說：

(1)司馬遷史記仲尼弟子列傳：「曾參少孔子四十六歲，孔子以為能通孝道，故授之業，作孝經。」

(2)晁公武郡齋讀書志：「何休稱『子曰：「吾志在春秋，行在孝經」』，信斯言也，則孝經乃孔子自著者也。今首章云：『仲尼居，曾子侍。』則非孔子所著明實。評其文書，當是曾子弟子所書。」

(3)姚際恆古今偽書考：「是書來歷出於漢儒，不惟非孔子作，併非周秦之言也。」

(4)王正己孝經今考：「孝經思想有與孟子思想相同者五點，大概可斷定為孟子門人所作。至其成書年代，在戰國末年，早不過莊子時代，晚不出呂氏春秋成書時代。」

綜觀孝經一書，呂氏春秋察微篇已引孝經諸侯章，可見戰國時已有此書，因此，孝經一書，大約戰國末年至漢代初年的儒家學者所著成。王氏之說，較為可信。

2. 孝經的內容

孝經一書，也有今文、古文本的分別。古文本為孔安國所注，據說也出於孔宅壁中，到梁時就已亡佚；今文本為鄭玄所注，鄭注雖已亡佚，而經文卻流傳至今。現存十三經中的孝經，經文就是採用今文本，注是唐玄宗的御注。全書凡分十八章，其篇目如下：

(1)開宗明義章　(2)天子章　(3)諸侯章　(4)卿大夫章　(5)士章

(6)庶人章　(7)三才章　(8)孝治章　(9)聖治章　(10)記孝行章
(11)五刑章　(12)廣要道章　(13)廣至德章　(14)廣揚名章　(15)諫諍章
(16)感應章　(17)事君章　(18)喪親章

上述的十八章，從其結構來說，第一章是全書的綱領，其他的十七章都是用來補充詮釋孝道，所以朱子就稱第一章為「經」，而下面十七章都稱作「傳」。在這十八章中，最長的是聖治章，全文共二百八十八字，最短的是五刑章，全文僅三十七字，而且短的多，長的少。全書也只不過一千七百九十九字。在十三經中，算是一本字數最少的經書。

總之，孝經是一本論述孝道思想的書，雖然今天的時代變了，禮俗也不同了，但是敬親尊親的觀念，應該是永遠不變的，因此，孝經在今日仍有它一定的價值，況我國自古就崇尚孝道，炎黃子孫自當研讀孝經。

(八)爾　雅

爾雅原來只是一本解釋字義的書，也可說是我國最早的一部詞典。因為漢書藝文志把這部書列在孝經類中，所以後來就將它安置在經書之列；其實，爾雅這部書，只是古人為解經而作的，附在群經之末，以備讀經者的翻檢而已，在十三經中，算是價值最低的一本經書；不過，這本書中所錄的名物詞類，不僅對讀經書有極大的幫助，而且其對古今語言和名物命名演變的研究，也是一種有用的資料，所以爾雅這部書，也自有其不朽的價值。茲略述其作者及內容。

1. 爾雅的作者

爾雅的作者，古人有許多不同的說法，最重要的有下列三說：

(1)揚雄說：「(爾雅)，孔子門徒游夏之儔所記，以解釋六藝者也。」(見西京雜記引)

(2)張揖說：「臣聞昔在周公，纘述唐虞，宗翼文武，剋定四海，勤相成王。……六年制禮，以導天下。著爾雅一篇，以釋其意義。」(見上廣雅表)

(3)葉夢得說：「爾雅訓釋最為近古，世言周公作，妄矣！其言多是詩類中語，而取毛氏說為正，予意此但漢人所作耳。」(見石林集)

綜觀上述三說，說法不同，固難考其是非，但就爾雅一書的內容觀之，當是漢代學者採擷諸書的訓詁名物編輯而成的字書。葉氏之說，似較可信。

2. 爾雅的內容

爾雅今傳本共計十九篇，而漢書藝文志著錄的有二十篇。清人王鳴盛蛾術編以為漢志所著錄多一篇，是合序篇而言；但孫志祖讀書脞錄續編卻以為釋詁所收錄的文字過多，分成上下兩篇，所以漢志著錄稱二十篇。上面兩種說法，從爾雅的內容看來，孫氏之說，較為合理。爾雅現存十九篇，其篇目列舉如下：

(1)釋詁	(2)釋言	(3)釋訓	(4)釋親	(5)釋宮
(6)釋器	(7)釋樂	(8)釋天	(9)釋地	(10)釋丘
(11)釋山	(12)釋水	(13)釋草	(14)釋木	(15)釋蟲
(16)釋魚	(17)釋鳥	(18)釋獸	(19)釋畜	

由上所述觀之，爾雅所包含的範圍，十分廣泛。至於這十九篇的內容，釋詁、釋言、釋訓前三篇，大抵是詮釋古代的詞語，第四篇釋親是解釋古代親屬的稱謂，至於釋宮以下，都是訓釋實物的名稱，這是爾雅一書內容的梗概。

總之，爾雅這部書，是古代訓詁名物的總匯，所蒐羅的語言辭類十分豐富，不啻為研讀經籍的工具書，因此，時常翻查，將有助於經書的閱讀。

(九) 孟　子

孟子本來是一部子書，在漢書藝文志中列於子部的儒家，沒有今古文之分。唐代以後漸被尊崇，宋代時始列入經部，與論語並稱，是一部發揚孔子學說最重要的經典。至於孟子的篇數、編纂及內容，下面撮要略述於左：

1. 孟子的篇數

孟子這本書，依據史書的記載，當以西漢河間獻王本為最古。班固在漢書梁十三王傳中說：

河間獻王修學好古，所得書，皆古文先秦舊書：周官、尚書、禮、禮記、孟子、老子之屬。

由是觀之，孟子最古的版本，當是古文本。其實，孟子在西漢時，已經有了兩種版本：一種是七篇本，一種是十一篇本。到東漢末年的趙岐，他卻認為七篇是孟軻的原著，後加的四篇是偽作，所以他在孟子題辭上說：

孟子……於是退而論集所與高第弟子公孫丑、萬章之徒疑難答問，又自撰其法度之言，著書七篇，二百六十一章，三萬四千六百八十五字。包羅天地，揆敘萬類，仁義道德，性命禍福，粲然靡所不載。……又有外書四篇：性善、辯文、說孝經、為正。其文不能弘深，不與內篇相似，似非孟子本真，後世依放而託之者也。

趙氏所說甚是，今世所傳的梁惠王、公孫丑、滕文公、離婁、萬章、告子、盡心等七篇為中篇或內篇當是孟子的原著，至於性善、辯文、說孝經、為正等四篇為外篇或外書，當是劉歆的偽作。可是，漢人的孟子外書，到了隋唐之際便已亡佚，而今日所見的孟子外書，卻又是出於明人姚士粦的偽託。

2. 孟子的作者

孟子一書的作者，自漢以降，眾說紛紜，最重要者有下列四說：

(1) 司馬遷史記孟子荀卿列傳：「孟軻乃述唐虞三代之德，是以所如者不合。退而與萬章之徒，序詩、書，述仲尼之意，作孟子七篇。」

(2) 韓愈答張籍書：「孟軻之書，非軻自著，軻既沒，其徒萬章、公孫丑相與記軻所言焉耳。」

(3) 林之奇孟子講義序：「孟子之書，乃公孫丑、萬章諸人之所錄，其稱萬子曰者，則又萬章門人之所錄，蓋集眾人之聞見而成也。」

(4) 閻若璩孟子生卒年月考：「孟子道不行，歸而作書七篇，卒當赧王之世。卒後書為門人所敘定，故諸侯王皆加謚焉。」

從上所述觀之，孟子一書之作者，固難考定，不過，戰國時絕無稱自己為「子」者，今觀孟子全書都自稱「孟子曰」，由是觀之，孟子一書必非孟軻所自著。司馬氏之說，恐不可信。至若閻氏以孟子一書為孟軻所自作，但謚法當是門人所竄加，此說只是揣測之辭，並無實據；而林氏以孟子之書為孟軻弟子所作，且雜有再傳弟子的記錄，今就孟子書中內容及其文體觀之，此說較為可信。

3. 孟子的內容

孟子這部書的體裁，記問答的居大多數，大體和論語的體例相似，但卻和長篇大論的子書不同。

至於孟子一書的內容，其對我國文化影響最大者，當是他的性善學說。孟子從心說性，他認為人的本心都是善的，所以他在公孫丑上篇說：

> 惻隱之心，仁之端也；羞惡之心，義之端也；辭讓之心，禮之端也；是非之心，智之端也。人之有四善端也，猶其有四體也。

人心既然都具有此四種善端，那麼人性自然都是善的。孟子的這種性善學說，不但可以啟迪人類向上的自信，同時也可以鞭促人類向上的努力，其影響中國人的思想，真是極為深遠。其次，孟子的心學理論，對我國文化的影響，也極重大。孟子在盡心上篇說：

> 君子所性，仁義禮智根於心。

這句話，不但指點道德修養的方向，而且也肯定人生價值的根源。中國文化之所以成為心性的文化，中國學問之所以成為注重道德的學問，都是受了孟子心學的影響。此外，孟子的道統思想，對中國人的影響，尤為深遠。中國的道統思想，孔子只是偏重仁道，到了孟子才特別注重仁義。孟子在公孫丑下篇說：

輔世長民，莫如德。

萬章上篇又說：

非其義也，非其道也，一介不以與人，一介不以取諸人。

孟子的道統思想，不但為人類揭示立身處世的法則，而且更為世人指點從政治國的法則。孟子的這三種思想，其對中國文化的影響及貢獻，的確厥功匪淺。

總之，孟子一書，不但在儒家的哲學上具有卓越的貢獻，而且其在文學、史料上亦具有不朽的價值。吳摯甫林下偶談上說：「孟子七篇，不特推言義理廣大而精微，其文法極可觀，如齊人乞墦一段尤妙。唐人雜說，蓋出於此也。」吳氏所說甚是。所以孟子和論語一樣，已經成為中國知識份子不可不讀的經典。

三、經學流傳

經書是古代最早的書籍，自孔子用以教門弟子以後，始漸漸引起世人的重視。不過，秦以前經學的流傳，由於時代較早，已經不易探尋其源流。但就一般的史料觀之，孔門傳經之儒，當首推卜子夏。近人蔣伯潛在經與經學上說：

孔門傳經之儒，現可考見者，當首推卜子夏。經典釋文序錄於周易類首列子夏易傳三卷，自注云：「卜商字子夏，衛人，孔子弟子。」毛詩之學，一云子夏授高行子，四傳而至小毛公；一云子夏傳曾申，五傳而至大毛公（亦見釋文序錄）。春秋，則公羊高受之於子夏（見釋文序錄自注）。穀梁赤亦為子夏門人（見釋文序錄自注引風俗通）。儀禮喪服亦有子夏傳（今存儀禮中）。而論語，鄭玄亦謂為仲弓、子夏等所撰定。

由是觀之，子夏傳經之功，實不可沒。後漢徐防上疏，有「詩、書、禮、樂，定自孔子；發明章句，始於子夏」的話，似可相信。到了戰國之際，繼承子夏的傳經之儒，可以說就是荀子。近人蔣伯潛在經與經學上又說：

戰國時，儒家鉅子，首推孟軻、荀況。孟子，可以說他是「傳道之儒」，繼承曾子一派的；荀子，可以說他是「傳經之儒」，繼承子夏一派的。釋文序錄謂毛詩，一云孫卿子（即荀子）。傳魯人大毛公，則毛詩出自荀子；漢書楚元王傳謂元王劉交少時嘗與魯穆生、白生、申公受詩於浮丘伯，而伯為孫卿之門人，魯詩為申公所傳，則亦出於荀子；韓詩今存外傳，其中引荀子以說詩者，凡四十四則，是韓詩亦與荀子合。釋文序錄又謂左丘明作傳授曾申，申傳吳起，起傳其子期，期傳鐸椒，椒傳虞卿，虞卿傳荀卿，則左傳亦傳於荀子；漢書儒林傳謂瑕丘江公受穀梁春秋於申公，而申公為荀子再傳弟子，則穀梁傳亦荀子所傳。大戴禮記曾子立事篇載荀子修身、大略二篇文，小戴禮記樂記、三年問、鄉飲酒義諸篇，載荀子禮論樂論二篇文；荀子論學論政，本是注重「禮教」、「禮治」的，其深於禮，不言可知。劉向又稱荀子善為易，其義略見非相、大略二篇中。

由是觀之，戰國傳經之儒，以荀子之功最大。

(一)兩漢的經學及今古文的爭論

到了秦始皇統一天下以後，由於採納李斯的建議，因此於始皇三十四年下焚禁詩書之令。經籍罹此災厄，散佚殆盡。漢惠帝四年，乃明令廢除挾書之禁，於是傳經之儒，又紛紛繼出，經學遂興盛於西漢。至若西漢傳經的儒者，依據司馬遷史記儒林列傳上說：

言詩，於魯則申培公，於齊則轅固生，於燕則韓嬰；言尚書，自濟南伏生；言禮，自魯高堂生；言易，自菑川田生；言春秋，於齊魯自胡毋生，於趙自董仲舒。

由此觀之，西漢傳經之儒，以申培、伏生、董仲舒諸人最為著名。至於他們所傳的經書，都是「今文」。同時，他們先後也都立於學官：在文帝時，申培、韓嬰以詩為博士；景帝時，轅固生也以詩為博士，董仲舒、胡母生則以治公羊春秋為博士。後來到了武帝建元五年時，五經博士就普遍設立；元成二帝時，十四博士也立於學官，經學於是入於全盛的時代。

逮至西漢哀平之世，劉歆在祕府中發現「古文」書寫的經，於是經書有「今文」、「古文」的派別：凡是用西漢時通行的文字隸書寫的，叫做「今文」；凡是用秦漢以前通行的文字古篆寫的，叫做「古文」。經書書寫時所用的字體既然不同，文字、篇數多少自然也有差別，因此，經學家各持所據的經本，各守門戶之見，形成爭執對抗的兩派。

今古文兩派的紛爭，肇始於劉歆。近人蔣伯潛在經與經學中說：

> 歆領校群書時，在中祕書中發現了許多古文經傳，及官侍中大中大夫，得親近，乃欲立左氏春秋、毛詩、逸禮、古文尚書於學官。哀帝令歆與五經博士講論其義，諸博士或不肯置對。歆乃數見丞相孔光，為言左氏以求助，光卒不肯，歆因移書太常博士責讓之，歆之意，以為今文經傳是秦火燼餘，殘缺訛脫，且有口耳相傳，至後世始筆錄成書的，不如當時就寫錄成書的之信而有徵。

由上所述觀之，首先起來攻訐今文經缺失的是劉歆，當時他雖然遭遇到大司空師丹的毀謗，使其自求外放而出為河內太守，終使古文經不得立於學官，但從此以後，今古文就形成對峙的時代，今文家斥古文家為「顛倒五經，變亂師法」，古文家斥今文家為「專己守殘，黨同妒真」，各守門戶，兩不相下。今從後漢書觀之，東漢古文經學家甚多，有鄭眾、杜林、桓譚、賈逵、馬融等人，而今文經學家卻寥寥無幾，只有李育、何休數人而已，可見東漢是古文經學的全盛時代。

綜觀兩漢的經學，東漢的經學異於西漢者，不僅今古文盛衰的一端，而且西漢的經師，文尚簡樸，其研究群經注重大義；東漢的經師，文多泛濫，其研究群經注重訓詁，此乃兩漢經學最大的不同。至若今古文的派別，到了東漢末年的鄭玄，他的群經注解，卻兼採今古文之說。蔣伯潛在經與經學中說：

玄既學無常師，博通今古，見當時今古文兩派攻難不休，乃欲參合其學，自成一家之言。於是徧注群經，據本傳所載：周易、尚書、毛詩、儀禮、禮記、論語、孝經等，都有注解；而其內容，則都兼采今古文之說。如箋詩，雖以毛傳為主，而又時違毛義，兼采三家；注尚書，雖用古文，而又和馬融不同，或從今文說；注儀禮，從今文說，則注內疊出古文；從古文，則注內疊出今文：於是鄭注行而齊魯韓三家詩，歐陽、大小夏侯尚書，大小戴禮都廢了。易與論語等，也是如此。

由是以觀，今古文的派別，到了鄭玄就已經開始混合。

(二)魏晉南北朝的經學

魏晉的經學以王朗、王肅、何晏、王弼諸人最為著名。王朗是王肅的父親，他師事楊賜，楊氏世世傳今文歐陽尚書，王肅受其父學影響，兼通今古文學，他所作的尚書、詩、論語、三禮、左氏解和他父親王朗作的易傳，都因為他的女兒嫁給司馬昭，藉著帝王的勢力，而立於學官。從此以後，經學今古文的爭論，也就銷聲匿跡了。

經學的流傳到了晉代，西晉雖然崇尚王學，但王鄭仍然成為紛爭的局面，有申王駁鄭的，也有主鄭駁王的，晉代經學的紛爭，只有鄭王兩派之爭，不復有今古文之爭了。至於魏晉人的注經書籍，最著名者有下列五部：

(1)周易注　王弼
(2)論語集解　何晏
(3)左傳集解　杜預
(4)穀梁傳集解　范寧
(5)爾雅注　郭璞

經學流傳到南北朝，大概又成為分立的局面。這一時期的經學，有南學北學之分。北學的易、書、詩、禮、左傳，都宗鄭氏；而南學宗鄭玄者，僅禮一經。當時注經的學者，北方有劉獻之的三禮大義、徐遵明的春秋義章等，南方有崔靈恩的三禮義宗、沈文阿的論語義疏等，但這些著作今已亡失，只有皇侃的論語義疏，皇侃、熊安生的禮記義疏，流傳於世。今觀南北朝的經學，確是漢人注經、唐人疏注二者之間的橋梁，其承先啟後之功，當不可沒。

(三)唐宋明清的經學

唐代是文學鼎盛的時代，文學的貢獻，除韓、柳古文之外，駢文、詩、傳奇小說，亦頗有成就。至於經學，最著名的著作，是陸德明的經典釋文、顏師古的五經定本，其次是孔穎達等人所撰的五經正義。此書雜出眾手，見解紛歧，譬如其對讖緯之說，毛詩正義、禮記正義則以為是，尚書正義則以為非，同屬五經正義，而其說法卻自相矛盾，所以五經正義並不是一部最有價值的著作。朱子認為五經疏、周禮最好，詩、禮記次之，書、易為下，他的批評頗為得當。

宋代的學術，文學以詞最為興盛，詩與文，只不過承繼唐人的餘風而已。至於宋人的治經，因為疑經的緣故，往往任意刪改經傳，如歐陽脩的毛詩本義，不守毛傳；王安石的新經義，改變舊說；蘇轍的詩集傳，不信詩序；朱熹的詩集傳，不用毛詩序而另立新義。此外經學開闢新徑的著作，有蘇軾的易傳、書傳，劉敞的春秋權衡，葉夢得的春秋傳，蔡沈的書集傳等書。不過，宋代的學風，其重心在理學而不在經學，因此，自南宋至明，經學就日趨衰落。

到了明代之際，除王守仁派的理學外，治經者多株守元人之書，其於宋儒之書，亦少研究。在明代的學者中，經學的著作，只有梅鷟的尚書考異，這是一本考辨古文尚書的佳作。至於胡廣等所編修的五經大全，雖是一部官修經義的鉅著，但其內容多抄襲舊說。此外豐坊的申培詩說、子貢詩傳，姚士粦的孟子外書，又都是一些作偽欺人的偽書。經學流傳到明朝，真是走到了一個最衰微的時期。

但是到了清代，經學又日趨興盛。顧炎武、閻若璩、胡渭三人，是清代學術代表的人物，他們所抱持「漢宋兼采」的主張，對清代經學的影響至鉅。在清代的經學著作中，閻若璩的古文尚書疏證一書，考辨真偽，詳列證據，喚起學者疑古求真的精神，其於經學之貢獻極大。其次，清代經學的著作，最為著名者，有：

(1)周易述　惠棟
(2)尚書今古文疏證　孫星衍
(3)毛詩傳疏　陳奐
(4)毛詩傳箋通釋　馬瑞辰
(5)周禮正義　孫詒讓
(6)論語正義　劉寶楠
(7)爾雅義疏　郝懿行
(8)孟子正義　焦循
(9)禮書通故　黃以周

(10)五禮通考　秦蕙田

上列經學的書籍，都是最為精博的著作。此外，阮元及王先謙所編輯的皇清經解與續皇清經解二書，所收清儒解經之書，前者有一百八十八種，後者有二百零九種。清人經學之鼎盛，不但非唐宋元明所可及，亦且超軼兩漢。

肆、史學常識

一、概　說

㈠史的意義

漢許慎說文解字說：「史，記事者也。从又（古手字）持中。中，正也。」玉篇說：「史，掌書之官也。」周禮天官宰夫：「史，掌官書以贊治。」由上三說可知，史的本義為掌書記事的官，職位非常的重要。而史官的工作，最重要的是記言與記事二項。所以，漢書藝文志說：「左史記言，右史記事。」

史的定義，梁啟超先生的詮釋最為精當，他在中國歷史研究法中說：「史者何？記述人類社會賡續活動之體相，校其總成績，求得其因果關係，以為現代一般人活動之資鑑者也。」歷史是人類過去一切活動的總紀錄，舉凡朝代的盛衰、風俗的文野、政教的得失、文物的盈虛，都可從歷史上獲致經驗與教訓。所以，治史的人不但能「究天人之際，通古今之變」，更能「為天地立心，為生民立命，為往聖繼絕學，為萬世開太平」。

(二)史的分類

研究歷史的學問，叫做「史學」；記載歷史的書，稱為「史書」。現代尚存最早的史書，當推尚書。但在司馬遷以前，史學並未完全獨立。在漢書藝文志的著錄中，戰國策、史記等史書，尚只附於六藝略的春秋家之內，著錄的史書僅四百二十五篇。直至晉荀勖依據魏鄭默的中經，更著新簿，分群書為四部，而以史為丙部，與甲經、乙子、丁集並列，史學始脫離經學而獨立。東晉元帝時，李充另造四部書目，略易荀氏的舊例，定為甲經、乙史、丙子、丁集的次序。這項分類，自隋唐迄清，率多依循，少有更易。

史部的著錄，隨時代而俱增。史書的分類，亦愈精細。我國史書的分類，最早見於隋書經籍志，共分為十三類：

(1)正史（紀傳表志）　(2)古史（編年繫事）　(3)雜史（紀異體）　(4)霸史（紀偽朝）

(5)起居注（人君動止）(6)舊事（朝廷政令）(7)職官（序班品秩）(8)儀注（吉凶行事）
(9)刑法（律令格式）(10)雜傳（先賢人物）(11)地理（郡國山川）(12)譜系（世族繼序）
(13)簿錄（史條策目）。

至清四庫書目提要分類更細，共分十五類：

(1)正史 (2)編年 (3)紀事本末 (4)別史 (5)雜史 (6)詔令奏議 (7)傳記 (8)史鈔
(9)載記 (10)時令 (11)地理 (12)職官 (13)政書 (14)目錄 (15)史評。

唐劉知幾深通史法，他著有史通一書，將古來史籍的體例，分敘為六家：一曰尚書家（即紀言家），二曰春秋家（即紀事家），三曰左傳家（即編年家），四曰國語家（即國別家），五曰史記家（即通古紀傳家），六曰漢書家（即斷代紀傳家）。又將六家統括為兩體，曰編年體，曰紀傳體。

上述兩種分法，一從性質分，一按體例分。或失之繁瑣，或失之籠統。梁啟超著中國歷史研究法則分為紀傳、編年、紀事本末、政書四體，最為合理切要。

(三)史家的四長

歷史是人類生活的龜鑑，而史書是記錄歷史事實的書。因此，研讀史書，即在能鑑往以知來，進而修己安人，達到內聖外王的境界。史書既然如此重要，那麼，作為修史的史家應具備那些條件呢？劉知幾的史通認為必須具備三個條件：即史才、史學、史識。章學誠文史通義加上一個史德。

梁啟超先生則認為史德最為重要，次史學，又次史識，而史才居末。

所謂「才」即指表現於文字組織的技巧；所謂「學」即指參考的資料是否廣博；所謂「識」即指是非的褒貶是否精當；所謂「德」即指作史者心術是否端正。

歷史本有它的「特殊性、變異性與傳統性」，而一部史書的修撰，最重要的就在能忠實的記載歷史的真相。史料的參考愈豐富，史實必愈正確。但史料愈多，編排愈難，如何把豐富的史料，有條不紊地組織起來，非有史才不為功。但有豐富的史料，完美的組織，尚須精當的判斷，才「能見其全，能見其大，能見其遠，能見其深，能見人所不見處」（錢穆中國歷史研究法）。有了史學、史才及史識，又須有史德，如此才能「不抱偏見，不作武斷，不憑主觀，不求速達」（同前）。譬如魏書，被譏為穢史即是。

總之，一個史學家肩負著歷史文化的傳承重任，因此，他必須才學識德兼備，才能善盡本分，修好一部史書。

二、紀　傳

(一)紀傳的由來

紀傳體是我國史書的主要體裁，通稱正史。正史的名稱，始見於隋書經籍志正史序說：

> 世有著述，皆擬班馬，以為正史。

紀傳體的史書，係以人物為中心，詳一人的事蹟。其來甚早，開始於漢司馬遷的史記。後來，班固的漢書、范曄的後漢書、陳壽的三國志也都以紀傳為體，稱曰「四史」。自唐以後，史目遞增，遂有十史、十三史、十七史、十八史、二十一史、二十二史等名目。到清朝時，已積有二十四部，通稱為二十四史，即史記、漢書、後漢書、三國志、晉書、宋書、南齊書、梁書、陳書、魏書、北齊書、周書、隋書、南史、北史、舊唐書、新唐書、舊五代史、五代史記、宋史、遼史、金史、元史、明史。民國七年以後，徐世昌下令將新元史列入正史，遂成為二十五史，或加清史稿，而為二十六史。

各史或稱「書」，或稱「志」，或稱「史」，或稱「史記」，實為一體。

(二)紀傳的體例

紀傳體的史書，以人為綱。它的體例，創自司馬遷的史記。史記的體例，共分五類：

(1)本紀
(2)表

(3) 書
(4) 世家
(5) 列傳

這五類體例，史遷都有所本，並非自創。史遷憑著豐富的學養，高遠的見識，將前代各種史書的體例，鎔為一爐，開創了完美的紀傳體例，為我國史書啟開嶄新的一頁。而歷代的正史，率多依循，少有變易。現將各體分述於下：

1. 本　紀

本紀以帝王為中心，記載國的大事。司馬貞五帝本紀索隱說：

紀者，記也。本其事而記之，故曰本紀。

張守節五帝本紀正義引裴松之史目說：

天子稱本紀，本者繫其本系，故曰本紀；紀者，理也；統理眾事，繫之年月，名之曰紀。

劉知幾史通解說最為清楚，它說：

蓋紀之為體，猶春秋之經，繫日月以成歲時，書君上以顯國統。

可見本紀的特色是以編年為體，大事乃書。有年代可考的，按年記事；無年代可考的，分代敘事。

2. 世　家

世家以紀侯國。年封世系，盛衰興亡的事蹟，分國按年記述。司馬貞史記吳太伯世家索隱說：

世家者，記諸侯本系也。言其下及子孫，常有國故。

劉知幾史通說：

司馬遷之記諸國也，其編次之體與本紀不殊；蓋欲抑彼諸侯，異天子，故假以他稱，名為世家。

史記世家一體，班固漢書改為列傳，其後諸史因之。晉書於僭偽諸國，數代相繼的，不曰世家，而別稱曰載記。歐陽脩的新五代史，則於吳、南唐、前蜀、後蜀、南漢、楚、吳越、閩、南平、北漢等十國，仍稱世家，宋史因之作十國世家，遼史於高麗、西夏等諸國另稱外紀。

3. 表

表係以時間為中心，編排同類性質的大事。歷史人物，不可數計，人各一傳，不勝其傳。表有提要匯總的作用，可以補本紀、世家、列傳的不足。所以萬斯同說：

表所以通紀傳之窮，其有人已入紀傳而表之者，有未入而牽連表之者，表立然後紀傳之文可省，讀史不讀表，非深於史者也。

或年經國緯，以見天下的大勢；或年經事緯，以見君臣的職分；或國經年緯，以睹一時的得失。不過，二十五史中，僅十史有表，即史記、漢書、新唐書、新五代史、宋史、遼史、金史、元史、新元史、明史等，餘均闕如。萬斯同作歷代史表六十卷，可補諸史的不足。

4. 書

書係以事類為綱，記載國家的大政大法。司馬貞史記禮書索隱說：

書記，五經六籍之總名也。此之八書，記國家大體。

顏師古說：

志，記也，積記其事也。

如紀禮儀、禮俗的禮書，紀音樂的樂書，紀地理水利的河渠書，紀財政經濟的平準書等。朝章國典，因而得以備錄。書的名稱，諸史或有不同，史記稱書，班固改稱志，諸史因之。歐陽脩的新五代史稱考。三國志、梁書、陳書、北齊書、周書、南史、北史則無書志一門。

5. 列　傳

列傳係以誌人物。舉凡社會各階層的特殊人物事蹟，甚至邊疆各國的概況，都可入傳。趙翼廿二史劄記說：

古書凡記事立論，及解經者，皆謂之傳，非專記一人之事蹟也。其專記一人為一傳者，則自遷始。又於傳之中分公卿將相為列傳。……又別立名目，以類相從。自後作史者，各就一朝所有人物傳之，固不必盡拘遷史舊名也。

若按撰寫性質的不同分，又有單敘一人的單傳（或稱專傳），合敘兩人或兩人以上的合傳，以類相從，依照人物先後敘在篇裡的類傳，以及帶敘其他人物的附傳等，可說是史書極為重要的部分，歷代諸史都有。

此外，史記論斷，稱「太史公曰」。班書改稱「贊」，陳壽三國志稱「評」，范曄後漢書改稱「論」，而又系以贊，論為散文，贊為四言。梁沈約宋書改稱「史臣曰」，唐時所修諸史均同。新五代史直起無標題，加以「嗚呼」二字。僅元史無論贊。新元史論贊俱稱「史臣曰」。

史記體例的編次，是先「本紀」、次「表」、次「書」、次「世家」、次「列傳」。班固漢書缺世家，餘皆相同。迨後，歷代的正史，多依循這個規格。不過世家的體例，諸史不能悉有，僅新五代史用之，而晉書改稱載記，名雖異而實同。且晉書載記，新五代史世家乃附於書末。宋、遼、金、元諸史同。新唐書表後於志，魏書志後於傳，舊五代史同。這些史籍中，體例安排的次序雖有不同，但都不出史記的範圍，所以，史記被推尊為紀傳通史之祖。

㈢紀傳的史書

1. 史　記

史記是我國第一部通史紀傳體的史書，也是我國古代第一部傳記文學的總集。漢司馬遷撰。司馬遷字子長，夏陽（今陝西韓城縣南）人。父司馬談是個學問淵博的學者，在建元、元封之間，做了太史公。他有滿腔的抱負，想撰寫一部表彰「明主賢君，忠臣死義」的史書。這個宏願，後來由司馬遷發憤完成。司馬遷少時，曾接受完整的儒學教育，從大儒孔安國學古文尚書，從董仲舒治公羊春秋。因此，司馬遷在思想上雖留有他父親的黃老之學的遺澤，但是，儒學卻是他的思想主流。因此，在整部史記中，司馬遷徵引孔子說話的地方非常多，且逕以孔子的論斷作自己的論斷，並隱然以史記上比春秋。

史記是一部史書，但是，司馬遷撰寫史記的目標，不徒在記載歷史的事實，更要能「究天人之際，通古今之變，成一家之言」。人類的歷史活動，雖不一定能重演，但在不停息的變動流轉中，自有軌跡可尋。司馬遷作史的目的，即想從上下兩千餘年的種種人事演變的跡象中，原始察終，通窮達變，去找出「成敗興壞」的定理，以為後世的殷鑒。更想從「網羅天下舊聞」、「歷紀古今成敗」中，建立起歷史的哲學體系，顯現宇宙人生的根本道理。

史記一書，上起黃帝，下迄漢武。縱貫上下數千年，橫及各國各階層。據太史公自序說：

> 著十二本紀，作十表、八書、三十世家、七十列傳，凡百三十篇，五十二萬六千五百字。

可見史記百三十篇內容繁富，各體賅備，誠然是一部史學的巨著。

事實上，史記不僅是亙古未有的歷史巨著，而且是我國最早的一部傳記文學的總集，也是一部融匯古代學術思想的要籍。史記的成就是多方面的，在史學方面，司馬遷為後世的史學家提示了作史的標的。而史記的體例——本紀以序帝王，世家以紀侯國，表以繫時事，書以詳制度，列傳以誌人物，也為後世正史的體裁，奠立下永恆的規模。文學方面，史記雄深雅健的散文風格，以及簡樸而動人的敘寫方法，都是唐宋八大家和明清的散文作家學習的模範。至於明清的戲曲、小說也多採用史記的人物故事為題材。在學術方面，舉凡禮儀禮俗、音樂曆法、軍事氣象、財政經濟，甚至宗廟鬼神、天文地理等，無不包括在八書之內。所以錢玄同先生說：「司馬遷實集上古思想學術之大成，而有自具特識的人。」

史記的注釋很多，以宋裴駰的集解、唐司馬貞的索隱、張守節的正義為最著，宋刻併三家為一本，尤見通行。

2. 漢　書

漢書，又稱前漢書，是我國第一部斷代史紀傳體的史書。東漢班固撰。

班固字孟堅，扶風安陵（今陝西咸陽東北）人。父彪斷史記太初以後，採前史遺事，傍貫異聞，作後傳數十篇。而固以彪所續前史，未盡詳密，於是潛精研思，接續著作，前後經歷二十餘年。和帝永元四年，竇憲失勢自殺，固受株連，死在獄中。八表及天文志，未及完成。和帝詔其妹班昭在東觀藏書閣補寫，後又詔令馬融兄續續成，全書歷經四人之手，始成完本。

漢書凡一百篇，分一百二十卷。有本紀十二、表八、志十、列傳七十。上起於漢高祖，下終於王莽之誅。班固在漢書敘傳中說：司馬遷的史記「太初以後，闕而不錄。故採撰前記，綴輯所聞，以述漢書」。可見漢書是繼續史記而作。而漢書的紀、表、書、傳，也都因襲史記的體制。劉知幾有言：

> 昔虞、夏之典，商、周之誥，孔氏所撰，皆謂之書。夫以書為名，亦稽古之偉稱，尋其創造，皆準子長，但不為世家，改書曰志而已。

漢書是繼史記以後一部偉大的史書，班固不僅是漢代著名的史學家，也是辭賦大家。自漢書著成後，以紀、傳、表、志為主要形式的斷代史史書的體例，始告發展完成。而其為文裁密思靡，喜用駢偶，亦為六朝駢文家所宗，在中國駢文發展史上具有重要的地位。

漢書的注釋，唐顏師古注及清王先謙補注，最通行於世。

3. 後漢書

繼班固前漢書而作的，則為後漢書。南北朝時，宋宣城太守范曄撰。

范曄字蔚宗，順陽（今河南淅川）人，少好學，博涉經史，善屬文，能隸書，曉音律。初為尚書吏部郎，左遷宣城太守。不得志，於是窮覽舊籍，刪眾家後漢書，以成一家之作。惜志未成，因與孔熙先謀傾宋室，事發伏誅。梁時，劉昭取晉司馬彪續漢書志的部分，加以注解，「分為三十卷，以合范史」，遂成今之後漢書。

後漢書一百三十卷，起自光武帝，至獻帝止。有本紀十共十二卷，列傳八十計八十八卷，志八計三十卷。史書無表，實自蔚宗開始。

後漢書師法史記，編次卷帙，各以類相從；取法班氏，多附載政論材料以及詞采壯麗的文章。敘述詳簡得宜，立論亦稱允當。劉知幾推稱此書「簡而且周，疏而不漏」。縱有傳文矛盾、敘事無根的缺點，仍不失為良史。

後漢書的注家，以唐章懷太子李賢注最為通行。清惠棟後漢書補注、王先謙後漢書集解，頗便學者研讀。

4.三國志

三國志為晉陳壽撰。壽字承祚，巴西安漢（今四川南充縣）人。少好學，師事譙周，仕蜀為觀閣令史。蜀平入晉，舉孝廉，除佐著作郎，終御史治書。撰有三國志、古國志、益都耆舊錄。三國志一書，尤為時人所推重。

三國志，凡六十五卷。魏志三十卷，蜀志十五卷，吳志二十卷。其中魏四紀，二十六列傳；蜀十五列傳；吳二十列傳。書雖名志，實無一志，亦缺表。洪亮吉三國疆域志、錢大昭三國藝文志以及萬斯同歷代史表，可以參看。

二十五史中，三國志最為簡潔。晉書本傳說：「時人稱其善敘事，有良史之才。」宋文帝則嫌三國志為文簡略，命裴松之作注。於是，松之鳩集傳記，增廣異聞，以補壽志的缺失。所引的書，多至五十餘種。松之注此志，較原書多出三倍，可謂集注史的大成。

5. 晉　書

晉書為唐房玄齡等奉敕所撰，參預其事者共二十一人，開史書眾修的先河。在唐以前，晉書的編撰，家數甚多。至唐初，仍有何法盛等十八家流行。唐太宗以為都不完善，敕房玄齡、褚遂良、許敬宗重撰，又命李淳風修天文、律曆、五行三志，敬播等改正類例。太宗並自撰寫宣、武二本紀和陸機、王羲之二列傳的「論」。是以曰「制旨」，又總題全書為「御撰」。

晉書凡一百三十卷，有本紀十、志二十、列傳七十及載記三十。總記西晉四帝，凡五十四年，東晉十一帝，凡一百零二年。又以胡、羯、氐、羌、鮮卑等五族，割據中原，分為二趙、五涼、四燕、三秦與夏、蜀等十六國。較之前史少年表一門，多載記一項。

全書組織尚稱嚴密，重要史實也能留存下來。然司馬懿、司馬師、司馬昭均未即帝位，徒以身後追尊的原故，作宣、景、文三紀，於本紀之例，似有缺失。而預修諸人多為唐初文學詞臣，受六朝文風影響，行文好為麗辭奇句，似與史書體製未合。

晉書的注釋，以吳士鑑、劉承幹注最為流行。今通行本並附有唐何超音義三卷。晉書包羅宏富，蕪雜未免，清周濟撰晉略一書，文筆嚴謹，考訂功深，頗有參考價值。

6. 宋　書

宋書舊題梁沈約撰，實撰成於齊武帝永明年間。本書材料，多取徐爰舊本增刪而成，用時不過一年左右。大抵沈約續補永光（前廢帝）以後，至亡國十餘年的事，並刪除徐爰舊著中有關晉末諸臣，及桓玄等諸叛賊的部分，其餘都本爰書。

宋書凡一百卷，有帝紀十、志三十、列傳六十，而無表。本書蕪詞甚多，繁簡失當，宋齊革易間的事，作史者既為齊諱，又欲為宋諱，不能據事直書，有乖史筆。唐劉知幾史通說：

其書既成，河東裴子野更刪為宋略二十卷，沈約見而歎曰：「吾所不逮也。」由是世之言宋史者，以裴略為上，沈書次之。

7. 南齊書

南齊書為梁蕭子顯撰，子顯字景陽，齊高帝蕭道成之孫，豫章王蕭嶷之子。

南齊書凡六十卷，其中序傳，後世失傳，今存五十九卷。有本紀八、志十一、列傳四十，無表。北宋刻本尚有進書表，今本已無。又今本文學傳無敘，州郡志及桂陽王傳都有闕文，實非完善。

子顯撰寫南齊書，雖於以前作者，不無因襲，然而頗能斷以己意。子顯身為齊宗室之後，而於梁時作史，於開國史既不便宣揭祖惡，於亡國史亦不便直彰篡逆的事蹟，而卻能「直書無隱，尚不失是非之公」（四庫提要）。本書不見篡弒的痕跡，而能微露己意。難怪劉知幾史通稱許說：「子顯雖文傷蹇躓，而義甚優長。」

8. 梁　書

梁書，唐姚思廉奉敕撰。據新唐書姚思廉傳稱：「貞觀三年（西元六二九年）詔思廉同魏徵撰。」今本梁書題姚思廉撰而不列魏徵之名。大約魏徵本奉詔監修，而實由思廉一人執筆，所以獨標姚思廉撰。

梁書凡五十六卷，有本紀六、列傳五十，以較前史，缺書志、年表兩種。

梁書初稿撰於梁代，如沈約、周興嗣、鮑行卿、謝昊等相承撰錄的梁書共一百卷，而思廉之父姚察，陳時為吏部尚書，奉敕修撰梁史。姚察的舊稿，實即為思廉所本。因此，本書記述史跡，詳密覈實。而成書時，又相隔三代，既無個人恩怨，亦少當朝忌諱，所以持論頗稱平允。況姚氏父子為唐代古文先驅，行文自稱爐錘，洗盡六朝浮豔文風，雖敘事論人間亦矛盾冗雜，實亦頗多可取之處。

9. 陳　書

陳書亦為唐姚思廉撰。

陳書凡三十六卷，有本紀六、列傳三十。高祖、世祖兩本紀末有「陳吏部尚書姚察曰」字樣，其餘紀傳之末，則稱「史臣曰」。

陳書既與梁書同出思廉之手，優劣之處，亦相伯仲。倫序秩然，言論精當。然而，文多避諱，有乖直筆。陳書專立姚察傳，亦頗受人非議，有變古之嫌。

10. 魏　書

魏書，北齊魏收撰。

魏書凡百三十卷，有帝紀十二篇（十二卷）、列傳九十二篇（九十八卷）、志十篇（二十卷），諸史表志均在傳前，而魏書則志居傳後。宋劉恕、范祖禹等校定時，稱「亡逸不完者無慮三十卷，今各疏於逐篇之末」。四庫全書謂實缺二十九傳，然所據何書以補缺，恕等並未明言。

本書內容蕪穢，體例荒謬，世稱穢史。北齊書魏收傳說：

修史諸人祖宗姻戚多補書錄，飾以美言。

一人立傳，不論有官無官，有否功績，都附綴於後，有至數十人者。且「夙有怨者，多沒其善，每言何小人，敢共魏收作色，舉之則使上天，按之當使入地」。史筆成為酬恩報怨的工具。收因仕於北齊，而修史又在齊文宣帝時，舉凡涉及齊神武帝（高歡）在魏朝時，多曲為迴護，黨齊毀魏，有失是非之公。惜收前諸儒所撰魏史，悉數被毀，因此，收書終得列入正史，以存文獻。

11. 北齊書

北齊書，唐李百藥撰。

北齊書凡五十卷，有本紀八、列傳四十二。自北宋以後，本書日漸散佚，宋晁公武郡齋讀書志稱其殘缺不全。今據四庫提要及王鳴盛、錢大昕、趙翼等考證，尚可知其體例。今本乃後人取北史及他書補成。

北齊書既為後人所補，因此揉雜牴牾，體例不一，自北史行後，此書遂不為人注意。且北齊立國本淺，文宣以後，綱紀廢弛，人材寥落，事功不顯，亦少有可紀。不過百藥文筆簡潔，語多粧點，亦為其特色之一。

12. 周　書

周書，唐令狐德棻奉敕撰，共事者有岑文本等十七人。

周書凡五十卷。有本紀八、列傳四十二。北宋重校時，尚有全本。今本殘闕，多取北史以補亡。惜不標明所移掇者何卷？所改者何篇？德棻原本，遂不可辨。

德棻博涉文史，早歲知名，唐初各正史的修撰，實乃議自德棻。本書敘事得宜，文筆簡勁，惜今書殘闕不全，遺文脫簡，不可枚舉。且北周立國，僅二十六年，鮮有事功可顯，所以，德棻雖號稱博學，亦難展其史才。

13. 隋 書

隋書，唐魏徵等奉敕撰。撰紀傳者有顏師古、孔穎達、許敬宗等三人。撰志者有于志寧、李淳風、韋安仁、李延壽、令狐德棻等人。

隋書凡八十五卷。有本紀五、列傳五十、志三十。隋書十志，或名五代史志，原為梁、陳、周、齊、隋五代史而作。其後各史單行，而隋書居末，十志遂專稱隋志，唐太宗駕崩後，將志編入隋書，則有失其實。

隋書成於眾手，牴牾難免。執筆者都屬唐初名臣，書法嚴謹，文筆簡淨，惜高祖紀與煬帝紀中，曲為迴護，頗有隱諱篡逆的事蹟，誠有愧史筆。

14. 南 史

南史，唐李延壽撰。延壽之父，名大師，貞觀中，官御史臺主簿，兼值國史。北史序傳說：

大師少有著述之志，常以宋、齊、梁、陳，魏、齊、周、隋，南北分隔，南謂北為「索虜」，北謂南為「島夷」。又各以其本國周悉書，別國並不能備，亦往往失實，嘗欲改正，將擬吳越春秋編年以備南北。

惜書未成，而大師已死。延壽繼承父志，窮十六年的功夫，涉獵千有餘卷，總敘八代的事情，撰成南史、北史二書。

南史凡八十卷，有本紀十、列傳七十。始於劉宋永初元年，迄於陳禎明三年，歷宋、齊、梁、陳四代，一百七十年。

南史屬通史體裁，敘事簡淨，文少避諱，頗能糾正各史迴護的缺點。本書雖以宋、齊、梁、陳四史為根據，但是刪繁補闕，意存簡要，舉凡詔誥詞賦，一概刪削，無煩冗蕪穢之詞，司馬光稱為佳史。

15. 北　史

北史，唐李延壽撰。

北史凡一百卷，有本紀十二、列傳八十八，總記魏、齊、周、隋四代的史事，始於魏登國元年，迄於隋義寧二年，凡三代二百四十四年。兼自東魏天平元年至齊隆化二年，共四十四年的行事。

北史與南史，同出李延壽之手，敘事簡淨，堪稱史籍中的佳構。大抵南史因四史舊本而稍有刪減，補缺者少。北史則較南史用力獨深。如周書文帝紀增補追侯景不及事，齊慕容紹宗傳增補侯景畏紹宗事。元魏一代雖以收書為主，而用魏澹書義例，以西魏為正統，增入文帝、廢帝、恭帝三紀。各帝紀後，並附見東魏，史例頗為允當。魏收曲筆，亦多加糾正。

16. 舊唐書

舊唐書，五代後晉劉昫等撰。

舊唐書，原名唐書，自宋歐陽脩、宋祁等重撰新唐書，此書便廢而不用，然仍流傳民間，歷世不絕。清乾隆時，與新唐書並列於二十四史中，成為正史之一。

舊唐書凡二百卷，有本紀二十、書志三十、列傳一百五十，約一百九十萬言。

有唐一代，凡十四世，二十一主，二百九十年，享國甚久，聲教文物，亦稱極盛。而劉昫等所撰唐書，多以令狐德棻及吳兢的舊稿為藍本，敘事得體，文筆簡淨。尤其穆宗以前，簡而有體，敘述詳明，頗能保存班、范的舊法。惜穆宗以後，語多枝蔓，多述官職、資望，竟似斷爛朝報。而且各傳並見，重出頗多，本紀、列傳，亦多迴護之處，為世所病。

17. 新唐書

新唐書，宋歐陽脩、宋祁等撰。曾公亮監修。書中列傳，都題祁名，而本紀、志、表則題脩名，宰相世系表、宋史呂夏卿傳以為呂夏卿所撰，而今新唐書中，亦題脩名。

新唐書凡二百二十五卷，有本紀十、志五十、表十五、列傳一百五十，約一百七十萬言。

曾公亮在新唐書進表說：「其事則增於前，其文則省於舊。」事增文省，確是新唐書的最大特色。本書作者歐陽脩、宋祁等人都是積學之士，又是古文大家，修史時，正值文物鼎盛之際，史料的搜求，比較容易。因此，唐書迴護之筆，本書多予刊正；舛漏之處，亦加補救。尤其歐陽公所撰的本紀，文章明達，語多褒貶；宋祁所撰列傳，則刻意學古，頗失本來面目。

18. 舊五代史

舊五代史，北宋薛居正等奉敕撰。同修者有盧多遜、扈蒙、張澹、李昉、劉兼、李穆、李九齡等人。自歐陽脩別撰五代史記，金章宗下詔采用，歷元、明、清，五代史遂見廢棄。乾隆時，自永樂大典輯出，並考核宋人著述中徵引薛書資料，摘錄補缺，頗復舊觀。

舊五代史凡一百五十卷，有本紀六十一、志十二、列傳七十七，以較前史，缺年表一種。

五代雖值離亂時代，各朝卻都有實錄。薛史取材，多本諸實錄，因此修史時間，不過一年餘，事雖詳備，然實錄中迴護之處，都未能核實糾正，有失史實。

19. 新五代史

新五代史，原名五代史記，宋歐陽脩撰。

新五代史凡七十四卷，有本紀十二、列傳四十五、考三、世家十、十國年譜一、四夷錄三。

舊五代史仿陳壽三國志的體例，以國別為限，各自為書。新五代史則遠祖史記，以類相從。舊五代史率依各朝實錄，新五代史則旁參史料，褒貶分明。趙翼廿二史箚記說：

歐史不惟文筆簡淨，直追史記，而以春秋書法寓褒貶於紀傳之中，則雖史記亦不及也。

20. 宋　史

宋史，元托克托等奉敕修撰。

宋史凡四百九十六卷，有本紀四十七、表三十二、志一百六十二、列傳二百五十五。

宋史全書，為卷五百，文百萬言，而修撰時間，不及三年，成書可謂神速。有宋一代，史料的記錄與保存，非常周密。有起居注，有時政記。每一帝必修有日曆，日曆之外，又有實錄。然本書因依實錄與傳記而成，未加考覈損益，因此枉曲迴護，頗多不合史實。且立傳失當，前後矛盾，蕪雜特甚。

21. 遼　史

遼史，元托克托等奉敕修撰。

遼史凡一百一十六卷，有本紀三十、志三十二、表八、列傳四十五，末又附遼國語解一卷。

遼史在遼、金、元三史中，最為潦草疏略。本書所據底本為遼耶律儼所修太宗以下諸帝實錄七十卷，及陳大任遼史。見聞既隘，且首尾不及一年，即告完成。潦草成篇，實多疏略。遼國語解一卷，體例則頗完善，其序說：

史之所載官制、宮衛、部族、地理，率以國語為之稱號，不加註釋以辨之，則世何從而知，後何從而考哉？今即本史，參互研究，撰次遼國語解，以附其後，庶幾讀者無齟齬之患。

22. 金　史

金史，元托克托等奉敕修撰。

金史凡一百三十五卷，有本紀十九、志三十九、表四、列傳七十三。末另附金國語解一卷，清乾隆所補。

趙翼稱金史敘事最為詳賅，文筆也極老潔，迥出宋、元二史之上。顧亭林評論金史，說：

考其史裁大體，文筆甚簡，非宋史之繁華；載述稍備，非遼史之闕略；敘次得實，非元史之譌謬。

顧說頗為允當。不過，三史所載人名、地名多不相符，三史所載史實，也頗有出入，當相互參觀，以究其真。

23. 元　史

元史，明宋濂、王禕等奉敕撰。

元史，凡二百十卷，有本紀四十七、志五十三、表六、列傳五十七。(第二次修史才補齊二百十卷)

本書的修撰，經歷兩次開局，前後僅一年有餘，成書神速。大抵元史所據的資料，本紀依據元十三朝實錄，書志依據元人所撰經世大典、大一統志，列傳則採取元歷朝后妃功臣列傳及當時諸家所撰的行狀墓誌等。因此，避諱迴護，繁冗蕪雜，在所難免。

24. 明　史

明史，清張廷玉等奉敕撰。

明史凡三百三十二卷。有本紀二十四、志七十五、表一十三、列傳二百二十。另附目錄四卷。

明史一書，為近代諸史中的佳作。張廷玉進史表中說：

發凡起例，尚在嚴謹；據事直書，要歸忠厚。

本書編纂得當，考訂審慎，頗稱精善。所以趙翼稱「近代諸史，自歐陽脩五代史外，遼史簡略，宋史繁蕪，元史草率，惟金史行文雅潔，稱為可觀，然未如明史之完善」。

25. 新元史

新元史，民國柯劭忞撰。

新元史凡二百五十七卷。有本紀二十六、表七、志七十、列傳一百五十四。本書的修撰，前後閱時三十年始成。柯氏承襲諸家之後，參考各家的著述，正如百川的歸流大海，允稱集大成的傑作。本書義例嚴謹，考證博洽，且文章雅潔，論斷明快，頗足糾補元史的缺失。不過，梁啟超在中國近三百年學術史中對本書頗多微辭。他說：

> 柯著彪然大帙，然篇首無一字之序，無半行之凡例，令人不能得其著書宗旨及所以異於前人者何處。篇中篇末又無一字之考異或案語，不知其改正舊史者為某部分？何故改正？所根據者何書？

以上為正史二十五史的簡述。至於清史，民國十六年已成清史稿，由趙爾巽、柯劭忞等人所撰。全書「關內本」凡五百三十六卷，另有目錄一冊，計本紀十二，二十五卷，志一百四十二卷，表五十三卷，列傳三百一十六卷。本書修史諸人，純以清遺臣身分，記述清朝史事，因此書中頗多不合史實之處，義例既非，書法也多有偏頗。今人張其昀、蕭一山等人取舊稿稍予斟補，刊為清史，全書五百五十卷。此書敘例中說：「清史之沿用舊史稿，而改正其體例，猶明史之用鴻緒稿也。」又說：「世變日亟，舊稿易散，不得已而略變體制，是正違礙，稍予斟補，以存史料。」

三、編　年

(一)編年的由來

編年體的史書，起源最早，春秋、左傳即是。隋志稱為「古史」，所以別於正史的紀傳。明焦竑國史經籍志說：

> 編年者，以事繫年，詳一國之治體，蓋本左氏；紀傳者，以人繫事，詳一人之事蹟，蓋本史遷。

是編年的史書以年為主，而以事繫於年月。編年體的長處即在以時月為樞紐，一切事蹟按年月一檢即得，沒有分述重出的煩惱。

以編年為體的史書，又分歷代的編年，如竹書紀年，屬通史；一代的編年，如漢紀，為斷代史。後來諸家仿作紛起，如張璠及袁宏的後漢紀、孫盛的魏代春秋、習鑿齒的漢晉春秋、干寶的晉紀、徐廣的晉紀、裴子野的宋略、吳均的齊春秋、何之元的梁典等。惜除袁宏的後漢紀外，都不傳於世。

㈡編年的史書

1. 竹書紀年

竹書紀年出自西晉時代，作者何人，已無從考起。根據晉書束皙傳的記載：

> 太康二年，汲郡人不準盜發魏襄王墓（或言安釐王冢），得竹書數十車，其紀年十三篇，記夏以來至周幽王為犬戎所滅，以晉事接之，三家分晉，仍述魏事，至安釐王二十年。蓋魏國之史書，大略與春秋多相應。

本書文辭簡要有如春秋，記事則同於左傳。其中記載，最駭人聽聞，而與古代傳說相異的有：夏啟殺伯益、太甲殺伊尹、文丁殺季歷等。至於戰國時期，與史記不同的地方更多。因此，此書的史料價值頗堪重視。

竹書紀年的史料價值雖高，而與傳統的儒說不合。因此，不為世所重，兩宋以來，逐漸殘缺失傳。今本所錄為二卷，題梁沈約注，疑為明人所偽撰。清朱右曾別輯有汲冢紀年存真二卷，今人王國維有古本竹書紀年輯校一卷、今本竹書紀年疏證二卷。

竹書紀年是古代的記事史書，包括有夏、商、周三代的史料。原書早已失傳，今所見者為輯本。此書因係竹簡為書，故名曰「竹書」；因係編年體裁，故名曰「紀年」。本書的真名，早已失傳，竹書紀年的名稱恐是西晉人所定。

2. 漢　紀

漢紀，東漢荀悅撰。

漢紀，凡三十卷，計有高祖、惠帝、呂后、文帝、景帝、武帝、昭帝、宣帝、元帝、成帝、哀帝、平帝等十二紀，而以王莽之事附於平帝紀後，共敘事二百三十一年（西元前二〇九－西元二二年）。本書取材，不出班固漢書，而體例則依春秋左氏傳。後漢書荀淑傳附孫荀悅傳說：

（獻）帝好典籍，常以班固漢書文繁難省，乃令悅依左氏傳體，以為漢紀三十篇，辭約事詳。

本書撰自建安三年（西元一九八年），至五年書成。本書撰寫特色，荀悅在漢紀自敘：

謹約撰舊書，通而敘之，總為帝紀，列其年月，比其時事，撮要舉凡，存其大體。

本書組織嚴密，文筆簡潔，內容雖不出漢書範圍，亦時有所刪潤，並非泛泛抄錄而成書。所謂「撮要舉凡，存其大體」，實可作為研讀漢書的入門要籍。

3. 後漢紀

後漢紀，東晉袁宏撰。

後漢紀，凡三十卷，計有世祖、明帝、章帝、和帝、殤帝、安帝、順帝（沖帝附）、質帝、桓帝、靈帝、獻帝等紀，共敘事一百九十八年（西元二三一二二〇年）。本書體例論斷，全仿荀悅前漢紀（漢紀）。然而荀書全取班書，成書在班書之後；而袁書則在范書之前，參考史料達數百卷，歷經八年，才撰寫成書，用力特甚。

袁宏撰寫後漢紀的動機，在其自序中有說：「余嘗讀後漢書，煩穢雜亂，明而不能竟也。」因此，本書的特點即在簡明扼要，一掃「煩穢雜亂」之病。四庫提要對後漢紀稱譽說：

> 此書則抉擇去取，自出鑒裁，抑又難於悅矣。劉知幾史通正史篇，稱世言漢中興，作史者惟袁范二家，以配蔚宗，要非溢美也。

4. 資治通鑑

資治通鑑，宋司馬光撰。光於英宗治平二年奉詔作書，至神宗元豐七年始成，歷時十九年。助修者有劉攽、劉恕、范祖禹等人。

資治通鑑，凡二百九十四卷，上起周威烈王二十三年（西元前四〇四年），三家分晉，戰國開始，下終五代之末（西元九五八年），貫一千三百六十二年的史事，以朝代為紀，以編年為體，詳述歷代治亂興衰的事蹟。神宗初立，以其書「鑑於往事，有資治道」，賜名「資治通鑑」，並親為作序。

本書內容以治亂興亡，政治沿革為主。取材廣博，嚴於去取，除正史外，旁涉雜史三百二十種，四庫提要譽為「網羅宏富，體大思精，為前古之所未有」。然本書雖以政治為主，並非單純的政治史，舉凡社會、經濟、文化、制度等莫不摘要記述，實已涵括全面的歷史發展。且除敘述史實外，兼具史實的分析與評論，誠為一部有史學價值的巨著。

資治通鑑書成後，門人劉安世嘗為撰音義十卷，今已亡佚。南宋以後，注者頗多。元胡三省匯合眾注，訂訛正漏，作資治通鑑音注，歷三十年，稿經三易，始告成功。因此，胡注本成為資治通鑑今日最通行的版本。

5. 續資治通鑑長編

續資治通鑑長編，南宋李燾撰。

續資治通鑑長編，凡五百二十卷。仿司馬光通鑑體例，記自宋太祖建隆（西元九六〇年）至欽宗靖康（西元一一二七年）一百六十八年的事蹟。本書卷帙浩繁，刻印不易，傳寫者多為節錄本。明代修永樂大典，收錄其絕大部分，而世間已無足本流傳。今傳四庫全書輯永樂大典本，所記英宗、哲宗以前，年經月緯，詳備無遺，徽宗、欽宗二朝的事仍有缺佚。

李燾修撰此書，前後歷時四十年，畢生精力，盡萃於斯。全書編纂得當，敘事詳密，文不蕪累。誠如李燾所言：「寧失之繁，無失之略」，堪稱繼踵通鑑的名作。

6. 建炎以來繫年要錄

建炎以來繫年要錄，宋李心傳撰。

建炎以來繫年要錄，凡二百卷，仿通鑑編年體例，詳述南宋高宗一朝自建炎元年至紹興三十二年間（西元一一二七－一一六二年）的事蹟。上與李燾的長編相銜接。

本書編纂得法，內容豐富，取材以國史、日曆為主，並參考稗官、野史、家乘、誌狀、案牘、奏議等資料。此書著重史實，遇有異說則並採置各條下，以備後世評定。

7. 續資治通鑑

續資治通鑑，清畢沅撰。

續資治通鑑，凡二百二十卷，有宋紀一百八十二卷，元紀三十八卷。上起宋太祖建隆元年，下訖元順帝至正二十八年，共四百一十一年。總記宋、遼、金、元四代史事。本書體例，同於通鑑，以清初徐乾學所撰資治通鑑後編為基礎，旁參李燾長編與李心傳繫年要錄等書，遼、金及宋末的事增補最多。

本書史料，都有所本。徵引史實，以正史為經，而以契丹國志及各家文集為緯。事必詳明，語歸體要。於舊史之文，惟有取捨剪裁，不加改寫；但有敘事，不雜議論。張之洞書目答問譽稱：「有畢鑑，則諸家續鑑皆可廢。」

8. 通鑑綱目

通鑑綱目，宋朱熹撰，門人趙師淵助編而成。

通鑑綱目，凡五十九卷，又凡例一卷。本書據司馬光資治通鑑而作，書的起訖都依通鑑。朱熹編纂此書以道德、思想、教育為主，故仿春秋褒貶之例，取通鑑所記的事，創立綱目。綱仿春秋，力求嚴謹；目仿左傳，詳以記事。每論一事，都以「凡」字發端，以模擬左傳的「五十凡例」。較之單純的編年紀事眉目清晰。

通鑑綱目，實非創作。本書取材範圍，不出資治通鑑，因此可用以勘正資治通鑑的字句訛異。而書中所載，如尊蜀貶魏，以蜀為正統，書揚雄為莽大夫等，均不同於通鑑。

四、紀事本末

(一)紀事本末的由來

紀事本末體的史書，是以事蹟為主，詳一事的始末。章學誠文史通義書教篇說：

按本末之為體也，因事命篇，不為常格，非深知古今大體，天下經綸，不能網羅隳括，無遺無濫，文省於紀傳，事豁於編年，決斷去取，體圓用神。

任何史蹟的發生、經過、結果，都有連續性。且可能亙延數十年或數百年，所以，欲了解史蹟的始末因果，非以事為主不可，因此，紀事本末體為史界另闢一徑。

劉知幾史通列史學六家，而歸為紀傳、編年二體。有唐以前，所有史書，不出此二體，至宋袁樞而有紀事本末體的創製。於是史書的體例，分而為三。宋史袁樞傳說：

樞常喜誦司馬光資治通鑑，苦其淵博，乃區別其事，而貫通之，號通鑑紀事本末。參知政事龔茂良得其書，奏於上。孝宗讀而感歎，以賜東宮及分賜江上諸帥，且令熟讀，曰：「治道盡在是矣。」

由此可知，紀事本末體實創自宋袁樞的通鑑紀事本末。紀事本末體的特點即在以事為中心，標立題目，而依年月為序敘述。既不受人物的拘束，可以免去紀傳體的重複；又不受時間的限制，可以補編年的破碎。四庫提要譽稱：

> 經緯明晰，節目詳具，前後始末，一目了然，遂使紀傳、編年貫通為一，實前古之所未見也。

然而紀事本末體以事為類，僅能就部分歷史事蹟作有系統的敘述，而無法對整個歷史作全面的觀照，就史料保存的作用而言，不及編年、紀傳二體。

(二) 紀事本末的史書

1. 通鑑紀事本末

通鑑紀事本末，宋袁樞撰。

通鑑紀事本末，凡四十二卷。袁樞原治通鑑，苦其以事繫年，前後尋檢，殊多費事，遂就通鑑事蹟，以事為類，每事成編，自為標題，凡二百三十九事，依年月為次而成的書，始於三家分晉，終於周世宗的征淮南，包括一千三百年的事蹟。

本書材料，雖不出通鑑，然義例精密，裁取得宜。四庫提要評價極高：「樞所綴集，雖不出通鑑原文，而去取剪裁，義例極為精密，非通鑑總類諸書、割裂撏撦者可比。」清章學誠推譽本書能「化臭腐為神奇」，梁啟超也稱其有「提要鉤玄之功」。可見本書極具史學的價值。

2. 九朝紀事本末

自宋袁樞通鑑紀事本末書出後，後人仿照袁書體裁，相續撰述，而有清高士奇的左傳紀事本末、明陳邦瞻的宋史紀事本末、元史紀事本末、清李有棠的遼史紀事本末、金史紀事本末、清張鑑的西夏紀事本末、清谷應泰的明史紀事本末、清楊陸榮的三藩紀事本末，與袁樞的通鑑紀事本末，合稱九朝紀事本末。

(1)左傳紀事本末：清高士奇撰，凡五十三卷。本書依據宋章沖左傳事類始末增廣而成，以國為中心，分周、魯、齊、晉、宋、衛、鄭、楚、吳、秦、列國等十一國，一國之內取大事標目成篇，每目一卷，共計五十三目，每卷之後，更以「臣士奇曰」的形式，附加一篇史論。本書內容雜采子史之說，不專主於左傳，較章書勝。

(2)宋史紀事本末：明陳邦瞻撰，凡二十六卷。本書大抵本於明馮琦宋史紀事本末遺稿者十之三，邦瞻自補葺者十之七，共分一百九目。條理瞭然，足資參考。

(3)元史紀事本末：明陳邦瞻撰，凡四卷。全書共分二十七目，敘事條理分明，無元史的雜亂。簡明目錄說：

其律令一篇，則臧懋循所補。所據惟元史及商輅續綱目，故不及宋史紀事本末之賅博。又元明間事，皆以為宜入國史，併順帝北行，關一代之興亡者，亦刪不錄，殊多漏略。然於一代典制，則條析頗詳。

(4)明史紀事本末：清谷應泰撰，凡八十卷，分為八十篇，始於太祖起兵，終於甲申殉難。本書成書於明史未刊之前，對談遷國榷、張岱列傳，多有采錄。所記明代典章事蹟，較明史詳盡。每篇後附有論斷，仿晉書的體例，行以駢偶。文筆華麗，敘事詳略得宜，頗便初學明史者研讀。

(5)三藩紀事本末：清楊陸榮撰，凡四卷。本書記三藩之亂始末，共分二十二目。據自序言，書成於康熙丁酉，當時文字禁令正嚴，因此，本書缺漏失實的地方甚多。

(6)遼史紀事本末：清李有棠撰，凡四十卷。

(7)金史紀事本末：清李有棠撰，凡五十二卷。二書均採以篇為卷的方式，今收於廣雅書局匯刻的八種紀事本末中。

(8)西夏紀事本末，清張鑑撰，凡三十六卷，又年表一卷，亦以篇為卷，光緒初年江蘇書局刊行。

(6)、(7)、(8)三書，於遼、金、西夏的史事，均作了簡明概括的敘述。

3. 繹　史

繹史，清馬驌撰。

繹史，凡一百六十卷，本書所錄自太古起，至秦末止，首為世系圖、年表，不入卷數；次太古十卷，次三代三十卷，次春秋七十卷，次戰國五十卷，另有別錄十卷。

本書仿袁樞紀事本末的體例，每事各立名目，詳述始末。每篇之末，自作論斷。所記事蹟，均博引古籍，並冠原書名。遇有異同譌舛的地方，便於條下疏通辨證。四庫提要評說：

疏漏牴牾，間亦不免，而蒐羅繁富，詞必有徵，實非羅泌路史、胡宏皇王大紀所可及。

五、政　書

(一)政書的由來

政書為史，始於唐杜佑通典，專記文物制度；而「政書」一目，隋書經籍志始分為舊事、儀注、刑法三類，舊事或稱故事，亦作典故；儀注或作禮法；刑法亦作政刑，亦稱法令。清四庫全書據錢溥祕閣書目，合併為政書一門。與紀傳、編年、紀事本末同為我國重要的史學體裁。

紀傳體中，原有書志一門，記載朝章國典，考其所記，係導源於尚書，尚書有洪範記天文、五行；有禹貢記疆域地形；有周官記典章制度。然紀傳多斷代為書，不易會通古今，觀其沿革，況各史並非都有志，有志的史，書志的名目，亦互有出入。唐杜佑乃著通典，以適應這一要求。

自杜佑通典書出，宋鄭樵的通志以及元馬端臨的文獻通考，都以通典為藍圖，號稱三通。清高宗時又敕群臣撰續三通，即續通典、續通志、續文獻通考。以及清三通，即清通典、清通志、清文獻通考，號稱九通。而唐會要、明會要、清會要等各朝會要，限於一代的典章制度，不合杜佑通典主旨，僅能說是政書的流亞。

(二)政書的史書

1. 通　典

通典，唐杜佑撰。因唐劉秩政典三十五卷而擴展編成。

通典，凡二百卷。始自黃虞，迄於唐天寶末。按事分類，分別敘述歷代重要制度的沿革、史實的發展以及時人的議論，以資考鏡，號曰通典。計食貨十二卷、選舉六卷、職官二十二卷、禮一百卷、樂七卷、刑二十三卷、州郡十四卷、邊防十六卷，共分八門，每門之下，更分列子目。篇目的次序，據杜佑自序說：

既富而教，故先食貨；行教化在設官，任官在審才，審才在精選，故選舉，職官次焉；人才得而治以理，乃興禮、樂，故次禮、次樂；教化隳則用刑罰，故次兵刑；設州領郡，故次州郡；而終之以邊防。

杜佑著書的目的，他在通典總序中有說：

所纂通典，實採群言，徵諸人事，將施有政。

本書著重典章制度和社會經濟發展等重要史實，組織完善，條理分明。四庫提要評其：「詳而不煩，簡而有要，元元本本，皆為有用之實學，非徒資記問者可比。」實體大思精的史學要籍。

2. 通　志

通志，宋鄭樵撰。

通志，凡二百卷，自三皇至唐，為通史體裁，計分帝紀十八卷、皇后列傳二卷、年譜四卷、略五十一卷、列傳一百二十五卷。全書的精華則在二十略中，二十略為：氏族、六書、七音、天文、地理、都邑、禮、謚、器服、樂、職官、選舉、刑法、食貨、藝文、校讎、圖譜、金石、災祥、草木昆蟲，所載多為歷代的文物制度。鄭樵自序稱：

其（氏族等十五略）十五略，漢唐諸儒所不得而聞也。

又稱：

凡十五略出臣胸臆，不涉漢唐諸儒議論。

而以禮、職官、選舉、刑法、食貨等五略，「雖本前人之典，亦非諸史之文也。」由此可見，鄭氏於二十略，自負甚高。

本書「網羅繁富，才辯縱橫」（簡明目錄），然「穿鑿掛漏，均所未免」。宋史本傳稱「樵好為考證倫類之學，成書雖多，大抵博學而寡要」。四庫提要則謂「其採摭既已浩博，議論亦多警闢，雖純駁互見，而瑕不掩瑜，究非遊談無根者可及，至今資為考鏡，與杜佑、馬端臨並稱三通，亦有以焉」。此說最為中肯允當。

3. **文獻通考**

文獻通考，元馬端臨撰。

文獻通考，凡三百四十八卷，始自唐虞，下終於南宋寧宗嘉定年間，計分二十四門。本書門類，係就通典成規，分通典八門為十九，即田賦、錢幣、戶口、職役、征榷、市糴、土貢、國用、選舉、學校、職官、郊社、宗廟、王禮、樂、兵、刑、輿地、四裔等門，另增經籍、帝系、封建、象緯、物異等五門。實為通典的擴大與續作。本書取材，大抵中唐以前，以通典為基礎，中唐以後則為馬氏廣收博採而成，中以宋朝制度為最詳。

本書取材廣博，網羅宏富，雖以卷帙繁重，難免顧此失彼，然條分縷析，貫穿古今，實政書體中的重要史籍。四庫提要論說：

大抵門類既多，卷繁帙重，未免取彼失此。然其條分縷析，使稽古者可以案類而考。又其所載宋制最詳，多宋史各志所未備，案語亦能貫穿古今，折衷至當，雖稍遜通典之簡嚴，而詳贍實為過之。

4. 續三通

續三通，指續通典、續通志、續文獻通考而言。清乾隆年間敕撰。茲簡述如下：

(1)續通典：清乾隆三十二年敕撰。凡一百五十卷。全書體例篇目，全依杜典，惟以兵、刑分列，共為九門，按年編次。以杜佑通典終於天寶之末，因為續唐肅宗至德元年以後，訖於明崇禎末年的事。本書取材，大抵年代較遠者，以正史為主，旁參圖籍，以求詳賅；近代則多採自雜記諸書。對唐至明代的典制源流、政治得失，頗具參考價值。

(2)續通志：清乾隆三十二年敕撰，凡六百四十卷，本書體例篇目，全依鄭志。有本紀七十卷、后妃傳十卷、略百卷、列傳四百六十卷。以鄭樵通志止於唐代，因續自宋迄明的事，於唐代紀傳未備的部分，亦採新、舊唐書增補。著錄詳明，考證亦頗精到。

(3)續文獻通考：清乾隆十二年敕撰，三十七年成書，凡二百五十卷。本書體例篇目，一仍馬氏通考，而於郊社考中分出群祀考一門，宗廟考中分出群廟考一門，共為二十六門。內容包括南宋後期及遼、金、元、明五朝事蹟。所記事蹟先徵諸正史，而參以總部雜編，議論則博取文集，而佐以史評語錄，頗為精要。

5. 清三通

清三通，指清通典、清通志、清文獻通考而言。清乾隆年間敕撰。茲簡述如下：

(1)清通典：本名皇朝通典，清乾隆三十二年敕撰。凡一百卷，全書體例與通典、續通典同，共分九門，惟各門子目略有增刪。本書取材，以清會典、清律例、清一統志等書為主，分門別類，頗為詳明。

(2)清通志：本名皇朝通志，清乾隆三十二年敕撰。凡一百二十六卷，共分二十略。全書體例與通志、續通志同，而紀傳、世家、年譜省而不作。二十略中，有原本繁而汰者，有原本疏而補者，有原本冗瑣而刪併者，有原本未備而增者，於清開國至當時典制，縷分條析，端委詳明。

(3)清文獻通考：本名皇朝文獻通考。清乾隆十二年敕撰。凡三百卷，全書體例與續文獻通考同，分二十六考，唯各門子目略有增刪。本書原為續文獻通考的一部分，乾隆二十六年始提出，自為一書。凡所採輯的事，都尋源竟委，乾隆以前的清代文獻，賅括無遺。

續三通和清三通，取材均以正史為主，內容充實，組織嚴密，對史料的保存，頗有貢獻。各書的刻本，除武英殿聚珍版外，清末浙江書局有復刻本，均與正三通合刻，稱為九通。

伍、子學常識

一、概　說

(一)諸子的涵義

所謂「諸子」，原指周秦之際，諸子百家的學術。當時出現很多卓越的思想家，創立種種精深的哲學思想，傳授門徒，形成學派。這些思想，具有極大的創造性，而且他們的議論確實能「持之有故，言之成理」，以致歷代的學術，無不受到影響。諸子的時代，成為我國學術史的黃金時代；諸子的學說，直接進入每一個中國人的心靈中，落實在思想言行上。

「子」字原指男子，以後作為男子的美稱。古代士大夫的嫡子以下，皆稱為夫子。從孔子起，開始有私人講學活動，孔子的門人尊稱孔子為「夫子」，簡稱「子」。自此相沿成風，弟子纂述老師言行思想的書便以「子」為稱呼，這便是子書命名的由來。這一類的書漸多，古代的史學家、目錄學家為了記錄的方便，就概括稱為「諸子」。例如東漢班固漢書藝文志中有「諸子略」，唐魏徵監修的隋書經籍志有「子部」之設置。以後研究諸子的學問稱為「諸子學」，省稱為「諸子」或「子學」。

㈡諸子產生的背景

任何一門學問，都有一個產生的背景。以諸子的學術而言，正興起於周秦之際、天下局勢最混亂的時候。當時各國諸侯，勢力龐大，相互爭雄，周天子無法號令天下，不論政治、社會、經濟、教育各方面，都產生了劇烈的變革。

從政治方面來看，周代所行的封建制度，已經因為諸侯之間稱霸爭雄，彼此蠶食併吞而逐漸崩潰。從社會方面來看，周代世襲的貴族階級社會，已經因為平民崛起，而根本動搖。從經濟方面來看，由農牧業而發展出商業，商人地位提高，經商致富的人取代貴族成為新地主，「世居其土，世勤其疇」的農氓，隨著商人勢力的擴張，產生大量人口流動。

最重要的是教育方面的改變：我們都知道周朝所行的是貴族政治，只有貴族子弟才有受教育的權利。到了春秋戰國時期，政治社會的變動，使平民漸漸有機會受教育，出身平民的才俊之士，數量大增，更富於使命感。他們面對時代的課題，著書立說，彼此論辯，學術越來越興盛，就此開啟了百家爭鳴的局面，創建了我國古代最寶貴的學術遺產。

㈢諸子與王官的關係

古代學術的狀況和今天不一樣，「政」與「教」不分，「官」與「師」合一，學術的資源掌握在官方。周平王東遷以後，官學衰微，民間學術興盛，局面才漸漸改觀。所以，古人在討論諸子的淵源時，便有「諸子出於王官」之說。根據班固漢書藝文志的記載：

儒家者流，蓋出於司徒之官。（注：掌教育）
道家者流，蓋出於史官。（注：掌典籍）
陰陽家者流，蓋出於羲和之官。（注：掌星曆）
法家者流，蓋出於理官。（注：掌刑法）
名家者流，蓋出於禮官。（注：掌禮秩）
墨家者流，蓋出於清廟之守。（注：掌祀典）
縱橫家者流，蓋出於行人之官。（注：掌朝聘）
雜家者流，蓋出於議官。（注：掌諫議）

農家者流，蓋出於農稷之官。（注：掌農事）

小說家者流，蓋出於稗官。（注：掌野史）

又說：「諸子十家，蓋可觀者，九家而已。」「九流十家」的名稱由此而來。

當然也有人從另外的角度提出異議，比如近人胡適著諸子不出於王官論便否定藝文志的看法。依常理來看，天下間任何事物都有一個緣起，周秦之際，時勢危殆，戰爭連年，假使沒有前承，必不能產生高深的學術。因此，諸子淵源於王官，是可以肯定的看法。

㈣諸子的流派與發展

評論諸子流派的文章，以莊子天下篇最早，其次是荀子非十二子篇、司馬談論六家要指，然後才是班固漢書藝文志的九流十家之分。

莊子天下篇及荀子非十二子篇論及很多思想家，然而並無儒、道、墨、法、名家的名稱。司馬談論六家要指把先秦時代的學術分成六家：陰陽家、儒家、墨家、名家、法家、道德家。中國學術史上正式以儒、墨、名、法、道德、陰陽作為諸子流派肇始於此。班固漢書藝文志依劉歆七略立諸子略，更分為：儒、道、陰陽、法、名、墨、縱橫、雜、農、小說十家，其中小說家除外，亦稱九流。

諸子十家，彼此都有關係。儒、道、墨三家可謂完全獨立的門派；名家、法家由此三家分出；而陰陽家是春秋以前就已存在的舊學問；至於縱橫家，是說客遊說各國的兩種謀略（連橫、合縱）；雜家之作，雜錄各家言論，並無中心思想；農家的許行、小說家的宋鈃均無著作流傳，必賴孟子、荀子記載方知言論大要，由此可知，十家雖然齊名平列，其學說之內涵與價值，卻不能相提並論。

春秋戰國時代，是諸子之學最興盛的時期。秦國統一六國，建立了秦朝，雖有焚書坑儒之舉，諸子之學仍保存在官方的博士之手。漢朝初期，諸子之學盛行如故，從漢武帝接受董仲舒的建議，罷黜百家、獨尊儒學，才結束了百家爭鳴的盛況。

二、先秦諸子概述

(一)儒　家

1.命名由來與代表人物

「儒」字的本義是「柔」，又作「術士」之稱。從周禮注的記載，可知儒者是古代職掌教育的人，具備相當的學問與崇高的人格，是學者兼教育家。在莊子天下篇中稱之為「鄒魯之士，搢紳先生」。

從儒家的典籍來看，周公是儒者們祖述的宗師，但是儒者形成學派，卻是孔子以後的事。淮南子要略說：「孔子修成康之道，述周公之訓，以教七十子，使服其衣冠，修其篇籍，故儒者之學生焉。」便明顯地將孔子視為儒家的創始者。

孔子在世的時候，已有「四科」的名目，此即論語先進篇中所說的：「德行：顏淵、閔子騫、冉伯牛、仲弓；言語：宰我、子貢；政事：冉有、季路；文學：子游、子夏。」可知孔子弟子中，已因性格和能力的不同，而有四種發展傾向。

再看韓非子顯學篇的記載，孔子死後有八種儒學的分支，即「子張之儒」、「子思之儒」、「顏氏之儒」、「孟氏之儒」、「漆雕氏之儒」、「仲良氏之儒」、「公孫氏之儒」、「樂正氏之儒」。漢書藝文志更著錄了三十一家先秦儒家的著述，只是這些儒家的分支若非殘存不全，便是學說不純，今天提到先秦儒家，還是以孔子、孟子、荀子作為代表人物。論語、孟子、荀子是儒家代表性的典籍。論語、孟子既已列入經部，存於子部的僅有荀子而已。

2. 荀　子

荀子名況，時人尊稱為「卿」，故曰荀卿。趙國人，生於周赧王二年（西元前三一五年）卒於秦始皇九年（西元前二三八年）。十五歲（據王叔岷先生考證）遊學於齊國，後至楚國。春申君很賞識他，任命他為蘭陵令。春申君死後，荀子也廢了官，就此長居蘭陵。他的學說根據孔子而來，著有：

荀子三十二篇。

在儒家的典籍中，論語、孟子都是弟子纂輯而成的「語錄」，而荀子一書，則已超越語錄的形式，使用比較富於邏輯思維的論文方式寫作而成。作者雖是荀子本人，可是現在流傳的荀子三十二篇，經過歷代的傳抄、整理、印行，已不是本來的面貌。而這也是先秦諸子著作普遍面臨的問題。荀子一書，起自勸學，迄於堯問。其中成相是用民間樂曲的體制寫成的勸諭文，賦是用賦體寫成。雖然如此，今本荀子中，正名、解蔽、富國、天論、性惡、正論、禮論等篇章，字句錯誤最少，且為荀子學說精華所在。

心性論是儒家思想的精粹，孟子、荀子都是發揮孔子思想的儒者。孟子從人人皆有「四端」之心，提出「性善說」。荀子由於對心性的認知異於孟子，而提出「性惡說」。大體說來，孟子的「性」，相當於「人的自覺心」；荀子的「性」，相當於「人的本能」。荀子從人的自然本能證明人之性惡，但是不否認人可以為善。他認為：「其善者偽也。」所謂「偽」就是「人為」，就是「變化氣質」的意思。

要變化氣質，必須仰賴學問。具體地說，就是以禮樂作為教育的工具。因此，荀子重視師法，弘揚禮樂。荀子從理智的精神，把「天」看作是「自然實體」，主張「制天用天」，反對「天人禍福」之說。此外他從認識心的辨析中，發展出初步的邏輯思維；從君臣的對待關係中，提出「尊君貴民」、「富國強國」的思想，都有相當的開創性。

㈡道　家

1. 命名由來及代表人物

「道」的本義是「路」，又可解作「術」，都指人們共同行走的道路。莊子天下篇開始把「道」「術」二字連言，指稱古代的學術。

然而所謂「道家」，卻是比較後起的稱呼。在漢司馬談論六家要指一文，原稱為「道德家」。司馬遷在史記老莊申韓列傳說老子「著書上下篇，言道德之意」。至班固漢書藝文志才簡稱為「道家」。

相傳道家源出於史官，史官之設置又可以溯源到黃帝，故道家的典籍常把自己的學說託始於黃帝。其實，道家的思想或許可以遠溯到上古，道家形成學派，卻是老子以後才成立。而莊子的學說，源於老子，所以論及道家的人物時，應以老子、莊子為代表。

2. 老　子

老子的生平，最早見於史記老莊申韓列傳。從這篇傳記，我們大致知道：老子姓李名耳，字聃，楚國苦縣厲鄉曲仁里人。生於周靈王初年，曾任周之守藏史（又稱為柱下史），職掌方冊圖書，因此能夠博覽群書，縱觀世變。相傳孔子曾經問禮於老子。老子看到周室衰微，於是離周而去。行至函谷關的時候，有一位名叫喜的關尹，強使老子著書，撰成道德經五千餘言，然後不知所終。

史記說得很清楚，道德經是老子撰成的，莊子和韓非子也都引用過老子的言論。老子之所以稱為道德經，可能是取用上篇第一句「道可道，非常道」與下篇第一句「上德不德」中的「道」與「德」二字而成。全書原先究竟分成幾章，今天已經難以察考，現在流傳的版本，不論是王弼本還是河上公本，都分成八十一章。上篇三十七章，下篇四十四章。共五千二百餘字。

老子一書使用「韻文體」來表達思想，和孔子、墨子使用問答式的語錄體頗為不同。這是因為我國古代有南北文化之分，南方人喜歡用韻文，北方人喜歡用散體的緣故。老子之中某些章節頗似楚辭，甚至被視為楚辭的前身。

「道」是老子思想的核心。在老子一書中，有很多對「道」的描述，大體認為：天地萬物的本源是「道」，天地萬物都由「道」所創生。而「道」是一種虛無恍惚，卻實際存在的東西。在創生萬物以後，便內存於萬物之中，衣養萬物。這一種創生活動，永不竭盡，因為「道」的運作是循環反復的。

「道」的運作，既然是循環反復的，因此天地間的事物也就有正有反、有高有低、有長有短、有貴有賤、有吉有凶、有禍有福。然而，這種相反對立的關係也並不是固定不變，而是隨時游移的。既然正反互變，禍福無常，那麼，人應該如何自處呢？老子提示的方案是：「守柔」、「無為」與「不爭」。

老子說：「堅強者，死之徒。」又說：「柔弱勝剛強。」又說：「柔弱道之用。」這些話語，最能透示老子人生哲學的觀念。在自我的領域中，老子主張「無為」，無為才能自作主宰，然後在經驗世界中，發揮「無不為」的支配作用。在應世的原則上，老子主張「不爭」，不爭才能「無尤」，不爭才能使「天下莫能與之爭」。

整體看老子的思想，實以「自然」作為學習的對象。「自然」是「道」的精神所在。唯有因循自然，才能可大可久。他主張絕聖去智、絕仁去義，凡能桎梏人性的文明制作，都在排斥之列。最後，老子以「小國寡民」、「安居樂俗」作為政治理想。

3. 莊　子

莊子的生平，也見之於史記老莊申韓列傳。根據前人的研究，大致是這樣：莊子名周，宋國蒙縣人。生於周烈王六年（西元前三七〇年）前後，卒於周赧王二十年（西元前二九五年）前後（據馬夷初莊子年表）。他的生活年代，大致和梁惠王、齊宣王、孟子同時，可是和孟子不曾見面。他曾做過蒙縣的漆園吏，一生貧窮，但曠達不羈，不求富貴。他有超卓的理性能力，又有至深的感性能力，他自期與天地精神往來而不鄙視萬物，不問是非，和世俗相處。和惠施經常往來，是學問上的論敵、道義上的好友。

莊子的著作又被稱為南華真經，全書原有五十二篇，現存三十三篇。至晉代郭象，編定為內篇七篇、外篇十五篇、雜篇十一篇。內篇七篇的篇名是：逍遙遊、齊物論、養生主、人間世、德充符、大宗師、應帝王。內篇七篇不論行文方式或思想內容，都能前後一貫，自成系統，大致可以肯定是出自莊子手筆，最能代表莊子本人的思想。

至於外篇、雜篇中的篇章，後人一致的意見，都認為是莊子門人及後學的作品。這是因為立論點頗不一致，敘述的故事常常互相牴觸，又常引用莊子自身的言論。雖然如此，外、雜篇卻是從莊子到淮南子之間，道家思想的橋梁。

莊子書中，不喜歡從片面的角度來看待事物，善作迂遠無稽的議論，放曠不著邊際的文辭。大概是認為當時天下風氣沉迷混濁，無法講述莊嚴正經的理論，所以故意使用變化不定的方式、虛構的寓言，來闡明他的學說。由於這個緣故，莊子被後人看作是哲學與文學高度融合的典範，同時擁有很高的文學價值。

從思想的發展來看，莊子繼承老子的哲學，也肯定「道」是創生萬物的本源。他更進一步說明「道」是「非物」，是先於萬物而存在的精神性本體。從「道」的角度來看，萬物是齊一的，無所謂高低貴賤。從萬物齊一的觀點出發，不僅事物是相對存在，連人的認知能力也是相對有限。由此，他主張「泯是非」、「薄辨議」，進而主張「齊物我」，並且由此得出「天地與我並生，萬物與我合一」的結論。

為了達成「齊一物我」的理想，他提示了一系列修養心靈的方法。在逍遙遊中，莊子講了一段鯤魚變大鵬，凌空而飛的寓言。提示我們真正的自由自在，是不必依賴任何物質條件的。這就是「無待」。

在大宗師之中，莊子又編造了一則顏回向孔子報告自己修養的對話，說明「無己」的道理。在莊子的觀念中，「無待」、「無己」能使人的心靈絕對虛靜，而達到與「道」合一的境界。

莊子站在超越而相對的立場，齊一是非善惡之分別，破除生死壽夭的執著，可以說：替人類開啟了另一片視野，本質上，這是一種藝術性的精神境界，在此，人們可以擁有絕對的精神的自由。在這樣的理念下，莊子自然主張取消一切禮法、制度，甚至音樂、工藝等文明制作，而希望建立一個「同與禽獸居，族與萬物并」、「同乎無知」、「同乎無欲」的「至德之世」。

綜合來看道家的思想，其目的在彰顯一種純粹精神的自由，內在方面，不能修心而成就道德；外在方面，不能成就文化業績，但是獨能成就一種超脫現實的心靈境界。透過道家思想，可以使人更為達觀、更為樂天安命。道家思想在亂世往往成為知識分子心靈的避難所，原因在此。

(三)墨　家

1.命名由來與代表人物

「墨」字原指黑色的書寫顏料，其後引申為「繩墨」之意。「墨」又是古代刑法之一。墨子主張刻苦，而其從學門徒，大多因首垢面，面目黧黑，又自奉甚儉，送死甚薄，重在引繩墨自矯，因此以「墨」作為學派名稱，稱為「墨家」。

墨家的淵源，可以追溯到夏禹。這是因為夏禹治水時，那種「菲飲食、惡衣服、卑宮室」的刻苦精神和墨家的精神很接近，墨子十分稱道，以後的墨者以此相尚。莊子天下篇、淮南子要略便根據這點，認為墨子之學是繼承夏禹而來的。

然而淮南子要略也指出：墨子曾經學習儒家的學術，獨對儒者「其禮繁擾，厚葬靡財」感到不滿，才「背周道而用夏政」。再看漢書藝文志記載：「墨家者流，蓋出於清廟之守。」所以，墨家之產生，可能是承繼夏禹的刻苦精神，擴充古代人的尊天思想，運用古代的宗教組織形式所建立的學派。

2. 墨　子

墨子是墨家的祖師，前人都以為他姓墨名翟，魯國人。見諸於載籍的傳記資料不多。在孟子、荀子、列子、莊子、韓非子中皆稱為「墨翟」，或單稱「墨」。在高誘注淮南子修務訓、呂氏春秋當染篇並云：名「翟」。唯江瑔讀子卮言「論墨子非姓墨」一章，認為「墨」非「墨翟」之姓。算是比較新奇的說法。

墨子生活年代大致在孔子以後、孟子之前。孟子滕文公下說：「能言距楊墨者，聖人之徒也。」又說：「天下之言，不歸楊，則歸墨。」韓非子則稱儒、墨為「顯學」。墨子原有七十一篇，今存五十三篇。這本書非作於一人，不成於一時，大都是門弟子所記述，說是墨家學說之總集也無不可。其中經上下、經說上下、大取、小取又稱為墨辯。而尚賢、尚同、兼愛、非攻、節用、節葬、天志、明鬼、非樂、非命、非儒等篇，最能表現墨子之思想，是全書的精華。

墨子思想的核心觀念是「兼愛」，但是「兼愛」不是道德性的主張，而是著眼於治亂的功利性主張。墨子以為一切混亂，起源於不相愛，「兼相愛則治，交相惡則亂」。天下人若能彼此相愛，就不會有強凌弱、眾暴寡的現象產生。「兼愛」也是上天的意志，順天意、兼相愛，必得天賞；反天意、別相惡、交相賊，必得天罰。墨子的兼愛、利天下，因此墨子具有游俠的精神。

由「兼愛」的原則，墨子又提出「尚賢」和「尚同」的政治主張。他主張不論血緣關係的遠近親疏，「選天下之賢可者，立以為天子」。而「天子總天下之義，以尚同於天」。可是，天子如何順天之意呢？墨子的答案是：「兼愛天下之人。」根據「尚同」的原則，百姓要上同於天子，天子要上同於天志。這樣，墨子也建立了一套權威主義的觀念。

基於兼愛的原則，墨子反對戰爭，此即「非攻」之主張。墨子把戰爭視作虧人不義之最大者，攻伐所得，往往不如所喪之多。有時攻伐別人，適足以使自己亡國。君子應興利除害，不可不非攻。

此外，墨子以儒為論敵，反對儒家天命的說法，改以「天志」、「明鬼」之說。又就儒者煩飾禮文，不事生產，譏議儒者禮文為虛偽，由非議禮文，從而主張「薄葬」。另就音樂「不中聖人之事」、「不中萬民之利」，足以廢事，無利天下，從而有「非樂」之說。因為墨子太過於重視功利與實用，所以荀子評之為「墨子蔽於用而不知文。」

3. 墨子的後學

墨子大概死於戰國初期，身後墨學正盛。前期墨家之著者為宋鈃、尹文。後期墨家，至莊子時分為南北兩派：北為「相里勤之弟子、五侯之徒」。南為「苦獲、己齒、鄧陵氏之屬」。根據韓非子顯學篇記載，分為三派：

自墨子之死也，有相里氏之墨、有相夫氏之墨、有鄧陵氏之墨。趨合相反不同，而皆自謂真墨。

墨子後學的思想已經很難考察詳情，但是仍可以從經上、經下、經說上、經說下、大取、小取這六篇來了解一個大概。這六篇作品內容十分駁雜，有辯護墨子思想者、有闡發墨子思想者、也有涉及邏輯思維及初淺的科學思想者，更有涉及其他哲學者。

墨子後學的時代，主要的論敵是名家的辯者，因此，墨家的後學努力研究辯論技巧，以及邏輯問題。在墨辯之中，比較重要的部分便是對「同異問題」、「堅白問題」、「詭辯問題」之討論與駁斥。這些論辯的成果，對中國哲學思想的發展，有其不可抹煞的貢獻。

(四)法　家

1.命名由來與代表人物

「法」字，原作「灋」，从水，取其平直如水。从廌去，相傳廌為神獸，能以一角觸不直之人。

「法」字為「灋」之省文，有求平直之義。其後引申為「憲令」、「刑罰」、「準繩」之義。韓非子定法篇說：

法者，憲令著於官府，刑罰必於民心。賞存於慎法，而罰加乎姦令者也。

不別親疏，不論富貴，一切是非功過，以「法」作為論斷標準。這是法家的精神，也是法家命名的由來。

法家的興起與春秋以來，諸侯之間互爭雄長有關。他們心中最關切的問題是：如何富國強兵、如何進行有效的統治？法家諸子，依其學說的中心思想，各有不同的側重和強調，可以分成三大派別：一是重勢派，以慎到為代表；二是重術派，以申不害為代表；三是重法派，以商鞅為代表。至於韓非，則認為勢、術、法三者不可偏廢，成為法家之集大成者。此外，戰國時代，偽託管仲所作之管子一書，亦為法家之重要著作。

2. 慎 子

慎子名到，是趙國人。據史記孟子荀卿列傳說慎到曾學黃老之術。班固漢書藝文志著錄法家慎子四十二篇，注云：「名到，先申韓，申韓稱之。」可知慎子是戰國時代的人，生活年代比申不害、韓非早。他的著作大半亡佚，惟有威德、因循、民雜、知忠、德立、君人、君臣七篇留存傳世。慎子的思想中，含有道家的成分，例如：他主張因循自然，順應情勢，則本自老子。他主張「齊萬物以為首」，則與莊子相同。他主張棄知去己，更是道家共守的要旨。所以慎子可以說是由道家轉變為法家的人物。

在慎子威德篇中，他說：有霧的時候，騰蛇可以漫遊霧中；有雲的時候，飛龍可以翱翔雲端，一旦雲霧散去，騰蛇飛龍便和蚯蚓無異。為什麼？因為牠們失去了遨遊飛翔的憑藉。相同的，一個賢者之所以屈就在不肖的人之下，是因為他權輕；一個不肖的人肯臣服於賢者，是因為他位尊。可見「權勢」與「地位」是何等重要。

在威德篇中又說：「法」雖不善，還是比「無法」好。法令制度、禮儀書籍，目的在建立公正的規範。凡是建立公正，都意味著要拋棄私人的、自我的立場。在君人篇中，又從人君的立場主張：法以公平為原則，信賞必罰，惟法是賴。因為人君若不依法賞罰，而是自由心證，那麼受賞再豐盛，臣下仍不滿足；受罰再確當，臣下仍然懷有怨恨。由此可知人君須有威權，才能驅使臣民，身為人君，一樣要信守法律。法家一貫主張法律之前，人人平等，正是慎到開啟的觀念。

3. 申　子

申子名不害，是戰國時代鄭國京邑人。史記老莊申韓列傳說：

> 申不害，故鄭之賤臣，學術以干韓昭侯，為相十五年，國治兵強，無侵韓者。

漢書藝文志著錄了申子六篇，今天已全部亡佚。但是從韓非子徵引申子的遺文及前人對申子的記述中，仍然可以考察一個大概。

申子的學說，以黃老一派道家思想為本源，特別重視刑名。申子在當時的法家，以注重用「術」出名。所謂「術」，就是看能力授官位，依官位要求職責，掌握生殺的權柄，考核群臣的成效，一種執掌在人君手上的東西。

這一種「術」是不能隨便顯露真相給臣下的，因為臣下會有種種巧詐的辦法去適應君主，只有清靜無為可以避免臣下的揣摩與適應。君主要做到：看清別人看不清的，聽懂別人聽不懂的，遇事能自行決斷；也就是要懷抱利器，但是高深莫測。

然而，做為一個國君，還是要以法令顯現尊嚴。他說：「令之不行，是無君也。」一個聖君，應該「任法而不任智，任術而不任說」。應該「明法正義，若懸權衡」。可知申不害的中心思想在於「重術而任法」，權術的運用只是人君必要的手段，法令才是最終的準繩。

4. 商　子

商子姓姬名鞅，原為衛國的庶公子，在春秋時代，凡是諸侯的旁支子孫都以「公孫」為氏，所以又稱公孫鞅。起先是魏相公叔痤的手下，沒有受到重用，聽說秦孝公徵求賢才，於是投效秦國。定變法之令，使秦國國富兵強。因為建了大功，封於商，所以改稱商鞅。漢書藝文志著錄了法家商君二十九篇，今存二十四篇。商君書並非商鞅自著，而是後代研究商君之學者，追輯其法令與言論而成的。

商子是一位務實的政治家，對「法」很重視。所謂「法」就是官府頒布法令，使人民相信賞罰絕對要實施，獎賞是賜給守法的，刑罰是處分違令的，這是人臣所必須遵守的東西。他認為治國之道有三：一曰法、二曰信、三曰權。「明主愛權重信，而不以私害法。」法令必明，賞罰必信，令出必行。

他重視農業，以達到國富的目的；他獎賞軍功，鼓勵國民好戰，以重賞重罰，嚴厲整飭內政；修守戰之具，和各諸侯國爭雄。秦國行商鞅的新法，奠定了統一六國的基礎，功勞不小。但是商鞅過分重視法令的效用，為了政治上的需要不惜主張「以戰去戰，雖戰可也；以殺去殺，雖殺可也；以刑去刑，雖重刑可也」。又一味尊重人君，卑視臣下，相當泯滅人性，所以有很大的流弊。

5. 韓非子

韓非子，姓韓名非，是韓國的公子。生年不詳，卒年是秦始皇十四年（西元前二三三年）。史記老莊申韓列傳說他：「喜刑名法術之學，而其本歸於黃老。」又說他：「為人口吃，不能道說，而善著書，與李斯俱事於荀卿，斯自以為不如非。」可見他的思想與道家、儒家都有淵源。漢書藝文志著錄了法家韓子五十五篇，和今傳的韓非子篇數相合。

韓非是荀卿的弟子，他承繼了荀子性惡說，認為人無善惡意識。也承繼了荀子的「尊君」說，強調人君的利益至上。又襲取了道家虛靜的修養理論，強調人君應以靜制動，駕御臣下。此外，他吸收了法家前驅的思想，建立了一個以法治為基礎，集「法」、「術」、「勢」於一爐的政治思想體系。

他反對儒家尊賢之說，認為人才不值得仗恃，唯有「法」才是治國的張本。一個有道的君主，應該「遠仁義，去智能，服之以法」。作為人君，必須以「利」來收拾人心，以「威」遂行意志，以「名」作為上下追求的目標。

他認為一個萬乘之王，千乘之君，能宰制天下，征伐諸侯，最重要的原因是他有「威勢」。他主張運用權術的手段來維護人君絕對的權力，對於不能絕對臣服的下屬，不惜忍痛去除。為了維護人君的「威勢」，他主張統一言論，同時，要以「刑德二柄」來宰制群臣。什麼是「刑」呢？他說：「殺戮之謂刑」，什麼是「德」呢？他說：「慶賞之謂德。」作為一個人臣，都是喜歡受賞，畏懼受罰。以賞罰作為宰制手段，便能保證人君的絕對權力不受到挑戰。

此外，人君的意志也不可以讓臣子測知。韓非認為人君應該「執一以靜，使名自命，令事自定」。在和氏篇中又說：「主用術，則大臣不敢擅斷，近習不敢賣重。」具體地說：一個人君，應以冷靜客觀的心態，不苟同世俗之言，循名實來定是非，依參驗所得，來審視臣下的言辭，如此，臣下不敢偽詐姦私，必能竭盡心力來為人君服務。人君在上位只要以法制之，賞罰嚴明，便可無為而治。

綜合來看韓非立說大旨，是在替專制君主建立絕對的統治權力，他不能理解儒家仁政的價值，對於道家虛靜的人生境界也不能正面承受，反而轉化為人君的權謀工具，對於中國文化精神而言，這是一種墮落與沉淪。

6. 管　子

管子名夷吾，字仲，齊國人。少時與鮑叔牙友善，鮑叔牙深知其賢。齊桓公立，鮑叔牙進薦管仲，管仲遂為齊相，以區區齊國，在海濱，通貨積財，富國彊兵，遂能九合諸侯，一匡天下，成為春秋五霸之一。

管子雖是春秋人，其事蹟亦見之於左傳、國語、史記諸書，但今本所傳之管子，非出於一人之手，亦非作於同一時間。南宋朱熹已懷疑管子非管仲所作，明代宋濂已提及管子中有絕似曲禮者、有近似老莊者，今人羅根澤先生管子探源分析尤詳，已斷定為戰國時人所作。

管子一書在道德思想方面，完全承自道家，但是轉入法治主義，認為「法」之來源，出於「道」。無為之治，為法治之最高理想。但是管子亦強調禮治，禮不能治，方繼之以法，以濟禮治之窮。在政治制度方面，以「四維」為立國之本，國本既立，乃有五官、五卿之設，施行文政、武政。在教育方面，主張教軍士、教子弟、教士民。其教育事業，全委諸地方官吏。在經濟方面，主張鹽鐵專賣，礦產國有，開發森林，斂散穀物。並鼓勵生產，均節消費，調劑分配各種資源，販有易無，從事國際貿易。在國際關係方面，敦睦邦交，聯盟諸侯。總之，管子一書在為政處事、經世濟民方面有很高的價值。

㈤名　家

1.命名由來與代表人物

「名」字本指對事物之稱謂。「名」是由「實」而來的，古代以「名」、「實」的關係作為探討對象，從而發展出來的學問稱為「名學」。

早自孔子、老子，已經使用了「名」這一個術語。孔子曾有「正名」主張，老子也曾說「無名天地之始，有名萬物之母」。荀子擅長名實之辯，有正名篇之作。墨子的後學，有「同異」、「堅白」之論辯。但是真正使「名學」成為一種學術，始於鄧析，而大盛於惠施、公孫龍。

至於「名家」之稱，則起自西漢司馬談論六家要指，他說：「名家苛察繳繞，使人不得反其意，專決於名，而失人情。」莊子天下篇稱呼從事這門學問的人為「辯者」，雖然荀子非十二子篇批評名家「好治怪說，玩琦辭」，然而琦辭怪說也正是名家的特色，因為名家的辯者以邏輯及形上學作為主要的課題，他們運用詭辯的方法，作純粹的思考和概念的辨析，無意在道德、政治或歷史文化方面提出論見或方案。

2.惠　施

提到名家人物，雖然可以從鄧析說起，但因鄧析的思想也有法家的色彩，他的著作又是後人偽託的，又鄧析、惠施二者之說可以歸入同一系統，所以論及名家代表人物，從惠施始。

惠施是戰國時代宋國人，大約生於西元前三七〇年，卒於西元前三一八年。曾擔任魏相十餘年。莊子天下篇說：「惠子多方，其書五車。」可見是個博學的人。漢書藝文志著錄了惠子一篇，今已亡佚。不過從莊子天下篇及荀子、韓非子、呂氏春秋的引述，仍可得到一個大概輪廓。

他的名理思想，大致是從「合同異」的角度出發。他說：「大到極點沒有外圍，叫做『大一』；小到極點沒有內核，叫做『小一』。」「大一」是就宇宙整體來看，「小一」是從普遍萬物而言。「大一」、「小一」都是自然形上學的概念。

他說：「無厚的東西，不可以累積。然而它的廣大，在空間上可以推展到千里。」這是指「面」的物理性質。又說：「天與地一樣卑下，山和澤一般齊平。」又說：「太陽剛到正午時，就偏斜了；生物剛生下來，就走上死亡。」又說：「南方沒有窮盡，然卻有窮盡。今日剛到越地而其實是老早就來的。」又說：「連環是可以解開的。我知道天的中央；無論在燕國的北方，或者越國南方都是。」可以看出惠施刻意要人突破一般的感官經驗，而從一個絕對的、超越的角度去作判斷。

有兩段話最能彰顯出惠施思想的特色，他說：「大同和小同相差異，這叫做『小同異』；萬物完全相同，也完全相異，這叫做『大同異』。」又說：「要普遍地愛萬物！因為天地是一體呀！」這種汎愛萬物的態度是一個智性的探討，而不是生命的感通。「天地一體」也和「萬物異同」一樣，是一個形上學的假定。

3. 公孫龍子

與惠施相對的是公孫龍，惠施宣揚「合同異」，公孫龍則主張「別同異、離堅白」。公孫龍，字子秉，戰國時代趙國人。大約生於西元前三二五年至西元前三一五年間，卒於西元前二五〇年。曾經是趙平原君的門客，很善於辯論，他厭惡事物的名稱和實體之間的混雜錯亂，就憑著自身的天賦和才智所長，提出「堅白同異」之論，成為名家最有名的辯者。他的著作，據漢書藝文志，原有十四篇，現存六篇：跡府是後人對公孫龍言行、事蹟的記載，其餘五篇：白馬論、指物論、通變論、堅白論、名實論都是公孫龍自己的手筆。

「白馬非馬」是公孫龍的重要主張之一，他認為「白」是指謂顏色的概念，「馬」是指謂形象的概念。顏色的概念異於形象的概念，所以說：「白馬」不是「馬」。這當然是一種詭辯，但是使人注意到概念的類別以及概念的內含與外延之問題。

同樣，有人問他：「堅硬、白色、石頭合稱為三，可以嗎？」他答：「不可以。」再問他：「稱為二可以嗎？」他答：「可以。」原因是：對一塊白色的石頭，我們看不出它的「堅硬」，而只能看出它是「白色」的「石頭」，因此只能舉出「白」與「石」兩點。用手來摸，不能摸出它的「白色」，而只能感覺它是「堅硬」的「石頭」，因此也只能舉出「堅」和「石」這兩點。就事物的性質來說，公孫龍認為「堅」、「白」是可以相離的。

此外他主張「物莫非指，而指非指」。意思是說：「一般人都認為：天地萬物無非是指謂它的概念，但是事實上被概念指謂的天地萬物，並不等於概念。」都在指陳「概念」與「物自身」是有分別的。

綜合來看惠施、公孫龍的名理思想，惠施喜歡從絕對超越的觀物角度去強調事物的「同」，公孫龍則愛從絕對超越的角度強調事物的「異」，他們雖然都使用詭辯的方法提示學說要旨，卻能使人跳出常識的觀點，對事物的性質作抽象的思考。名家的思想或有令人難以苟同的地方，但對知識層面的開拓、邏輯學的形成有很重要的貢獻。

㈥陰陽家

1.命名由來與代表人物

陰陽二字，皆見於說文阜部，陰的本義是「闇」，陽的本義是「高明」。以後引申為「南與北」、「表與裡」等相反相對的觀念。儒家和道家均曾以陰陽作為形上學名詞，如易經繫辭傳說：「一陰一陽之謂道。」老子四十一章說：「萬物負陰而抱陽，沖氣以為和。」但是先秦時代陰陽家命名的取義，與此不同。

根據漢書藝文志的記載，陰陽家源出於古代「羲和之官」，以天文曆象作為主要的職掌。他們觀察天象，制定曆法，並對於天道人事作種種的猜測。為了審察物勢的順逆生剋，判斷人事的吉凶禍福，於是運用上古即有陰陽、五行觀念，構成一套神祕的陰陽術數之學，這便是「陰陽家」命名的由來。

藝文志著錄了宋司星子韋、鄒衍等陰陽家著作二十一家，都已經亡佚。而鄒衍的學說較具有獨創性，後世便推尊為陰陽家之代表人物。

2. 鄒　衍

鄒子名衍，齊國人。生活年代大致在戰國齊宣王之世，比孟子稍晚。鄒衍曾經仕於燕國，其後赴齊國，成為稷下名士之一。齊國有三位鄒子，分別是鄒忌、鄒衍、鄒奭。鄒忌曾任齊相，而鄒奭則完全接受鄒衍的思想。因為鄒衍好言「五德終始，天地廣大」之說，有迂遠而超越現實的傾向，因此當時的人稱之為「談天衍」；而鄒奭推演鄒衍的文章，有若雕鏤龍文，因此當時的人稱之為「雕龍奭」。

鄒衍有鄒子四十九篇及終始五十六篇兩種著作，可惜都已經亡佚。從史記孟子荀卿列傳的記載，以及清人馬國翰的輯佚，仍然可以獲知鄒衍學說的大要。

鄒衍有感於「有國者之淫侈，不能尚德」，於是作「迂怪之變，終始之篇，十餘萬言」。史記說他的學說「閎大不經，必先驗小物，推而大之，至於無垠」。也就是說，他由及身個別事物之觀察，類比推演，至於廣大無邊的境地。基本上，這是一種主觀的方法，而不是客觀的推理，含有很多想像的成分在內。

他認為自有天地以來，「五德轉移，治各有宜」。所謂「五德」，就是土木金火水。「土德之後，木德繼之，金德次之，火德次之，水德次之。」每一時代，各主一德，循環往復，周而復始。這是他對朝代更易，治亂盛衰提出的解釋。

此外，他又有「大小九州」之說。他認為中國名叫赤縣神州，乃天下八十一分居其一而已。赤縣神州之內自有九州，此為「小九州」。中國之外，如赤縣神州者九，此為「大九州」。此種地理觀念，雖不盡符合事實，可是能夠恢廓我們的地理觀念，此為前所未有的想法。

值得注意的是：鄒衍創立的「五德終始」，本為迂怪之學，沒有什麼哲學價值，但到了漢代，董仲舒春秋繁露提出「五行相生相勝」之說，班固白虎通進一步說明五德相生相勝之原理，劉向父子更將先秦時代本來各為系統的「八卦」與「五行」合而為一，最後又混入讖緯之學。陰陽五行遂成為漢代最有影響力的學說。至今，卜筮星相，仍流行於民間，可見陰陽五行學說的影響至今未泯。

(七) 其他各家

1. 縱橫家

縱橫家雖被班固列入九流十家，實為戰國時代兩種外交策略。韓非子五蠹篇說：

縱橫之黨……借力於國也。從者，合眾弱以攻一強也。衡者，事一強以攻眾弱也。

當時蘇秦倡導韓、趙、魏、楚、燕、齊六國聯合抗秦，是為「合縱」；張儀倡導六國共事秦國，是為「連橫」。蘇秦、張儀皆非思想家，他們遊說各國的事蹟，全載於戰國策，被作為歷史資料來看待。相傳蘇秦、張儀同事於鬼谷先生，學習縱橫之術。鬼谷先生，是周代時期的高士，不知其鄉里姓氏，以所居住的地名鬼谷為號，有鬼谷子一書，因此，論及縱橫家之思想，應以鬼谷子為代表。

鬼谷子現有十二篇，分為三卷，以捭闔、鉤箝、揣摩、權謀等術作為主要內容。縱橫之學目的在貫徹自己意志，制服他人。因此對於人性的弱點、思慮的性質、揣情的技術、制敵的謀略都有精深的設計與掌握。是書實為帝王之學，所謂權術謀略、縱橫捭闔，在今天的國際外交、國家戰略的設計運用上，仍有很高的價值。

2. 雜 家

雜家之所以名為「雜」，是因為他們雜揉諸子的思想，自身並無一貫的宗旨。先秦雜家之作，流傳至今者，有尸子與呂氏春秋二書。

尸子名佼，晉國人。相傳商鞅曾經奉之為師，可知尸子是戰國末期的人。漢書藝文志著錄了尸子二十篇，大部分亡佚，現在流傳的尸子二卷，是清人汪繼培的輯本。從尸子的內容來看，部分言論與儒家相通，但也有非議先王之法、不循孔子之說的地方，因此劉勰文心雕龍批評尸子說：「尸校兼總於雜術，術通而文鈍。」

呂不韋，是陽翟的大商人。以往來各地、買賤賣貴為職業，因此累積巨大的財富，並藉此取得祿位，曾任秦莊襄王之丞相。秦始皇十二年，飲酖而死。呂不韋好客，門下曾有食客三千人。當時諸侯，大多豢養門客，著書傳布天下，呂不韋也令門客，各著所聞，聚成八覽、六論、十二紀一共十餘萬言的學術著作，命名為呂氏春秋。相傳曾將此書陳示於咸陽市集，懸賞千金，給那些能對此書內容增損一字者。這本書大體以儒家為主，而參以各家之說。它採取儒家修齊治平的理論，參以道家清靜無為的學說；對於墨家，只取其節儉好義，不贊成其非樂非攻之說；對於法家，只取其信賞必罰的守法精神，而反對其嚴刑峻法；對於名家，贊同其正名觀念，而反對其詭辯混淆是非；此外，對於陰陽家的五德終始、農家的重農主張，都有所取。此書瑰瑋宏博，各家學說，粲然兼備，是了解先秦兩漢之際學術大勢的重要著作。

3. 農　家

農家以「播百穀，勤耕桑，以足衣食」作為訴求的內容，農家的興起，與戰國時期諸侯力政、相互攻伐、怠忽農業以致民不聊生的背景有關。農家的學說，託始於神農，而神農是三皇之一，始創耒耜，教民稼穡，實為農業的始祖。神農氏的時代尚無文字，所以漢書藝文志中著錄了九種農家著作，其中神農二十篇顯然是後人所偽託。

農家著作已全部亡佚。目前僅能從孟子及少數輯佚的書籍中了解一個大概。在孟子滕文公記錄了農家許行、陳相的言行。可知許行主張君民並耕而食，反對「治於人者食人，治人者食於人」，在經濟上主張劃一市價，以量為準。由於許行昧於分工原則以及經濟原理，曾遭孟子的駁斥。

4. 兵　家

兵家以行陣仗列、集體爭戰作為主要目的。我國自古便把「祭祀」與「兵戎」視為國家最重要的兩件大事，因為兵戎之事，直接關係到國家的興亡盛衰。戰國時代，戰爭頻繁，所以成為兵家之學最為興盛的時期。

老子曾說：「以正治國，以奇用兵。」又說：「夫唯兵者，不祥之器。」孫子兵勢篇也說：「凡戰者，以正合，以奇勝。」既已開啟戰端，必然竭盡韜略智謀，以求勝利。兵器戰便不是解決衝突的唯一手段，舉凡政治戰、心理戰、謀略戰、情報戰都是可用的戰法。兵家之學，內涵十分繁複。班固漢書藝文志兵書略將兵家之學分成「兵權謀」、「兵形勢」、「兵陰陽」、「兵技巧」共五十三家，七百九十篇，圖四十三卷。或因偽託，或因亡佚，今人提及先秦兵家之學，以春秋時代孫武的孫子兵法及戰國時代吳起的吳子兵法為代表。此外周初姜太公的六韜、三略、司馬兵法、戰國時代的尉繚子兵法、孫臏兵法、蜀漢諸葛亮的孔明兵法、唐初的李靖兵法都是兵家的名作。

孫子名武，齊國人。史記有傳，記其生平。相傳孫武曾以兵法見吳王闔閭，吳王為考驗孫子的兵法，令宮中美女百八十人，由孫武號令操演，曾斬隊長二人以殉，於是約束嚴明，行陣皆中繩墨規矩。吳王知孫武能用兵，任命為將，曾經大破楚國，直入郢都。史記之外，還有荀子、國語、韓非子、吳越春秋、越絕書等提及孫武的軼事。今傳孫子十三篇，全書約僅六千字，涵蓋了現代戰爭中各種類目，如：國防計畫、動員計畫、國家戰略、軍事戰略、戰爭藝術、機動作戰、作戰目標、統帥、用兵、地形、地略、火力戰、情報戰，可謂思想深邃、體系嚴明。孫子在兵家中的地位，猶如儒家的論語、道家的老子。

吳子名起，衛國人。事蹟見史記孫吳列傳。吳起初期投效魯國，娶齊國女子為妻，齊魯交戰之時，曾殺妻以明志，遂為魯將。後因魯國人批評吳起為人猜忌殘忍，魯君辭退吳起，乃投效魏文侯，官至西河守。魏武侯之後，又投奔楚國，死於楚國。吳起為人雖邪僻，但是持論不詭於正。論制國治軍，主張「教之以禮，勵之以義」，論為將之道則曰：「所慎者五：一曰理、二曰備、三曰果、四曰戒、五曰約」，大抵能夠尚禮義，明教訓。以孫子、吳子相較，孫子用兵偏於奇，吳子用兵持於正。今存吳子一卷。

三、兩漢以後子學概述

漢代以後，諸子之學有兩種主要的發展類型，一為對先秦諸子所作的注解與詮釋，一為承繼先秦諸子立說精神繼續作思想的創造。前者可謂狹義的諸子學，後者則為廣義的諸子學。但是，狹義的諸子學並非全無創造，以儒家為例，漢武帝時董仲舒作春秋繁露，在儒家經典中摻雜入陰陽家學說，構成天人感應思想。宋代周敦頤、張載、程顥、程頤、朱熹、陸九淵，明代王陽明對儒家經典重新闡釋，形成了一套心性的學問——宋明理學。再以道家為例，魏代王弼對老子的注解，晉代郭象對莊子的注解，形成魏晉玄學的重要內容，都有相當大的創新性。

反觀廣義的諸子，最明顯的特徵是九流十家的學說內容彼此混雜，思想內涵雖然擴大了，彼此的學說立場則不若先秦時代那麼壁壘分明。雜家成為最普遍的形態。以下即就此二種類型，略述諸子在兩漢以後的發展。

(一)先秦諸子重要注本舉隅

(1)儒家：荀子有唐楊倞荀子注，清王先謙荀子集解，近人王忠林新譯荀子讀本最便誦習。

(2)道家：老子之注本甚多，主要有漢河上公注及晉王弼注兩種系統。前者有今人鄭成海老子河上公注疏證，後者有近人樓宇烈老子王弼注校釋。他如蔣錫昌老子校詁、朱謙之老子校釋、余培林新譯老子讀本皆便於誦習。莊子之注本亦多，最重要有晉郭象莊子注、唐成玄英南華真經疏、清郭慶藩莊子集釋。今人黃錦鋐新譯莊子讀本最便誦習。

(3)墨家：墨子之注本以清畢沅墨子注、清孫詒讓墨子閒詁、今人張純一墨子集解最著，今人李漁叔墨子今註今譯最便誦習。

(4)法家：慎子有明慎懋賞注，今人徐漢昌慎子校注及學說研究可參。申子有清馬國翰玉函山房輯佚書申子一卷。商子有清趙萬里商君書箋正，今人朱師轍商君書解詁。韓非子有清王先慎韓非子集解，今人陳奇猷韓非子集釋可參考。管子有唐尹知章管子注、清戴望管子校正，今人婁良樂管子評議可參考。

(5) 名家：公孫龍子有宋謝希深公孫龍子注，今人陳柱公孫龍子集解、何啟民公孫龍子集校最稱詳審，今人陳癸淼公孫龍子今註今譯最便誦習。

(6) 其他各家：鬼谷子有梁陶弘景注。尸子有清汪繼培輯注。呂氏春秋有漢高誘註、清畢沅呂氏春秋新校，今人許維遹呂氏春秋集釋，最稱詳審。孫子、吳子，有宋施子美武經七書講義、明劉寅武經七書直解。孫子另有清孫星衍孫子十家注，詳審可觀。

(二) 兩漢以後子學的發展

先秦諸子的思想，到了戰國末期，僅有儒家、道家、法家。墨家已經斷絕不傳。秦代行法家之治，到了漢初，盡廢秦之苛法，改行黃老之術。所謂黃老之術，是法家與道家融合在一起的治術。使漢代初期獲得六十年太平盛世。

漢武帝採行董仲舒的建議，罷黜百家，獨尊儒術，於是混雜讖緯與陰陽五行的天人感應學說成為主流，而董仲舒的春秋繁露正是這樣的一本書。此外，另有一批人起來反對，如揚雄仿論語作法言、仿易經作太玄，桓譚作新論，王充作論衡，都是著名的例子。尤其論衡，以「疾虛妄」作為思想宗旨，具有極高的批判精神。

此外，淮南王劉安賓客共著的淮南子，雖雜取各家言論，但其中所談之「道」即道家之道，論及權謀之處，又為老子思想之運用，代表了雜家化的道家。另有賈誼新書、桓寬鹽鐵論、王符潛夫論都能針對時代課題，議論得失，可視為雜家化的儒家。

魏晉之際，政治紊亂，知識份子飽受摧殘，動輒得咎，故而此時的學術，以玄學為主。玄學當時可以分成三派：「名理派」以辨別性情、分析才能、論說人物為重心，劉劭的人物志可為代表。「玄論派」以推論「有」「無」、剖明體用、談論易經、老子、莊子為主（號稱易、老、莊為「三玄」），何晏、王弼可為代表。何晏有論語集解，企圖以道家思想解釋論語。王弼有老子注，闡發老子以「無」為本體的精義。最後是「曠達派」，以順任情性、擺脫約束、追求自我為本色，阮籍、嵇康可為代表。阮籍有達莊論、通老論，嵇康有養生論、聲無哀樂論。除了玄學之外，另有一些道教徒，摭取古代神仙思想及莊子養生學說，形成一套以丹鼎符籙為內容的神仙之學。漢魏伯陽周易參同契及晉葛洪抱朴子是其中最有名的著作。

隋唐時期最重要的學術是佛學。佛教的傳入，最早的紀錄是東漢明帝永平十年（西元六七年）自漢朝末期至中唐，一方面翻譯佛典，一方面西行求法。佛教日漸壯大。佛祖釋迦的教義，是一種解脫哲學。它主張：「諸行無常」、「諸法無我」、「因愛生苦」、「無我無苦」；生存既為苦惱，因而佛法的目的，在力求解脫痛苦，以達到永寂不動、解脫輪迴的涅槃境界。魏晉時代，僧徒為了傳教的需要，往往使用易經、老莊的思想和術語來解釋佛理，於是產生了「格義之學」。格義之學，促成了佛學的中國化。其中僧肇的肇論以及竺道生的妙法蓮華經疏，可以說是佛學中國化最重要的著作。

從魏晉到隋唐，共有十三個宗派，分別是：成實宗、三論宗、涅槃宗、律宗、地論宗、淨土宗、禪宗、俱舍宗、攝論宗、天台宗、華嚴宗、法相宗、真言宗。其中天台、華嚴、禪宗是中國佛教徒自創的宗派。前兩者雖依印度佛教經籍，但自造經論，自成系統。禪宗則不依一定經論，且不重宗教傳統，稱為「教外別傳」。

宋元明三代，產生一種以儒學為本體，吸收道家、佛教學說所建立起來的新學說，古人稱之為「理學」或「道學」，也有當代的學者稱之為「新儒學」。經學盛行於兩漢，所以經學又被稱為「漢學」；理學是兩宋興起的學問，所以又被稱為「宋學」。理學的開山始祖是周敦頤，他著有太極圖說與通書。太極圖說在說明宇宙產生、萬物創化之道。通書則以易傳與中庸的思想為基礎，提出「誠」作為易經的道體與修養的工夫。宋明理學向有濂、洛、關、閩四派之稱，周敦頤，世稱濂溪先生，為「濂學」之始祖。

周敦頤之後，有居關中講學的張載。張載字子厚，號橫渠，世稱橫渠先生。著有正蒙、易說、經學理窟。他有民胞物與的胸懷，氣一分殊的宇宙理論，以及變化氣質的修養工夫。張載所開之宗派，稱為「關學」。

周敦頤之後，又有程顥、程頤兄弟光大周子的學問。程顥字伯淳，學者稱為明道先生。著有識仁篇、定性書，主張「體貼天理，敬義夾持」。程頤字正叔，學者稱為伊川先生。著有易傳、經解。主張「性即理」。二人因居洛陽，所開之宗派為「洛學」。

南宋朱熹生於周張二程之後，是宋代理學集大成之人物。因為在福建講學，稱為「閩學」。南宋時除了朱熹，尚有陸九淵、葉適、陳亮等著名的理學家。陸九淵，字子靜，號象山，強調「吾心即宇宙」，與朱熹的思想方向不同，朱陸二人曾有「鵝湖之會」，辯論自己的學說，是我國哲學史上的一段美談。到了明代王陽明，承繼陸九淵之學說，提出「心即理」以及「知行合一」之說，使心性之學推展到登峰造極的境地。

清代的學術十分發達，義理、詞章、考據之學都有長足進展。其中又以考據之學最具特色，是清代學術的中堅。清代考據之學又稱為「樸學」。這種學問的興起，是遠承漢朝班固白虎通義的精神而來的。自漢至清，有不少考證名物、制度、經史、諸子之書，如漢應劭風俗通義、晉崔豹古今注，宋沈括夢溪筆談、宋洪邁容齋隨筆、宋王應麟困學紀聞、明楊慎丹鉛總錄，都是子部雜家重要的著作，但是已經漸漸脫離思想的創造性，而接近歷史實證的性質。

自清初顧炎武日知錄以來，清代考據之作不勝枚舉，大都可以派入經學、史學、文字、聲韻、辨偽、校勘、目錄等學術領域之中，由王念孫讀書雜志、崔述考信錄、陳澧東塾讀書記、俞樾諸子平議可以考見一斑。

陸、文學常識

一、概說

我國歷代的典籍很多，前人以四部的分類，來包羅全體，即經、史、子、集四部，集部的圖書，多半屬於文學類的典籍，今依現代人的習慣用語，取「文學」一詞，代替前人「集部」。

在這一章中，我們要探討「文學的內涵」和「文學的分類」，然後依文學的分類，分別介紹歷代重要的文學，分「韻文」、「散文」、「駢文」、「小說」等項來說明，從此可略知中國文學的概貌，以及各體文學重要的作家和作品。

(一)文學的內涵

什麼是「文學」？這是一個很不容易回答的問題，因為文學一詞是抽象的概念；同時，由於古今時代的不同，含義也不一樣。

在春秋時代，孔子（西元前五五一－西元前四七九年）教弟子，在論語先進篇說：

子曰：「從我於陳蔡者，皆不及門也。」德行：顏淵、閔子騫、冉伯牛、仲弓。言語：宰我、子貢。政事：冉有、季路。文學：子游、子夏。

這裡所說的「言語」，也就是說辭，類似後世所謂的辭章。皇侃疏引范寧說：「言語，謂賓主相對之辭也。」這便是實用文學的開始。其中所說的「文學」，跟現在的文學，含義不同。范寧說：「文學，謂善先王典文。」邢昺說：「文學，謂文章博學。」因此文學一詞，是指古代的文獻、典章制度而言，也包括了文章，屬於學術，而不是現代人所說的文學。其他論語中所提到的「文」、「文章」，也都是一切文章、學術的總稱。這種稱謂，一直沿用於周秦時代。

漢以來，「文學」和「文章」的含義，便有不同。像史記儒林列傳云：「夫齊魯之間於文學，自古以來，其天性也。」這裡所謂「文學」仍然是學術。漢書公孫弘傳贊：「文章，則司馬遷、相如。」這裡的「文章」，便跟今日的文學，較為相近。所以早期的文學，以實用為主，往往跟學術混為一談；至於純文學，在古代只有詩、詞、歌、賦，但囿於文字的雕飾，不以實用為主，難怪揚雄要說：「雕蟲小技，壯夫之所不為」了。

文學和學術最大的分野，一種是藝術，一種是學問；藝術要求美，學問要求實用。前者憑直接的感受，後者靠客觀的分析，道路不同，效果兩樣。我國古代把文學、學術混為一談，是文學附屬在學術之中，未曾分割獨立出來。

今人對「文學」的看法，已跟古代不同，章太炎在國學略說一書中，提到「文學略說」，對文學的界說是：

> 以為有文字著於竹帛者謂之文；論其方式，謂之文學。

又在國故論衡文學總略上云：

> 言文學者，不得以興會神旨為上，應以表譜簿錄為始；非但經史諸子之為文學，即鑄銅雕木之類，所以濟文字之窮者，亦文學之屬也。

這種論點，是廣義的文學定義，只要文字記錄於竹簡或布帛、紙張之上，而具有法式的文章，都可統稱為文學，因此表奏箋記是文學，經史諸子也是文學。

如果以狹義的文學定義而言，章太炎的說法就太寬了。張其昀在民國五十三年六月五日中國文化學院文學會成立之初，對華岡學生作一次演講，提到文學的定義：

文學是真的事實，透過善的思想，運用美的文辭，而達到最偉大的教育效果。

真的事實，與歷史有關；善的思想，與哲學有關；美的文詞，與美學、修辭學有關。因此文學與史學、哲學、美學、修辭學等都有直接的關聯。

其實，文學具有思想、情感、想像和技巧等特質，猶如筆者在散文結構一書中，對文學的界說，說明如下：

文學是作家運用語言文字，表現人類的思想、情感，創造出完美的想像和新技巧的作品。

㈡文體的分類

今人對文學的涵義，較偏向於狹義的說法，指具有感性，且較屬於抒情性的美文，是為文學。

文學的發展，由於文學的形式結構不同，而造成各種不同的類別，我們稱它為文體。文體是泛指一切文章的體式和風格而言，在文學中，文體是特指詩文的類別。文學和文體的關係，要了解中國文學，必先了解中國文體的分類，文學是作家透過語言文字，表達人類的生活、感情和思想的藝術作品，而文體是一切文章的體裁，比文學的範圍要大。

我國文體的分類，最早始見魏曹丕的典論論文，它將文章分為四大類：

蓋奏議宜雅，書論宜理，銘誄尚實，詩賦欲麗，此四科不同，故能之者偏也。

其後晉陸機文賦中，將文體分十類，即：

詩緣情而綺靡，賦體物而瀏亮，碑披文以相質，誄纏綿而悽愴，銘博約而溫潤，箴頓挫而清壯，頌優游以彬蔚，論精微而朗暢，奏平徹以閑雅，說煒曄而譎誑。

從此文體的分類，越來越細，然就大體而言，有韻的謂之韻文，無韻的謂之散文。因此六朝人有文、筆之分，文指韻文，筆指散筆。

梁劉勰的文心雕龍，是一部文學批評的鉅著，書中對文體的分類，在韻文中又析為辨騷、明詩、樂府、詮賦、頌贊、祝盟、銘箴、誄碑、哀弔等九類，在散筆中，又析為史傳、諸子、論說、詔策、檄移、封禪、章表、奏啟、議對、書記等十類。加上介於文、筆之間的，還有雜文、諧讔兩類。

梁蕭統編昭明文選，選文的標準，在於「事出於沉思，義歸乎翰藻」的小篇文章，而不選經、史、子的文章，所選的大半為集部的文章，將文體分為三十七類，即賦、詩、騷、七、詔、冊、令、教、策文、表、上書、啟、彈事、牋、奏記、書、檄、對問、設論、辭、序、頌、贊、符命、史論、史述贊、論、連珠、箴、銘、誄、哀文、碑文、墓誌、行狀、弔文、祭文。

其後，清人就古文的分類，也不同於前朝。清姚鼐編古文辭類纂，分古文為十三類，曾國藩編經史百家雜鈔，分文體為三門十一類，其中不但摒棄了駢文，而且也不列詩、詞、曲、小說、戲劇等類別。今將姚鼐和曾國藩對文體分類，列表比較如下：

曾國藩三門	曾國藩十一類	姚鼐十三類
著述	論著	1 論辨
	詞賦	2 詞賦、11 頌贊、12 箴銘
	序跋	3 序跋、10 贈序
告語	詔令	4 詔令
	奏議	5 奏議
	書牘	6 書說
	哀祭	7 哀祭
記載	傳誌	8 傳狀、13 碑誌
	雜記	9 雜記
	敘記	
	典志	

以上各家文體的分類，大抵以文章的標題，作為分類的標準，就以近代文學的觀念來衡量，似

嫌過於繁瑣，而且未盡周延，有關俗文學部分，如小說、戲曲之類，尚未列入。今以近人對文學的觀點，就古典文學的分類，分韻文、散文、駢文、小說四大項，而戲曲一項，歸入韻文的「曲」中。而對現代文學的分類，則包括散文、詩歌、小說、戲劇四大類，增列其他一類，包括兒童文學、報導文學、電影電視腳本等應用文學。

今撰國學常識，僅就古典文學的分類，分述於後。

二、韻文

所謂韻文，是指有韻律的文章。有韻的文章，是在句子的末字上，造成諧韻的效果，一般稱之為用韻或押韻，在一定的句末上用韻，有前呼後應的諧韻作用，同時也有喚起記憶的效果，讀起來和諧，容易背誦。有律的文章，是在句子上有一定的節奏，如每句字數的多寡有一定的規定，甚至每字的平仄，也有一定的限制，使讀起來音節和諧，具有一定的節奏和旋律。

韻文，大抵是詩歌類的文體，其文體的由來，最早是文字與音樂、舞蹈結合的綜合藝術，由於文字與樂、舞結合，因此構成了「韻」、「律」的變化，這些具有韻律的詩歌，大致是音樂文學。今介紹韻文，大略分詩經、辭賦、詩、詞、曲等項來介紹，且韻文多半是純文學的作品。

(一)詩經

詩經是我國最早的一部詩歌的總集，凡三百零五篇，加上小雅有目無詞的笙詩六篇，共三百十一篇。

詩經產生的年代，自西周初葉（西元前一一二二年）至東周定王八年（西元前五九九年），約五百年。其產生的區域，如從十五國國風來看，其分布的區域，以我國北方黃河流域的歌謠為主，但也收錄了少部分南方長江流域的歌謠，所以說詩經是我國北方文學的代表。

詩大序云：「詩有六義焉：一曰風，二曰賦，三曰比，四曰興，五曰雅，六曰頌。」詩經的「六義」，其實是包括詩經的分類：風、雅、頌；詩經的作法：賦、比、興。禮記經解篇：「溫柔敦厚，詩教也。」從此，溫柔敦厚便成我國詩歌的傳統詩教。

詩經的結構，是依分類而排列，分風、雅、頌三部分。風分十五國國風，包括：周南、召南、邶、鄘、衛、王、鄭、齊、魏、唐、秦、陳、檜、曹、豳等十五地區的歌謠，共一百六十篇。雅分小雅和大雅，小雅八十篇，其中有六篇南陔、白華、華黍、由庚、崇丘、由儀，是有篇目而無歌詞的笙詩，大雅共三十一篇。頌分周頌、魯頌、商頌三部分。周頌三十一篇，魯頌四篇，商頌五篇，共四十篇。詩經共三百十一篇，簡稱為「三百篇」。

國風就是各國的民歌，鄭風就是鄭國的民歌，秦風就是秦國的民歌，餘可類推。十五國國風，是包涵了周代各諸侯之國的民歌，反映了當時一般人民的生活現象。例如寫農家生活的詩，有七月、十畝之間；寫賦稅徭役的詩，有碩鼠、鴇羽、君子于役；寫征戰的詩，有擊鼓、載馳、東山、無衣；寫民生艱困、離亂避禍的詩，有北風、北門、杕杜；寫田獵的詩，有還、盧令、大叔于田；寫思家懷人的詩，有伯兮、陟岵、綠衣、蒹葭；寫民俗的詩，有桃夭、溱洧、黃鳥；寫讚美的詩，有碩人、羔裘、椒聊；寫男女的情歌，有關雎、野有死麕、野有蔓草、木瓜、子衿、江有汜等。今舉桃夭、木瓜為例：

周南　桃夭

桃之夭夭，灼灼其華；之子于歸，宜其室家。
桃之夭夭，有蕡其實；之子于歸，宜其家室。
桃之夭夭，其葉蓁蓁；之子于歸，宜其家人。

桃夭，是女子出嫁時所唱的詩歌，用桃花的鮮紅暗示新娘的美貌，出嫁後，又能適宜婆家。西洋的愛情花是玫瑰，中國的愛情花是桃花。

衛　木瓜

投我以木瓜，報之以瓊琚。匪報也，永以為好也。

投我以木桃，報之以瓊瑤。匪報也，永以為好也。
投我以木李，報之以瓊玖。匪報也，永以為好也。

木瓜，是男女的情歌，有人投給我以木瓜，我報他以佩玉，並不是報答，而是希望永結恩情。

其次為雅，雅，指中夏的正聲，不屬於地方的樂歌，而為中原雅正的詩樂。也是周代王畿一帶的詩，大抵為朝廷官吏的作品。小雅多為君臣宴饗的樂歌，大雅為朝會之樂及歌功頌德、諷諭朝政之辭。其中有兩類較為凸出的詩：一是詠頌周宣王討伐玁狁、荊蠻、淮夷、徐戎的詩，如大雅的常武，小雅的六月、采芑、采薇。一是歌頌周代的開國史詩，如大雅的生民、公劉、綿、皇矣、大明等詩。從大體而言，國風大半為抒情詩，大雅大半為敘事詩，而小雅的詩，二者兼而有之，且多怨悱之作。

其次為頌，頌是讚美盛德的頌歌，讚美有盛德的人和事物，其中大半為讚美祖先的祭歌。

詩經是周代的歌謠，開創了我國詩歌絢麗的首頁，無論是抒情、敘事、詠物、寫景、說理，都有佳篇。這些詩都是真摯之情的流露，保存民歌拙樸率真的趣味，它們在音韻上的自然和諧，在情感上的誠摯活潑，處處表現了藝術上的最高成就。詩經不僅代表了古代河濟之間的北音，而其諷詠遺篇，也影響了荊楚之間南音的發生，直接促使漢賦的形成。詩經與後代的樂府，同為鄉土文學，且為六朝、唐人詩歌的宗祖。

㈡辭　賦

辭賦是包括楚辭和漢賦前後各種賦體的總稱。漢人將楚辭和漢賦視為一種文體，合稱為「辭賦」，而且辭賦通用。

東漢末葉，王逸注楚辭，才將辭和賦分開，視為兩種不同形式的文體，於是在昭明文選和文心雕龍中，便將辭、賦分開，昭明文選選文分三十七類，「賦」和「騷」不同類，「騷」便是屈原離騷的簡稱，後演為楚辭的代稱，也稱為騷體，故詩人也稱「騷人」。文心雕龍共五十篇，其中論文體的篇目，賦有詮賦篇，騷有辨騷篇，也是將辭、賦分開。從此辭、賦二體，辭是楚辭，賦有各種賦體，各自獨立成體，分道揚鑣，各成文采。

今分楚辭、短賦、古賦、俳賦、律賦、散賦、股賦等項，分別加以介紹如下：

1. 楚　辭

「楚辭」是文體名，也是書名。楚辭作文體名，是指戰國時代楚地所產生的詩歌，它所用的語辭如「兮」、「些」、「只」等楚語，配合楚地的南音和巫覡祭歌，記載楚地的地名和名物，以入歌謠，故名為楚辭。宋代黃伯思的翼騷序中云：

屈、宋諸騷，皆書楚語，作楚聲，紀楚地，名楚物，故謂之「楚辭」。若些、只、羌、誶、蹇、紛、侘傺者，楚語也；悲壯頓挫，或韻或否者，楚聲也；沅、湘、江、澧、修門、夏首者，楚地也；蘭、茝、荃、藥、蕙、若、芷、蘅者，楚物也。

楚辭，是書名。最早是西漢末葉劉向所編。劉向將屈原和屈原的弟子宋玉、景差、唐勒的作品，以及漢人摹仿屈原的作品，合編成書，名為楚辭。四庫全書總目提要云：

> 裒屈、宋諸賦，定名楚辭，自劉向始也。初向裒集屈原離騷、九歌、天問、九章、遠游、卜居、漁父。宋玉九辯、招魂。景差大招，而以賈誼惜誓，淮南小山招隱士，東方朔七諫，嚴忌哀時命，王褒九懷，及向所作九歎，共為楚辭十六篇，是為總集之祖。

楚辭有專書，從劉向（西元前七七－前六年）開始，但劉向編的楚辭本今已亡佚，今所傳本，是東漢末葉王逸所編注的楚辭章句。宋代有兩種楚辭的注本，一種是洪興祖的楚辭補注十七卷。洪興祖（西元一〇九〇－一一五五年），字慶善，丹陽（今江蘇丹陽）人。本書以王逸的楚辭章句為基礎，對王逸舊說加以闡發引申，在名物訓詁上加以考證，是對王逸的楚辭章句多所補充，故名為「補注」。另一種是朱熹的楚辭集注八卷，附辯證二卷、後語六卷。朱熹（西元一一三〇－一二〇〇年），字元晦，徽州婺源（今屬江西）人。本書所錄楚辭篇目，據王逸舊本加以更訂，增列賈誼弔屈原賦、鵩鳥賦二篇，並刪除七諫、九懷、九歎、九思四篇，指其辭意平緩，意不深切，在辯證中，加以批駁。又據宋晁補之的續楚辭和變離騷，作了增刪，選錄荀卿至呂大臨的辭賦共五十二篇為後語。

楚辭是繼詩經之後的第二部總集。它與詩經的不同，詩經大抵為黃河流域的歌謠，以四言詩為主，其內容與作法，有風、雅、頌、賦、比、興「六義」，建立了「溫柔敦厚」、「興、觀、群、怨」的詩教，成為我國詩歌的傳統。然而楚辭是以楚國屈原的作品為主體，且大都是文人所寫的作品，除九歌外，與詩經出於無名氏之手大不相同。楚辭的句法，以六言七言的參差句為最多，錯雜以四言、五言、八言等句子，篇幅也比詩經為長。在內容上，詩經是取材於社會生活的寫實文學，而楚辭是淵源於楚文化的巫覡文學，屈原繼承了詩經的四言詩，同時又吸收了楚文化，對楚地民歌加以革新，開展了句法參差錯落的新體詩——楚辭。這種新體詩，具有濃厚的楚地色彩，又以描寫個人的情懷與幻想，構成了詞藻華麗，對稱工巧，具有象徵、神祕、浪漫的南方文學。

楚辭中最重要的作家是屈原。屈原（西元前三四三—前二七七年），戰國楚人，名平，字原；又名正則，字靈均。曾任左徒、三閭大夫，他主張彰明法度，任用賢才，輔佐懷王內修政治，外抗強秦。後因遭謗，前後兩次流放，一次放於漢北，一次放於湘南。終因不忍見國家淪亡，遂投汨羅江以屍諫。屈原的辭賦，以豐富的情感和想像力，用象徵的手法，表現了含忠履潔的精神，在作品中廣泛採用神話、寓言和巫覡故事，創造出雄偉壯麗的詩篇，成為我國文學史上第一個偉大的愛國詩人。漢書藝文志載錄他的賦有二十五篇。重要的篇目為：離騷、九章、九歌、遠游、天問、卜居、漁父等。

2. 短　賦

楚辭之外，還有荀子的短賦。荀子（西元前三一五－西元前二三六年），姓荀，名況，戰國時趙人，著有荀子三十二篇。今三十二篇中有賦篇及成相篇兩篇，與詩歌有關。

賦篇便是由五篇短賦構成，包括禮賦、知賦、雲賦、蠶賦、箴賦。由於每篇不超過五百字，篇幅極短，故稱「短賦」。荀子短賦，皆為詠物的賦，內容是在說理，借詠物以闡明儒家的學術思想，開展了賦體詠物說理的途徑。而成相篇被推為最早的鼓詞形態，荀子用民間的鼓詞來宣揚儒家思想，使儒學能深入於民間。荀子短賦的影響，直接促使漢賦的發生。

3. 古　賦

賦體是從詩經中賦、比、興的賦，演變成一種韻文的文體。因此漢班固在兩都賦序上說：「賦，古詩之流也。」文心雕龍詮賦篇對賦的定義：「賦者，鋪采摛文，體物寫志。」大意是說：賦是繼詩經之後所產生的韻文，它用華麗的辭藻，來鋪陳其事。賦是詠物的文學，屬於載道言志的文學。

自漢武帝後，辭賦日愈發達，其風格與楚辭有別，諷諭、象徵的少，而歌功頌德的多。賦的句法，多用四六排比的句子，又多堆砌冷僻的字，表現作者有炫赫的才學，以歌頌漢朝帝王的功業。於是漢賦便成漢代文學的主流。後人稱「漢賦」，又稱之為「古賦」，是因為漢賦距今時代久遠的緣故。同時，也用以別於六朝的俳賦、唐宋的律賦和散賦、明清的股賦。

兩漢的賦家，有賈誼、枚乘、司馬相如、東方朔、枚皋、王褒、揚雄、班固、傅毅、張衡、馬融、王逸、禰衡、王延壽、趙壹等人。作品如賈誼的弔屈原賦、鵩鳥賦等。枚乘的七發。司馬相如的子虛賦、上林賦、大人賦、美人賦、長門賦等。東方朔的非有先生論。王褒的洞簫賦。揚雄的長楊賦、羽獵賦、甘泉賦、河東賦等。班固的兩都賦、幽通賦、典引、答賓戲等。張衡的西京賦、東京賦、思玄賦、歸田賦等。禰衡的鸚鵡賦、王延壽的魯靈光殿賦、趙壹的刺世疾邪賦等。其中以西漢的司馬相如（西元前？－西元前一一八年）、揚雄（西元前五三－西元一八年），東漢的班固（西元三二－九二年）、張衡（西元七八－一三九年），並稱為漢賦四大家。

4. 俳賦

俳賦又稱駢賦，也是指流行於魏晉六朝的賦。它與漢賦不同之處，在於篇幅短小，用於抒情，因講究聲律諧和，用典對仗，使用俳句，故稱俳賦或駢賦。重要的作家和作品，魏朝的如曹植（西元一九二－二三二年）的洛神賦，王粲（西元一七七－二一七年）的登樓賦，都是抒情性很強而感人的小篇。

西晉的賦家，有陸機（西元二六一－三〇三年）的文賦，用賦體作文學批評，潘岳（西元二四七－三〇〇年）的秋興賦、閑居賦等，左思（西元二五〇？－三〇五年？）的三都賦，類似漢人的兩京賦，當時三都賦成，洛陽為之紙貴，可見三都賦受當時人所喜愛而傳抄一時的盛況。東晉的賦家有孫綽的天台山賦，借天台山的山水來談玄理。又有陶潛（西元三七二－四二七年，據梁啟超考證）的閑情賦、歸去來辭、感世不遇賦。其中以歸去來辭，寫罷官歸隱的快樂，為千古傑作，甚至宋歐陽脩云：「晉無文章，惟陶淵明歸去來辭而已。」

六朝包括東吳、東晉、宋、齊、梁、陳，均建都於金陵，世稱「六朝」。六朝文學，崇尚華麗唯美，又重巧構形似之言的技巧，於是在小篇的賦上，達到成熟完美的境界。其中以南朝的作家，最足以為代表。如謝靈運、鮑照、謝莊、江淹、徐陵、庾信、何遜等，佳構如林。今舉鮑照（西元四一二？－四六六年）、江淹（西元四四四－五〇五年）、庾信（西元五一三－五八一年）三人為代表。鮑照的蕪城賦，寫廣陵（今江蘇揚州）的繁華與離亂後的荒涼，造成對比。江淹的恨賦、別賦，庾信的春賦、燈賦、小園賦、哀江南賦，均是駢賦的佳作，無論寫景抒情、詠物說理、登臨懷古、悼亡傷別，均能驚心動魄、扣人心弦。

5. 律賦和散賦

律賦是唐宋時因應科舉考試所形成的賦體，又名試賦。其形式不僅要求對仗、用韻，甚至要求平仄和諧，用詞和句法都有一定的限制，要求合乎規律，故稱律賦。因此律賦近乎文字遊戲，要受排偶和限韻的拘束，如王勃的春思賦，杜甫的郊大禮賦，李程的日五色賦，王起的庭燎賦等。

由於律賦在形式結構上嚴格的規定，已無文學的性靈可言，甚至為文士所排斥。到了宋代歐陽脩和蘇軾，他們擺脫賦體的拘束，而寫散文筆調的賦，無需對偶，也不限韻，甚至不押韻也可，這種形式極自由的散文賦，稱為「文賦」或「散賦」。宋代文賦的作家，有司馬光、歐陽脩、邵雍、蘇軾、蔡確、楊萬里等。其中以歐陽脩和蘇軾為代表。歐陽脩（西元一〇〇七－一〇七二年）有秋聲賦、鳴蟬賦等；蘇軾（西元一〇三六——一一〇一年）有前赤壁賦、後赤壁賦等，都是膾炙人口的散文賦，如同屈原的卜居、漁父一樣，不受形式格律的束縛，文隨意運，自然流利。

6. 股賦

股賦是明清科舉應試所寫的八股賦體，它的結構規律，比律賦更嚴，甚至要將賦題嵌入文中，有破題、承題、起講、提比、虛比、中比、後比、大結八大段，故名為「股賦」。這類賦體，已無文學價值可言，故不予舉例。

㈢詩

我國詩歌，淵遠流長，從詩經、楚辭之後，作品繁富，詩人輩起，使我國成為詩的民族。如從形式來區分，我國古典詩歌，大別可分三大類，即古體詩、樂府詩、近體詩。

1. 古體詩

古體詩，又稱古詩，與近體詩相對待。「古詩」一詞，始見於梁劉勰的文心雕龍和蕭統所編的昭明文選，文心雕龍明詩篇云：「古詩佳麗，或曰枚叔。」文中所說的「古詩」，便是指「古詩十九首」而言，如語譯此句，是「古詩十九首美好如同佳麗，或許有人說是枚叔的作品」。枚叔，即枚乘，叔是枚乘的字，漢武帝時，與司馬相如同事於梁孝王，梁孝王卒，離開菟園，他的兒子枚皋，也是詩人辭賦家，與司馬相如同事漢武帝。其次，昭明文選選文三十七類，其中「詩」一類，「雜詩」上錄有「古詩十九首」，古詩之名，始於此也。

古詩大多為五言或七言，五言古詩稱為「五古」，七言古詩稱為「七古」，當然古詩有四言和雜言的，但「四古」和「雜古」之名，便少人使用。古詩的作法，別於近體詩，也就是古體詩和近體詩的分別，在於形式結構上的不同，古詩不受句子多寡的限制，近體詩分絕句和律詩，絕句僅四句，律詩分今律八句和八句以上的排律。古詩的長短依內容而決定，句子的多寡沒有一定的約束。古詩每個字不受平仄的約束，但近體詩每字平仄的用法，有一定的格律，例如五言仄起格的絕句，它的格律是：「仄仄平平仄，平平仄仄平。平平平仄仄，仄仄仄平平。」所以古詩字句不受平仄的限制，可以自由抒寫，近體詩平仄的使用有嚴格的規定，造成定式。其次，古詩有對稱句，但不嚴格限制，近體詩中的律詩，其中二三兩聯，一定要對仗，除了內容的對偶外，上下聯的平仄也都要相反。古詩的用韻寬，可以通押，可以換韻，近體詩用韻嚴，不能通押，也不能換韻。

同時，古體詩和樂府詩是同時發生的，樂府詩之名，起源於漢代，漢惠帝時命夏侯寬任「樂府令」，漢武帝時設立「樂府」，由李延年任協律都尉，因此樂府是音樂官府的簡稱。樂府是漢朝廷的一個行政機構，它的職掌是採集民間歌謠以配合朝廷的典禮或祭祀，因此樂府便成民歌的代稱。

古詩和樂府詩的區別，古詩大半是文人所寫的詩，它只能「徒誦」而不能歌，樂府詩是合樂的詩，可以歌。例如古詩十九首中的青青河畔草、行行重行行是古詩，不是樂府；而飲馬長城窟行、放歌行、白頭吟等是樂府，不是古詩。後人往往將古詩和樂府詩混淆，難以區分。其實合樂的詩是樂府，不合樂的詩是古詩，但後代也有少部分的樂府詩不能合樂，如唐人的「新樂府」，也已不能歌了。但從「標題」上，可以區分古詩或樂府詩；樂府詩的標題仍留有合樂入樂的痕跡，都會有「歌」、「行」、「吟」、「弄」、「曲」、「調」、「章」、「引」等名稱。

一般人往往會把白居易的長恨歌、琵琶行視為古詩，其實長恨歌和琵琶行是樂府詩，因為它是屬於歌行體。所以樂府和古詩的區別，往往從標題上便可以辨認出來。如果把長恨歌、琵琶行誤作古詩，可能受唐詩三百首的影響，該書將這兩首詩列入「古詩」中。

漢魏南北朝的古詩，以五言詩為主。我國五言詩的起源，說法紛紜，大致五言出於漢人樂府，如李延年的北方有佳人歌，見漢書李夫人傳：

北方有佳人，絕世而獨立。一顧傾人城，再顧傾人國。寧不知、傾城與傾國，佳人難再得。

又漢書五行志有漢成帝時民謠：

邪徑敗良田，讒口亂善人。桂樹華不實，黃爵巢其顛。故為人所羨，今為人所憐。

因此西漢時便有五言詩，當可成立。至於文選中的古詩十九首創作年代，李陵、蘇武詩的真偽，都引起爭論過，難以有結論。要之：五言詩醞釀於西漢，成立於東漢初葉，而成熟於東漢末葉。

東漢末葉，建安時代（西元一九六－二二〇年）成熟的五言詩大量出現，如曹氏父子：曹操、曹丕、曹植，建安七子：孔融、陳琳、王粲、徐幹、阮瑀、應瑒和劉楨。他們的作品多而且富麗，被文心雕龍譽為「慷慨以任氣，磊落以使才」的「建安體」。

魏朝詩人，有「竹林七賢」之稱，即阮籍、嵇康、山濤、向秀、劉伶、阮咸、王戎，他們崇尚老莊虛無之學，輕禮法，常集於竹林之下，飲酒賦詩，故稱竹林七賢。他們所處的時代在魏正始年間（西元二四〇－二四九年），又稱「正始詩人」。其中以阮籍的詠懷詩、嵇康的四言詩為代表，文心雕龍評他們的詩為：「嵇志清峻，阮旨遙深。」

晉代的古詩，有三張二陸兩潘一左，他們在太康年間，故稱「太康詩人」。三張是張載、張協、張亢兄弟，但張亢不列詩品，應以張華為是。二陸是陸機、陸雲兄弟，兩潘是潘岳、潘尼叔侄，一左是左思。他們主張「詩緣情而綺靡」（陸機文賦句），認為詩以吟詠性情為主，用華麗的辭藻來寫詩。並且倡「巧構形似之言」，重視巧妙的構思，曲寫其狀的描寫，使詩的創作走上排偶對稱，重視綺靡豔麗的詩風。西晉末葉，永嘉離亂，有劉琨感念家國之思的詩，郭璞有游仙詩，即借游仙以寫隱逸山林的詩。

東晉義熙年間，陶潛以田園詩稱著，他的歸園田居五首及飲酒詩二十首，堪稱絕唱。飲酒詩中的「採菊東籬下，悠然見南山」，已成為他的代表句。梁鍾嶸詩品稱其詩「篤意真古，辭興婉愜」，而推為「古今隱逸詩人之宗」。

南朝詩風，愈加華靡，從山水到宮體，同是詠物，只是物的大小有別而已。其間宋謝靈運開拓了摹山狀水的山水詩，繼而有齊謝朓清麗小篇的山水詩，是為「大小謝」的山水詩。齊梁之間，詩風輕豔，如蕭衍、蕭綱、蕭繹父子，以寫宮廷女子的體態、閨閣女子的怨思，成為宮體詩的代表。宮體詩內容輕豔，格調卑下，徐陵、庾信，亦時有所作，時傷輕豔，近於浮靡。及陳後主時，更以豔麗為美，極於輕薄，如玉樹後庭花之作便是。

其次七言詩起於漢武帝柏梁臺君臣聯句，文人之作，以曹丕的燕歌行為首篇。其後七言詩很少出現，直到南朝宋鮑照，梁蕭衍、蕭綱等才有少量七言詩，且多為樂府之作。故七言古詩，要到唐代才普遍流行，至盛唐才臻於成熟。

2. 樂府詩

「樂府」的名義，本指官府的名稱，即「音樂的官府」。由於它的職掌，在採集各地的民歌，或取文士所寫的詩加以配樂，作為朝廷典禮，宗廟祭祀，以及君臣宴飲時所用的詩歌。因此後代人稱民歌為樂府。樂府是合樂的詩歌，是音樂和詩各占一半的「音樂文學」。

樂府是音樂的官府，引申為民歌的代稱。其後，凡是合樂的詩，都稱為樂府，於是宋人長短句的詞，元人的散曲小令，也可稱為樂府。例如宋蘇軾的詞集稱為東坡樂府，元張可久的散曲集子稱為小山樂府。而樂府的名義，還擴大到詞、曲的範圍。

樂府的設立，始於漢惠帝，惠帝命夏侯寬為「樂府令」，漢武帝時，更成立「樂府」官署。漢書禮樂志云：

> 至武帝定郊祀之禮，祠太一於甘泉，祭后土於汾陰，乃立樂府。采詩夜誦，有趙、代、秦、楚之謳，以李延年為協律都尉，多舉司馬相如等數十人造為詩賦，略論律呂，以合八音之調，作十九章之歌。

漢武帝為了要祭天──「東皇太一」，祭地──「后土」，才成立樂府官署來制作天地的詩樂，並任李延年為協律都尉，司馬相如、鄒子樂等作郊祀的歌詞，今漢書禮樂志尚記錄有十九章的歌詞。樂府署在文學上最大的貢獻，是在採集趙、代、秦、楚等地的民歌，這些地方相當於今日的：

趙──河北南部、山西東部、河南黃河以北的地區。

代──河北蔚縣北。

秦──陝西、甘肅一帶。

楚──湖北、湖南、安徽、浙江、四川巫山以東、廣東蒼梧以北等地方。

漢樂府採集民歌的範圍，遍及黃河、長江流域一帶。是繼周代太師採集詩經之後，第二次大量採集民間歌謠的工作，漢樂府保存了漢代民歌的真面目，成為後人研究漢代文學不可或缺的原始資料。

兩漢樂府的內容和特色：兩漢樂府民歌，大抵為清商曲、相和曲和鼓吹曲、鐃歌，以寫實為主，且極富詩趣，又具有諷諭勸化的作用，故發展為敘事詩的形態，足以反映漢代的風俗民情。誠如漢書禮樂志所說的漢樂府的特色，在於「感於哀樂，緣事而發」。緣事而發，便形成敘事詩。例如：飲馬長城窟行寫征夫徭役思家的詩。羽林郎、陌上桑寫羽林軍調笑酒家胡姬、太守意圖占有民女羅敷的故事，表現了漢代女子的貞亮。最長的敘事詩如孔雀東南飛，描寫焦仲卿和劉蘭芝夫婦，由於婆婆不喜歡媳婦，在環境、性格、命運等因素下，造成孔雀東南飛中焦、劉兩家的倫理悲劇，這些多少帶有教化勸勉的力量，也反映了漢人的生活和思想。今舉江南和長歌行為例：

江南　漢無名氏

江南可採蓮，蓮葉何田田。魚戲蓮葉間，魚戲蓮葉東，魚戲蓮葉西，魚戲蓮葉南，魚戲蓮葉北。

長歌行　漢無名氏

青青園中葵，朝露待日晞。陽春布德澤，萬物生光輝。常恐秋節至，焜黃華葉衰。百川東到海，何時復西歸？少壯不努力，老大徒傷悲。

東漢末葉，曹氏父子和建安七子發現樂府的流行性和親和力，於是大量摹仿民歌而作樂府詩，於是有「文人樂府」的出現，如曹操的短歌行，曹丕的燕歌行，曹植的白馬篇、七哀詩，王粲的七哀詩，陳琳的飲馬長城窟行，都是著名的文人樂府，從此開展文人吸取民間歌謠養分的途徑，使詩歌更富生命力。

魏晉南北朝的樂府詩，是繼承漢樂府的道路，而發展出來的新體詩。從三世紀到六世紀之間，由於國家社會的動盪，促使佛道的流行，隱逸思想的擡頭，使樂府詩由長篇的敘事詩，演變為小篇的抒情詩，由北方的樸質詩風趨向南方的輕綺靡麗詩風。

魏晉南北朝樂府，以六朝的清商曲為主，清商曲固然是漢代的舊曲，但新添了長江流域新興的民歌，便成六朝時代詩歌的主流。其中又可分為吳歌、西曲、神弦曲。而北朝的民歌，以梁樂工所收集的梁鼓角橫吹曲為主。就內容而言，六朝樂府多半為戀歌、志怪、山水、宮體之作，描寫江南採桑採菱的農耕生活。北朝樂府多半為戀歌、苦寒、征戰、思鄉、尚武之作，描寫草原縱馬放牧的游牧生活。但它們共同的特色，在於帶有浪漫、神祕，以及唯情唯美的色彩，大半為五言四句的小詩情歌，有時用男女對口的方式來表達，大量使用諧音雙關語，以增詩趣和弦外之音，也大量使用和送聲，以增歌唱時的熱鬧場面和節奏感。

六朝主要的樂府詩，如吳歌中的子夜歌、子夜四時歌、華山畿、讀曲歌；西曲中的襄陽樂、莫愁樂、三洲歌；神弦曲中的白石郎曲、青溪小姑曲。北朝主要的樂府詩，如木蘭詩、敕勒歌、折楊柳歌、紫騮馬歌。今舉子夜四時歌、青溪小姑曲、敕勒歌為例：

子夜四時歌春歌　　晉宋無名氏

春林花多媚，春鳥意多哀。春風復多情，吹我羅裳開。

青溪小姑曲神弦曲　　無名氏

開門白水，側近橋梁。小姑所居，獨處無郎。

敕勒歌北歌　　無名氏

敕勒川，陰山下。天似穹廬，籠罩四野。天蒼蒼，野茫茫，風吹草低見牛羊。

隋唐以後的樂府，波瀾壯闊，尤其唐代文人樂府詩，更啟開詩歌活潑的天地。隋代由七部樂擴充為九部樂，加入大量的胡樂，唐代亦承襲隋樂，增為十部樂，因此胡樂夷歌，為唐詩增加了詩聲之美。隋唐五代的民間歌謠見於全唐詩或敦煌曲子詞中，數量約千餘首，成為敦煌出土的唐人寫卷中最珍貴的資料。

其次，文人仿製的樂府詩，在盛唐以前，標題沿用漢魏或六朝樂府舊題，中唐以後，則多為「即事名篇」的新題樂府，也稱「新樂府」。樂府至此，已脫離音樂而不能合樂。

然而宋以後樂府，或不用樂府一詞，或稱詞、稱曲、稱時調，且走上長短句的道路，但民間歌謠的本色不變，仍然保有音樂文學的風格。

3. 近體詩

近體詩，是與古體詩相對待的，也是唐人所開創的新體詩，包括了絕句和律詩。絕句共四句，每句五個字的稱為五言絕句，簡稱五絕；每句七個字的稱為七言絕句，簡稱七絕。律詩分今律和排律兩種，今人所謂律詩，多指八句的今律而言，八句以上的為排律，今人已不流行。

探討近體詩的由來，是先有絕句，後有律詩。漢代稱四句的短詩為「斷句」、「截句」，後來又有「短句」、「絕句」等名稱。然而短詩的作法，字數雖少，或二十字，或二十八字，便能將情意包涵其中，以達「言有盡而意無窮」的境界。南北朝時小詩興盛，流行對稱的詩句，齊永明間，「聲律說」流行，使詩的聲調愈趨律化，經初唐上官儀、上官婉兒的倡「上官六對」，使唐詩律化的技巧近於完備。因此初唐四傑，五律已漸次完成。沈佺期、宋之問的「沈宋體」，使七律也告成立。因此近體詩的格律，在初唐的「上官體」、「沈宋體」的倡導，得以建立。絕句的由來得久，從詩歌的發展來看，是先有絕句，後有律詩。

近體詩和古體詩最大的不同，在於近體詩有句子多寡的限制，絕句四句，律詩八句（排律八句以上）；古體詩便不受句子多少的限制，可以自由抒寫。其次，近體詩有平仄的限制，用韻只限一韻，不得通押或換韻；古體詩不受平仄的限制，用韻也寬，有通押和換韻的現象。同時，律詩在二、三兩聯還要求對仗。因此近體詩在我國詩歌中，無論在形式上、內容上，均臻於最完美的境地。

今舉唐人的絕句和律詩為例：

體裁	詩例	平仄
五絕	秋浦歌　李白 白髮三千丈， 離愁似箇長。 不知明鏡裏， 何處得秋霜。	仄仄平平仄， 平平仄仄平。韻 平平平仄仄， 仄仄仄平平。韻
七絕	絕句　杜甫 兩箇黃鸝鳴翠柳， 一行白鷺上青天。 窗含西嶺千秋雪， 門泊東吳萬里船。	仄仄平平平仄仄， 平平仄仄仄平平。韻 平平仄仄平平仄， 仄仄平平仄仄平。韻
五律	野望　王績 東皋薄暮望， 徙倚欲何依。 樹樹皆秋色， 山山惟落暉。 牧人驅犢返， 獵馬帶禽歸。 相顧無相識， 長歌懷采薇。	平平平仄仄， 仄仄仄平平。韻 } 首聯 仄仄平平仄， 平平仄仄平。韻 } 頷聯　對仗 平平平仄仄， 仄仄仄平平。韻 } 頸聯　對仗 仄仄平平仄， 平平仄仄平。韻 } 末聯

七律		
無題　李商隱		
相見時難別亦難，	仄仄平平仄仄平，韻	首聯
東風無力百花殘。	平平仄仄仄平平。韻	
春蠶到死絲方盡，	平平仄仄平平仄，	頷聯 對仗
蠟炬成灰淚始乾。	仄仄平平仄仄平。韻	
曉鏡但愁雲鬢改，	仄仄平平平仄仄，	頸聯 對仗
夜吟應覺月光寒。	平平仄仄仄平平。韻	
蓬山此去無多路，	平平仄仄平平仄，	末聯
青鳥殷勤為探看。	仄仄平平仄仄平。韻	

近體詩的作法，有「一三五不論，二四六分明」的說法，其實每句的一三五等字的平仄，可以具有彈性，在不造成二四六的孤平，是允許可平可仄的。其次，詩中的入聲字，也得視為仄聲，如「白」、「髮」、「不」、「得」、「雪」、「泊」、「薄」、「欲」、「色」、「落」、「犢」、「識」、「別」、「亦」、「力」、「百」、「蠟」、「覺」、「月」等，都宜作仄聲看待。

唐人不但開創近體詩，同時也發展古體詩和樂府詩，使唐詩得以兼備各體而同時發展，造成唐詩的博大和鼎盛，使唐詩成為唐代文學的主流。

唐詩繁盛，前人對唐詩的分期，始於南宋嚴羽的滄浪詩話，將唐詩分為五期：初唐、盛唐、大曆、元和、晚唐。今多依明高棅的唐詩品彙，將唐詩分成四期，即初唐、盛唐、中唐、晚唐。

初唐（西元六一八－七一二年）的詩，豔麗而高華，有六朝詩的遺風。初唐四傑：王勃、楊炯、盧照鄰、駱賓王及張若虛等，代表了初唐詩的高華之美，王績、王梵志等的隱逸詩，陳子昂的倡建安風骨，擴展了初唐詩的蓬勃生機。

盛唐（西元七一三－七六二年）在開元、天寶之際，詩人輩出，無論寫山水、田園，寫邊塞、游仙，寫宮體、閒情，都能曲盡其妙；詩佛王維當時影響力最大，詩仙李白、詩聖杜甫，享譽後世最久。高適、岑參、王昌齡、王之渙等邊塞詩，綻放大唐氣象，流露年輕一代詩人的熱力和豪情。

中唐（西元七六三－八二六年）經安史之亂後，人民在戰亂的洗禮下，變得沉思而內斂，大曆元和年間，有中興氣象，中唐詩由大曆貞元間多寫個人情懷，到元和年間元稹、白居易的新樂府運動，啟開了平易近人的詩風，使唐詩再現高潮。同時，韓愈詩的散文化，也開啟宋詩重理的蹊徑。

晚唐（西元八二七－九〇六年）因黨爭及進士浮華之風，詩重冷豔而多感傷。如杜牧、李商隱綺靡的小詩，冷豔圓熟，到達小詩登峰造極的境地。其他如皮日休、陸龜蒙等詩人沿新樂府的道路，開展正樂府描寫民間疾苦的寫實詩，替離亂的晚唐，留下一些真實的紀錄。

(四) 詞

唐人有養伎之風，詩聲不絕；青樓管弦，酒酣而歌，於是長短句大量興起，形成唐代另一種新體詩的產生，稱之為「曲子」、「曲子詞」，就是「長短句」，或稱之為「詞」。

詞，又名曲子、曲子詞、長短句。又名詩餘、樂府、琴趣、樂章等別稱，在宋人的詞集中，有蘇軾的東坡樂府、范仲淹的范文正公詩餘、歐陽脩的醉翁琴趣外編、柳永的樂章集。詞是配合音樂的歌詞，是詩與音樂結合的音樂文學。

詞的起源，與音樂的關係至為密切，今列其興起的原因如下：一、淵源於樂府歌辭，由於唐人的近體詩可以配合歌唱，將整齊的詩句攤破或加以和送聲的變化，演變成活潑的長短句，因此從詩衍化為詞，成為唐人的一種新體詩，名為「詩餘」。二、由於聲詩的流行，於是長短句的詞崛起。唐人的聲詩，便是合樂的詩，尤其與民歌的興盛，有直接的關係，有些民歌，傳唱一時，如今已成詞牌，文人往往倚聲填詞，便是曲子、曲子詞，簡稱為「詞」。三、唐人有養伎之風，青樓傳唱的酒令，便是詞中的小令。因此早期的詞，是傳唱於青樓茶肆杯觥之間的豔歌。

1. 曲子詞

清光緒二十五年（西元一八九九年），在敦煌莫高窟所出土的唐人寫本敦煌卷，其中有「敦煌曲子詞」，便是唐人的民歌，也是唐詞的開端。例如：

拋毬樂　　唐佚名

珠淚紛紛濕綺羅，少年公子負恩多。當初姊姊分明道，莫把真心過與他。仔細思量著，淡薄知聞解好麼。

菩薩蠻　唐佚名

枕前發盡千般願，要休且待青山爛。水面上秤錘浮，直待黃河澈底枯。白日參辰現，北斗迴南面。休即未能休，且待三更見日頭。

這些拙樸率真的敦煌曲子詞，已開展唐詞的新頁。而敦煌中的菩薩蠻，可與崔令欽教坊記中的菩薩蠻相互照映。

傳統的說法，最早的詞家，始於李白，因此「詞中有三李」，即李白、李煜（即李後主）、李清照。李白的菩薩蠻、憶秦娥、清平調、秋風詞等，自有它獨特的風貌。前人懷疑菩薩蠻、憶秦娥為後人託名之作，但敦煌曲子詞的出土，證明盛唐時已流行菩薩蠻的曲調，李白能作此調之說已可成立。

中唐期間，詞家漸多，如韋應物的調笑令，張志和的漁歌子，王建的宮中調笑，白居易的花非花、憶江南、長相思，劉禹錫的憶江南、楊柳枝等詞，說明了文人大量摹仿民歌的詞，已蔚為風氣。

2. 小　令

詞的發展，始於民間的曲子、曲子詞，然後發展為歌樓茶肆傳唱的伶工之詞。這些在五十八字以內的詞，稱為小令，小令便是從酒令演變而來的小曲、小調。五十九字至九十字的詞，稱為中調；

九十一字以上的詞，稱為長調。中調和長調，又稱為慢詞。

晚唐五代的詞，便是小令。由於當時的社會風氣，流於浮華，於是豔風大扇，其間五代西蜀趙崇祚所編的花間集，收有晚唐五代詞人十八家，包括溫庭筠、韋莊、顧敻、孫光憲等。另外無名氏所編的尊前集，收有晚唐五代詞人三十八家，包括唐明皇、李白、白居易、溫庭筠、歐陽炯、馮延巳等。在風格上、內容上，已演變成杯觥之間的豔情小調，於是「詩莊詞媚」的分野，也越來越為顯著。

五代詞家，大致分布兩個地區，一是西蜀，以花間詞人為主，以溫庭筠為「花間鼻祖」的代表；一是南唐，南唐詞人有別集而無總集，其中有南唐中主李璟、後主李煜、馮延巳等詞人，仍然是歌者之詞的風格，是小令的詞；而李煜的詞，寫去國之痛，境界始大，已變伶工的詞為士大夫的詞。在南唐詞中，李煜不僅足為代表，在晚唐五代詞中，也堪稱第一。近人王國維的人間詞話，曾將溫庭筠、韋莊和李煜三家詞做比較，評溫庭筠的詞是「句秀」，韋莊的詞是「骨秀」，而李煜的詞是「神秀」。今傳李煜的詞共四十七首。今舉其詞兩首如下：

相見歡　　李煜

林花謝了春紅，太匆匆，無奈朝來寒雨晚來風。
胭脂淚，相留醉，幾時重。自是人生長恨水長東。

虞美人　　李煜

春花秋月何時了，往事知多少？小樓昨夜又東風，故國不堪回首月明中。
雕欄玉砌應猶在，只是朱顏改。問君能有幾多愁，恰似一江春水向東流。

北宋前期的詞，沿花間、尊前集的遺風，仍是小令之類的歌者之詞。北宋晏氏父子晏殊、晏幾道，首開風氣，珠玉集、小山集，從詞集名也可知為小令豔詞。其後范仲淹、歐陽脩的詞崛起，范仲淹的詞傳世的不多，全宋詞錄有他的詞五首，他的蘇幕遮和漁家傲，卻有幾分邊塞的風貌；歐陽脩雖是古文大家，但寫起詞來，依然纖巧嫵媚，他的一闋生查子，依然妙韻無窮：

生查子　　歐陽脩

去年元夜時，花市燈如畫。月上柳梢頭，人約黃昏後。
今年元夜時，月與燈依舊。不見去年人，淚濕春衫袖。

一般的小令，多半為女性化的詞，也是青樓的豔歌，保有歌者之詞婉約豔麗的本色。

3. 慢　詞

詞發展到張先、柳永時代，由小令演變為慢詞，張先有「張三影」之稱，他的佳句：「雲破月來花弄影」，「柳徑無人，墮絮飛無影」，「嬌柔嬾起，簾壓卷花影」，傳誦一時；柳永的詞，更是膾炙人口，時人曾謂：「有井水飲處，即能歌柳詞。」他的八聲甘州和雨霖鈴，堪稱代表作，均是長調慢詞的極品。

蘇軾的詞，也多慢詞，他的詞題材擴大，由歌者之詞變為文人之詞。他在詞中，寫自己的遭遇，無論記遊懷舊、詠史說理，都能入詞，是詞詩化的第一人，也是給予詞作子題的第一人，如他的念奴嬌，子題作「赤壁懷古」，也是開豪邁詞風的第一人。其他北宋詞家尚有秦觀、賀鑄、周邦彥等人。

南宋詞的發展，可分樂府詞派和白話詞派兩大類：樂府詞派，是繼承周邦彥重音律的詞家，有姜夔、史達祖、吳文英、張炎、周密、蔣捷、王沂孫等家，他們不但能填詞，也能作曲創調。白話詞派，是從李清照開始，他如朱敦儒、張元幹、張孝祥、陸游、辛棄疾、劉克莊等詞家，都能將白話入詞，用白描手法，寫真摯的情感，反映大眾的心聲，開創了詞的另一境界。

(五) 曲

曲是元代新興的文體，又稱「詞餘」。在我國韻文的發展中，唐詩、宋詞、元曲，一脈相承，自有它相繼相承的淵源存在。然而唐詩的典雅，宋詞的豔麗，元曲的俚俗，自有它風格上的特色，也反映出時代文學的道路。

元曲發生的原因，乃由於金元入主中原，摧殘漢人文化，廢科舉，蒙古人統一中國，又分江南人為十等，九儒十丐，文人受鄙視。於是元代的戲曲作家，大多數是布衣平民，甚至潦倒的文人和倡優，他們所寫的曲，供一般民間來歌唱、來欣賞。元曲的發生，也與音樂有關係，金元入主中國，胡樂盛行，嘈雜緩急，詞不能配合，於是更為新聲。大江以北，漸染胡語，曲調急促慷慨，是為北曲；大江以南，曲調婉轉而流麗，是為南曲。

1. 散曲

就曲的形式結構而言，有散曲和戲曲之分。散曲是從詞衍化而來的，是合樂可唱的小調，有一定的曲牌。散曲有小令和套數的分別，小令如同詞的小令，單獨一闋，自成格局；套數則是集合同一宮調的小令，在內容上可以連貫，鋪敘一段故事或情節，如同詩詞中的聯章。如西江月、四塊玉、天淨沙等是小令，如馬致遠的秋思、關漢卿的侍香金童等是套數。元代散曲的作家，可分前後兩期，前期有關漢卿、白樸、王實甫、盧摯、馬致遠等作家，後期有張養浩、貫雲石、喬吉、張可久、徐再思、周德清等作家。其中小令創作最多的作家，可算張可久，在任訥所輯的小山樂府，共有小令七百五十一首，套數七套。

元代前期的散曲，充分表現北方民歌中率直爽朗的精神與質樸自然的通俗文學之美。後期的散曲，漸漸失去了民間文學的通俗精神，在修辭上和內容上，步上典麗重雕琢的道路。今舉元人散曲為例：

天淨沙　馬致遠

枯藤老樹昏鴉，小橋流水人家，古道西風瘦馬。夕陽西下，斷腸人在天涯。

人月圓　張可久

萋萋芳草春雲亂，愁在夕陽中。短亭別酒，平湖畫舫，垂柳驕驄。

一聲啼鳥，一番夜雨，一陣東風。桃花吹盡，佳人何在？門掩殘紅。

明代散曲，承元代餘緒，散曲作家如康海、王九思、馮惟敏等，是北方人，所作多為北曲，亦兼寫南曲；至於梁辰魚、沈璟、施紹莘等，則是南方人，所作卻是南曲。元明散曲的流行，多為漁樵生活的寫照，與民間的市井小唱，同一機杼。

2. 戲　曲

戲曲包括了元人的雜劇和明清的傳奇。元人雜劇是北曲配上科、白，成為舞臺上可演出的戲劇。科是演員所表演的動作，白是說詞賓白，也就是臺詞。戲曲是由歌唱、賓白、角色組合而成的表演藝術，唱詞和賓白除了為劇中角色代言，還具有補充布景的不足，顯明動作的意義。

元人雜劇，每齣包括四個套曲，每一套曲，稱為一折，因此元人雜劇的基本架構，每本為四折。每折一韻到底，由一人獨唱，也有全劇四折，由一人獨唱到底，如馬致遠的漢宮秋、白樸的梧桐雨等便是。雜劇的前面可以加一個「楔子」作為序幕，後面可以加題目正名作為結束。如關漢卿的竇娥冤，結束時所述的題目、正名：

題目：秉鑑持衡廉訪法

正名：感天動地竇娥冤

每本雜劇最後列題目和正名，是作者把劇本寫成後，將劇本的內容，用提要方式將總結說出來，以便劇場招貼，具有廣告的效果。

元代雜劇作品很多，著名的有關漢卿的竇娥冤、救風塵，王實甫的西廂記，白樸的梧桐雨、牆頭馬上，馬致遠的漢宮秋、青衫淚，紀君祥的趙氏孤兒，鄭光祖的王粲登樓、倩女離魂等。在元人雜劇中，對各種典型人物的描寫，把一些思想內容，深刻又真實地表現在舞臺上。

明清的戲曲稱為傳奇，主要的故事題材，取材自唐人的傳奇小說，戲曲的結構，也與元代雜劇有些不同。雜劇每本四折，傳奇則擴大為三十齣，甚至於四、五十齣，每齣不限一個套數，一韻到底，不限宮調，可以換韻。傳奇不限獨唱，可以對唱、輪唱、合唱。傳奇的開端，類似雜劇的楔子，而用「家門」、「開場」、「開場始末」，其實是相當於開場白或序幕，只是在名稱上古今有所不同。

最早的傳奇作品，有五大傳奇，即殺狗記、白兔記、拜月亭、琵琶記、荊釵記。殺狗記，清朱彝尊以為是徐畛所作，是根據元蕭德祥的雜劇楊氏女殺狗勸夫而來。白兔記，是元明之間的民間作品，寫五代劉知遠窮困從軍，因功立業，而他的妻子李三娘磨房產子，終於夫妻團圓的故事。拜月亭，作者不可考，寫蔣世隆和王瑞蘭亭前拜月、才子佳人的故事。琵琶記，明高明作，寫趙五娘尋夫的故事。荊釵記，王國維考定為明朱權所作，寫王十朋和錢玉蓮離合的愛情故事。

明代傳奇，在琵琶記出現後，曾消沉一段時期，中明魏良輔改良崑腔，於是傳奇再度興盛，如梁辰魚的浣紗記，盛行江南各省。晚明有沈璟的義俠記，敘武松故事。最著稱的，要算湯顯祖的臨川四夢，湯顯祖，江西臨川人，他的代表作四夢，即還魂記（又名牡丹亭）、紫釵記、南柯記、邯鄲記，都是寫夢的故事，有愛情的夢和人生的夢，故稱臨川四夢，又名玉茗堂四夢。

清代的傳奇作家，有洪昇的長生殿，孔尚任的桃花扇，李漁的蜃中樓、比目魚等笠翁十種曲，蔣士銓的四弦秋、臨川夢。

三、散文

在一切文章中，只要是不押韻的文章，都是散文。而散文的內容和寫法都很自由，無論是寫景的遊記，寫人的傳記，寫情的抒情小品，寫事的敘事散文，寫物的詠物小品，寫理的議論或說理散文，都在散文的範圍之內，因此散文是最自由、最活潑的文體，它幾乎是無所不「散」，不拘格套。

我國歷代散文，極為發達，早期的散文，多為著述文，為論述其學說所寫的文章，因而早期的散文，是實用的、學術的文章，而非唯美唯情的文章。在前人的分類中，往往採經、史、子、集的分類法，而經、史、子三部的文章，在我國散文中，也占了重要的地位，在集部的作品中，與今人的文學較為接近，於是經、史、子部的散文，是知性為主的散文，集部的散文，是感性較強的散文。

今就我國散文的發展，分周秦兩漢散文、魏晉南北朝散文、唐宋至清代的古文三部分，加以說明：

(一)周秦兩漢散文

我國散文的發生極早，從殷墟出土的甲骨文開始，便是商代的卜筮文字，商代約在西元前十六世紀到西元前十一世紀，其中只是片言隻字的卜辭，還夠不上成篇的文章。商周以後，文字的運用日廣，人們用來記言記事，於是文籍繁生，而到周代，各種文體均已完備。

今就周秦兩漢的散文，分經學散文、子學散文、史學散文、文學散文，分析如下：

1. 經學散文

在本書經學常識中，已提到重要的經學要目及內容，在此以文學的眼光，來說明經書中散文的發展。今人能閱讀到最早的散文，要推尚書和周易了，尚書是上古的書，包括虞、夏、商、周四代的文獻政書，周易是周代易理的書，由卜筮的運用，衍化為人生處世哲學的書。

春秋時，孔子開私人講學的風氣，整理六經以教弟子，後人尊孔，將他所整理的書籍，稱為

「經」書。其實孔子是整理虞、夏、商、周歷代先賢生活經驗的累積，構成了文化的傳統，建立了儒家的學說思想，他們的言論，便記錄在經書之中。

像孔子的言行，便記載在論語之中，由樸質的紀言發展為複雜的論辯，由簡樸的散文，衍變為橫縱批駁的散文。由論語到孟子，發覺春秋時代的散文是一章一節，到繁複的戰國時代，散文已可成篇。論語中的論「仁」和孟子中的取「義」思想，便成儒家思想的主要精粹所在。

其他如三禮：周禮、儀禮、禮記；三傳：春秋左氏傳、春秋公羊傳、春秋穀梁傳。是禮的行使和理論的闡明，在於明人倫、辨親疏，以定人與人的關係。而史官所記的春秋，有三傳的闡述，其中左傳尤富文采，成為古文家敬奉的古文典範。

2. 子學散文

在先秦諸子和兩漢諸子中，要籍繁多，在本書子學常識中，也已述及。今就文學的觀點來看散文的發展，周秦兩漢諸子的散文，各能表現一家之言。

從春秋時代老子五千言，發展到莊子的寓言，也是由簡樸的散文，演為複雜華采的散文。莊子的寓言擴及自然界的各種事物；但韓非子的寓言，則多落實在人事上，寫人間發生的小故事；荀子的散文，便喜歡引據資料，例舉事類以證明他的理論。

兩漢諸子，如陸賈的新語、賈誼的新書、劉向的新序，都以「新」論為號召，其實都是儒生的主張。他如董仲舒主張恢復儒家思想，而有春秋繁露，桓寬主張富國之道，而有鹽鐵論；劉安主張虛無之道；而有淮南子，王充為破除漢人拘泥於陰陽五行迷信的風氣，而有論衡，這些論述的散文，均重於說理議論，被後世視為哲理性的散文。

3. 史學散文

在周秦兩漢時代所編著的史書，大半出於史官。孔子運用魯國的史料，表彰春秋大義而有春秋，其後三傳的闡述，已在經學中述及。其他如國語、戰國策等國別史，多記縱橫家之言，也是後世古文家所崇奉的對象。

兩漢史學散文，當稱史記和漢書兩部鉅著。司馬遷的史記，是二十五史的第一部，他開創了紀傳體的史書，也開創了傳記文學，是唐宋以來古文家奉為圭臬的作品，他也因而被推崇為古文之祖。班固著漢書，大致淵源於史記的體例，不同的是：史記屬通史，漢書屬斷代史，而漢書論贊、敘事詳贍，也是史書中的翹楚。班固又長於辭賦，於是被後世尊為駢文之祖。

4. 文學散文

周秦兩漢的散文，多以實用為主，成部的著述，多被歸入經、子、史部的領域，只有一些單篇小作，才會被收入文學或集部之中。今從昭明文選中，可看到一些篇什的作品，也多半是應用的文章。如秦李斯的諫逐客書，以及一些碑文。漢賈誼的過秦論、司馬遷的報任少卿書、司馬相如的喻巴蜀檄、孔安國的尚書序、鄒陽的上書吳王，以及班固的封燕然山銘，這些大致為駢散互用的散文，和東漢以來，漸趨於行駢的文章不同，仍存有樸質的古風。

㈡魏晉南北朝散文

魏晉南北朝由於綺靡文風所扇，重巧構形似之言，因此詩文的創作，重形式、講技巧、尚華藻駢辭。所謂「巧構形似之言」，見梁鍾嶸的詩品及劉勰的文心雕龍；意指巧妙的構思，而能曲寫其狀。流風所扇，用辭華麗，走上對稱行駢的句法，於是駢文大行。但在魏晉南北朝間，仍有人繼續在創作優美的散文，而不受駢文流行的影響，也有不少的作品，傳誦一時，為後世所激賞。

此間膾炙人口的單篇散文，如三國魏曹丕的典論論文、曹植的與楊德祖書、三國蜀諸葛亮的出師表、晉王羲之的蘭亭集序、李密的陳情表，以及陶淵明的五柳先生傳、桃花源記，都是雋永的佳構、千古不朽的小品。

其次成書的散文，如北魏酈道元沿用漢桑欽的水經，演為我國第一部山水小品散文的水經注；北魏楊衒之紀宮室廟宇的洛陽伽藍記；北齊顏之推述立身治家的顏氏家訓；南朝梁劉義慶寫人物軼事的世說新語，同時，他也寫志怪筆記，如幽明錄等鬼故事，當時志怪筆記流行，如晉陶淵明有搜神後記、梁吳均有續齊諧記等。在駢文盛行的年代裡，有這些清新雋永的散文出現，在當時文壇中，可以算是一股清流。

㈢唐宋至清代的古文

所謂古文，顧名思義便是古代的文章。但在唐以後古文家所說的古文，是有別於駢文的散文。在內容上，強調文以載道的精神，具有寫實諷諭的功能；在形式上，強調行奇（寫參差句）的散文。誠如唐韓愈在題歐陽生哀辭後所說的：

> 愈之為古文，豈獨取其句讀不類於今者邪？思古人而不得見，學古道則欲兼通其辭，通其辭者本志乎古道者也。

六朝文章，駢儷盛行，文辭華麗，並重排偶用典，至唐代格律更嚴，於是離實用文學愈遠，內容華而不實。於是有北魏蘇綽仿尚書的大誥，隋李諤、王通倡貫道濟義的樸質文章，唐陳子昂倡言復古的書論，李華、蕭穎士、柳冕、獨孤及、元結等排斥駢儷浮華的風氣，崇尚樸質復古的文章，這些人士，都是唐代古文運動的先驅。

到中唐韓愈（西元七六八－八二四年）、柳宗元（西元七七三－八一九年）時，提倡文以載道的古文，使文學與儒學合而為一。於是文風轉變，文人洗去江左綺靡的習氣，轉而效韓柳的古文，蔚成風氣，使韓柳成為當時文壇的盟主，而散文再度躍居文壇的主流。在韓門的弟子中，有李漢、李翺、孫樵、皇甫湜、沈亞之等，但柳宗元的弟子卻很少，這是因為柳宗元遭受長期的貶謫，且謫居在永州、柳州等偏遠的區域。今觀唐代的古文家，全部是北方人士。

試觀唐代到清代的古文運動，共有四波，而且波瀾壯闊，第一波是唐代韓柳的古文運動，第二波是宋代歐陽脩及其門生曾鞏、王安石、蘇軾、蘇轍的古文運動，第三波是明代前後七子，以及反對前後七子的公安派的古文運動，第四波是清代方苞、劉大櫆、姚鼐等桐城派的古文運動。

宋代古文運動，由於晚唐、五代綺靡文風又盛，駢文又興，古文又銷聲匿跡，北宋初期西崑體的盛行，使綺靡文風變本加厲，這時也有柳開、穆修、孫復、尹洙等人提倡實用的古文，到歐陽脩（西元一〇〇七－一〇七二年）出而領導文壇，主張師經明道，尊韓愈文，於是宋代的古文運動波瀾又起，歐陽脩任參知政事時，樂於獎掖後進，曾鞏、王安石、蘇洵、蘇軾、蘇轍父子，都是經由歐陽脩的拔識而立身成名的。他們在北宋文壇上，開展平易近人的古文，使宋代古文更趨於普遍化。明人茅坤曾編選八大先生文鈔，包括唐代韓愈、柳宗元和宋代歐陽脩、曾鞏、王安石、蘇洵、蘇軾、蘇轍八人的文章，後世因稱「唐宋八大家」。今舉精悍的短文為例：

雜說四篇之一的說馬

唐韓愈

世有伯樂，然後有千里馬。千里馬常有，而伯樂不常有，故雖有名馬，祇辱於奴隸人之手，駢死於槽櫪之間，不以千里稱也。馬之千里者，一食或盡粟一石，食馬者不知其能千里而食也；是馬也，雖有千里之能，食不飽，力不足，才美不外見，且欲與常馬等不可得，安求其能千里也？策之不以其道，食之不能盡其材，鳴之而不能通其意，執策而臨之曰：「天下無馬。」嗚呼，其真無馬耶？其真不知馬也。

讀孟嘗君傳　宋王安石

世皆稱孟嘗君能得士，士以故歸之，而卒賴其力，以脫於虎豹之秦。嗟夫！孟嘗君特雞鳴狗盜之雄耳，豈足以言得士？不然，擅齊之強，得一士焉，宜可以南面而制秦，尚何取雞鳴狗盜之力哉！夫雞鳴狗盜之出其門，此士之所以不至也。

記承天寺夜遊　宋蘇軾

元豐六年十月十二日夜，解衣欲睡，月色入戶，欣然起行。念無與樂，遂至承天寺，尋張懷民，亦未寢，相與步於中庭。庭中如積水空明，水中藻荇交橫，蓋竹柏影也。何夜無月？何處無竹柏？但少閑人如吾兩人耳！

明代古文運動，是第三波的古文運動，從中明以後，擬古古文家崛起，有前七子李夢陽、何景明等，以及後七子李攀龍、王世貞等所倡導的「文必秦漢，詩必盛唐」的摹擬派古文。同時，有唐順之、王慎中倡文章本色論，茅坤編八大先生文鈔，推崇唐宋八大家古文以抗衡。其後又有袁宗道、袁宏道、袁中道三兄弟倡「性靈說」，認為寫文章可以「獨抒性靈，不拘格套」來書寫，而且「直據胸臆，如寫家書」，以反對前後七子摹擬之俗。由於三袁是湖北公安人，世稱公安派。公安派的古文家，給晚明帶來清真幽峭的晚明小品，除三袁外，尚有張岱、徐渭、歸有光等散文家。

清代古文運動，是第四波的古文運動，清初，性靈派的古文仍在，但流於空疏，甚至雜以小說，不夠雅潔。於是康熙年間，方苞（西元一六六八—一七四九年）編古文義法約選，倡古文義法，主張「言之有物，言之有序」，有物是指古文要有內容，有序是指古文要有條理、有方法。並把古文家的文統找回來，推崇經史的書，並崇尚唐宋古文家及歸有光的古文。古文要「雅潔」，後經劉大櫆、姚鼐的擴大，於是建立了桐城派的古文。方、劉、姚三人都是安徽桐城人，世稱桐城派。姚鼐的弟子多，如梅曾亮、劉開、管同、方東樹、姚瑩等，均有文名。其後又有桐城派的別支陽湖惲敬、張惠言，主張駢散互用的古文，稱陽湖派；湘鄉曾國藩及其弟子薛福成、黎庶昌等擴大桐城派的門戶，稱為湘鄉派。

四、駢　文

駢文，又稱四六文。由於我國文字，可奇可偶，在先秦時代的文章，駢散不分，自然互用，自東漢以來，文風崇尚對稱，以增加對比聯想和美感，於是有儷辭駢語之作，如易經的「雲從龍，風從虎」，書經的「罪疑惟輕，功疑惟重」，以及班固兩都賦中的「風毛雨血，灑野蔽天」，口語所云：「向天索價，就地還錢。」都是很好的對稱句。

駢文和散文的不同，駢文的基本句法，是以四字、六字為基本句，故又稱四六文，散文便不受句法的限制，可以自由書寫，因此駢文行偶，散文行奇。其次，駢文辭語尚綺靡華采，散文尚自然樸質；駢文要隸事用典，散文要直接鋪敘、白描直寫。因此駢文的特色：行偶，四六句法，宜用典，重氣勢，有輕倩之風。駢文發生於東漢，極盛於六朝，故又稱六朝文。今舉庾信謝滕王賚馬啟和韓愈謝許受王用男人事物狀兩文，同樣是別人送馬給他，他們的謝啟，寫法不同，一是駢文，一是散文。

謝滕王賚馬啟　梁庾信

某啟：奉教垂賚烏騮馬一匹。柳谷未開，翻逢紫燕；陵源猶遠，忽見桃花。流電爭光，浮雲連影。張敞畫眉之暇，直走章臺；王濟飲酒之歡，長驅金埒。謹啟。

滕王送一匹馬給庾信，庾信寫一篇謝啟，其中用一大堆典故，如柳谷、陵源，都是產馬的地方。紫燕、桃花、流電、浮雲，都是馬名。章臺是東漢張敞任長安京兆尹上班的地方，當然是騎馬去上班。王濟是晉朝人，愛馬成癖，用金錢貼在馬廄上，人稱金埒。全文大意是說，您給我的那匹馬，我很喜歡，從此可以騎著牠，到處去觀光了。

謝許受王用男人事物狀　唐韓愈

右今日品官唐國珍到臣宅，奉宣進止，緣臣與王用撰神道碑文，令臣領受用男沼所與臣馬一匹，並鞍銜及白玉腰帶一條者。臣才識淺薄，詞藝荒蕪，所撰碑文不能備盡事迹，聖恩弘獎，特令中使宣諭，並令臣受領人事物等。承命震悚，再欣再躍，無任榮擢之至。謹附狀陳謝以聞。謹狀。

王用死後，韓愈替王用寫一篇神道碑文，王用的兒子王沼送馬一匹以酬謝韓愈，韓愈不敢受領，皇上特派中使（太監）唐國珍到韓愈家，宣旨准許韓愈接受王沼送給他的馬，因此韓愈寫了這篇謝狀。散文可以把事情交待清楚，駢文華采雖美，但滕王為何送馬給庾信，便沒有說清楚。總之，駢文散文各有優劣，各有其存在的價值。

(一) 魏晉南北朝駢文

駢文受辭賦的影響，發生於東漢。辭賦用韻，排比成采，將韻腳去除，便成駢文。駢文極盛於六朝，即東吳、東晉、宋、齊、梁、陳等六朝，均建都於金陵，文風尚華靡。魏晉時的駢文家，大半也是辭賦家，如曹丕的典論論文、王粲的登樓賦、曹植的洛神賦；張載的劍閣銘、陸機的文賦，都是稱著的駢文。

在清人孫德謙的六朝麗指中，將六朝文分為四體，即永明體、宮體、吳均體、徐庾體。永明體是指南朝齊永明年間，沈約、謝朓、王融等，用聲律說以寫詩文，稱「永明體」，因此重聲律的駢文，屬於此體。宮體的駢文，是指梁武帝跟任昉、蕭琛等意陵八友所寫的駢文，由於辭藻豔發，傷於輕靡，時號「宮體」。「吳均體」是走山水清音的駢文，如吳均的與宋元思書，邱遲的與陳伯之書。「徐庾體」，便是徐陵、庾信所寫的駢文，也是新宮體，將描寫宮廷女子的輕豔，擴大為一般詠物抒懷的內容，如徐陵的玉臺新詠序，庾信的春賦、哀江南賦，江淹的恨賦、別賦，可為代表。

(二)唐以後的駢文

唐以後的駢文，承六朝文的遺風，初唐四傑駢文，大率措辭綺麗，屬對工整，平仄協調，如王勃的滕王閣序，駱賓王的為徐敬業討武曌檄，為天下至文。他如唐燕國公張說，許國公蘇頲，也是駢文的能手。中唐陸贄的奏議，柳宗元的謝表，晚唐李商隱的樊南四六甲乙稿，堪稱唐代駢文的代表。

宋代西崑體盛行，藻麗辭贍，但風格不高，反而歐陽脩、蘇東坡散文化的駢文，被人激賞。如歐陽脩的秋聲賦，蘇軾的前、後赤壁賦，傳誦千古。

元明的律賦和八股文，使駢文的精神消失殆盡，清代駢文復起，如陳維崧、毛奇齡、汪中、王闓運、李慈銘等，堪稱一代之大家。

五、小　說

「小說」一詞，最早見於莊子外物篇：「飾小說以干縣令。」其意是指瑣碎的話，與後代小說的意義不同。東漢桓譚的新論：「小說家合殘叢小語，近取譬喻，以作短書，治身理家，有可觀之辭。」班固漢書藝文志在諸子略中有九流十家，最末一家便是小說家，他說：

小說家者流，蓋出於稗官，街談巷語，道聽塗說者之所造也。孔子曰：「雖小道，必有可觀者焉，致遠恐泥，是以君子弗為也。」

因此「小說」是說「小道」的，與「大說」說「大道」的不同，小說家是殘叢小語，道聽塗說的傳導者，代表民間芻蕘狂夫的意見，與士大夫說仁義大道理的議論不同。

小說本也屬於散文的範疇，後來小說一體作品愈來愈多，於是脫離散文而自立門戶。今將我國古代小說分筆記小說、傳奇小說、短篇小說、章回小說加以介紹。

㈠筆記小說

漢書藝文志諸子略所錄十五家小說，今僅存書目，書已亡佚。隋書經籍志所錄二十五部小說，以燕丹子為最古，不著作者，所述與史記荊軻刺秦王中燕太子丹的故事相近。漢魏以來，多道述神仙鬼怪的筆記小說，這些由神話傳說所發展出來的趣味性短篇小品，隨巫風佛道的盛行，產生鬼世界的故事，流傳民間。如託名漢東方朔作的神異經、十洲記，託名班固作的漢武帝故事、漢武帝內傳，託名劉歆所作的西京雜記，大都是魏晉人所作。

晉代干寶的搜神記，王嘉的拾遺記，張華的博物志，陶淵明的搜神後記，也是記載志怪的故事。南北朝時，王琰的冥祥記，顏之推的冤魂志，還加入佛教輪迴報應的觀念，來傳說神鬼故事。他如吳均的續齊諧記，寫非理性的鬼世界，堪稱志怪的聖品。其中最可貴的是南朝宋劉義慶的世說新語，寫後漢至東晉的名士言行、士族生活、軼言軼事與六朝人的風流倜儻，逸趣橫生，是漢魏南北朝中筆記小說的珍品。

(二)傳奇小說

繼魏晉南北朝筆記小說之後，唐人有傳奇小說的興起，傳奇小說不寫鬼故事而寫人事，可稱為我國短篇小說的開始。明胡應麟少室山房筆叢云：

> 變異之談，盛於六朝，然多是傳錄舛訛，未必盡幻設語，至唐人乃作意好奇，假小說以寄筆端。

六朝志怪的鬼世界筆記，是非理性的「幻設語」，而唐人傳奇，已是理性的寫人間事的「作意」小說。唐人小說中的人物，也是多方面的，有書生，有官吏，有名門閨秀，也有妓女歌伎。寫虛幻人生的，有沈既濟的枕中記、李公佐的南柯太守傳。寫愛情故事的，有元稹的鶯鶯傳、白行簡的李娃傳、陳元祐的離魂記、蔣防的霍小玉傳。寫歷史故事的，有陳鴻的長恨歌傳、郭湜的高力士外傳。寫俠義故事的，有袁郊的紅線傳、杜光庭的虬髯客傳。今多收集於宋李昉輯的太平廣記中。

宋人的傳奇，大抵依唐人的傳奇小說舊道路而發展，較稱著的，如樂史的綠珠傳、太真外傳，秦醇的驪山記、趙飛燕別傳。

㈢短篇小說

宋人小說最出色的不是發展志怪或傳奇，而是發展白話短篇小說，世稱為「話本」，也是市井小說，即說書人所用的話本。話本早在唐代已有，敦煌出土的敦煌卷中，便有少量的話本，如韓擒虎話、廬山遠公話等。今人所傳宋人白話短篇小說，以京本通俗小說為代表，其中如碾玉觀音、錯斬崔寧、拗相公、馮玉梅團圓等八種，便代表了宋人短篇小說的面貌。

明代白話短篇小說流行，有馮夢龍所採輯的三言：包括警世通言、喻世明言、醒世恆言。以及凌濛初所採輯的拍案驚奇初刻本、二刻本兩部，以上五種，每種均收錄四十篇短篇小說，共兩百篇。後有個抱甕老人從兩百篇中，選出四十篇，命名為今古奇觀，尤為膾炙人口。

㈣章回小說

明清以來，流行長篇小說，其中以卷、回分隔，世人稱之為章回小說。長篇小說在宋代已有，如新編五代史平話、大宋宣和遺事便是。

在明清章回小說中，最為人所樂道的有四大部：明羅貫中的三國演義、施耐庵的水滸傳、吳承恩的西遊記和清曹雪芹的紅樓夢。其他如清人文康的兒女英雄傳，石玉崐的三俠五義，吳敬梓的儒林外史，也為世所喜愛。晚清因政治紊亂，外強環伺，於是譴責小說大興，如劉鶚的老殘遊記，李伯元的官場現形記，吳沃堯的二十年目睹之怪現狀，曾樸的孽海花等，都把對時代的不滿，反映在作品中。

因此文學是時代的反映，也是人們生活的一面鏡子。從文學中，我們窺見各時代的盛衰與人們的悲喜，以及詩人文士的生活經驗和智慧，而這些歷代名著，也將因而流傳後世，永垂不朽。

柒、國學基本書目

一、經學

易經　魏王弼、晉韓康伯注．唐孔穎達正義

書經　舊題漢孔安國傳．唐孔穎達正義

詩經　漢毛亨傳、鄭玄箋．唐孔穎達正義

禮記　漢鄭玄注．唐孔穎達正義

左傳　晉杜預注．唐孔穎達正義

論語　魏何晏等注．宋邢昺疏

孝經　唐玄宗注．宋邢昺疏

孟子　漢趙岐注．舊題宋孫奭疏

四書　南宋朱熹集註

二、史學

史記　西漢司馬遷撰．南朝宋裴駰集解、唐司馬貞索隱、張守節正義

漢書　東漢班固撰、班昭續成．唐顏師古注

後漢書　南朝宋范曄撰．唐李賢注

三國志　晉陳壽撰．南朝宋裴松之注

資治通鑑　宋司馬光撰．元胡三省注

國語　周魯左丘明撰．三國吳韋昭注

戰國策　漢劉向集錄、高誘注

東萊博議　宋呂祖謙撰

臺灣通史　清連橫撰

三、子學

老子　周楚李耳撰．晉王弼注

莊子　戰國宋莊周撰．晉郭象注．清郭慶藩集釋

荀子　戰國趙荀況撰．唐楊倞注．清王先謙集解

墨子　戰國魯墨翟撰．清孫詒讓閒詁

韓非子　戰國韓韓非著．清王先慎集解

列子　舊題戰國鄭列禦寇著．晉張湛注

呂氏春秋　漢高誘注．清畢沅校

顏氏家訓　北齊顏之推撰．宋沈揆考證

世說新語　南朝宋劉義慶撰．梁劉孝標注

四、文學

昭明文選　南朝梁蕭統編．唐李善注

古文觀止　清吳楚材、吳調侯編

古今文選　國語日報社編

古詩源　清沈德潛編

楚辭　漢劉向編集、王逸章句．宋洪興祖補注

唐詩三百首　清蘅塘退士編
千家詩　民國邱燮友、劉正浩注譯
宋詞三百首　清朱祖謀編
人間詞話　民國王國維撰
元曲三百首　民國賴橋本、林玫儀編譯
西廂記　元王實甫撰
唐人小說校釋　民國王夢鷗撰
京本通俗小說　民國繆荃蓀輯
今古奇觀　明抱甕老人輯
水滸傳　元施耐庵撰、明羅貫中纂修
西遊記　明吳承恩撰
三國演義　明羅貫中撰
封神傳　明許仲琳撰
儒林外史　清吳敬梓撰
鏡花緣　清李汝珍撰
紅樓夢　清曹雪芹撰
兒女英雄傳　清文康撰

醒世姻緣傳　清西周生撰
官場現形記　清李伯元撰
二十年目睹之怪現狀　清吳沃堯撰
三俠五義　清石玉崐原撰、問竹主人改編
聊齋誌異　清蒲松齡撰
浮生六記　清沈復撰
徐霞客遊記　明徐宏祖撰
老殘遊記　清劉鶚撰
裨海紀遊　清郁永河撰
陶庵夢憶　明張岱撰
晚明小品選註　民國朱劍心撰
幽夢影　清張潮撰

國學常識題庫

國學名稱、範圍及分類測驗題

一、單選題

(　)1. 中國人稱本國的學術為國學，外國人稱中國的學術為 Ⓐ國學 Ⓑ漢學 Ⓒ儒學 Ⓓ經典學。

(　)2. 章太炎曾著有 Ⓐ國故論衡 Ⓑ國學常識 Ⓒ新語 Ⓓ閱微草堂筆記 一書。

(　)3. 清代人將中國學問分為義理之學、考據之學、詞章之學，曾國藩更主張增列 Ⓐ倫理之學 Ⓑ社會之學 Ⓒ道德之學 Ⓓ經世之學。

(　)4. 中國古代圖書分類始於 Ⓐ孔門四科 Ⓑ曹丕典論論文 Ⓒ劉歆七略 Ⓓ隋書經籍志。

(　)5. 我國圖書分類採用四分法，最早始於 Ⓐ西漢劉歆七略 Ⓑ西晉荀勖中經新簿 Ⓒ南朝宋王儉七志 Ⓓ清代四庫全書。

(　)6. 我國最早的一部圖書目錄的書籍是 Ⓐ史記中的年表 Ⓑ西漢劉歆七略 Ⓒ三國魏鄭默中經 Ⓓ隋書經籍志。

(　)7. 南朝宋王儉增列圖譜志，以收錄 Ⓐ佛書、道書 Ⓑ五行、醫方的書 Ⓒ兵家、術數家的書

Ⓓ六藝、小學的書。

(　) 8.我國古代兵家的書列於 Ⓐ經 Ⓑ史 Ⓒ子 Ⓓ集　部中。

(　) 9.現存於臺北故宮博物院中的四庫全書，是屬於 Ⓐ清宮文淵閣 Ⓑ奉天行宮文溯閣 Ⓒ圓明園文源閣 Ⓓ熱河行宮文津閣　的那一部。

(　) 10.近代圖書館的圖書，大多採 Ⓐ隋書經籍志 Ⓑ四庫全書 Ⓒ自由編目 Ⓓ杜威十進法　的分類。

(　) 11.清乾隆時修四庫全書，將圖書分成「經、史、子、集」四類。按照這四類的區分，下列表格中完全正確的選項是

	經	史	子	集
Ⓐ	左傳	太平廣記	呂氏春秋	昭明文選
Ⓑ	孟子	戰國策	孫子	元豐類稿
Ⓒ	論語	資治通鑑	貞觀政要	樂府詩集
Ⓓ	道德經	五代史記	荀子	楚辭章句

二、複選題

(　) 12.西方學者稱中國學術為 Ⓐ漢學 Ⓑ中國學 Ⓒ中國研究 Ⓓ遠東研究。

（　）13. 一般人稱義理之學，是包括 Ⓐ詩學 Ⓑ經學 Ⓒ玄學 Ⓓ理學。

（　）14. 中國古代圖書分類，採用四分法的有 Ⓐ西漢劉歆的七略 Ⓑ西晉荀勖的中經新簿 Ⓒ南朝宋王儉的七志 Ⓓ清代的四庫全書。

（　）15. 清代四庫全書共抄錄七部，後毀於英法聯軍和洪楊事件的是收藏在 Ⓐ文源閣 Ⓑ文宗閣 Ⓒ文匯閣 Ⓓ文津閣　的四庫全書。

（　）16. 四庫全書中集部的書包括 Ⓐ楚辭 Ⓑ別集 Ⓒ總集 Ⓓ詩文評。

三、問答題

1. 何謂「國學」？

【答】「國學」一詞，始於清代。國學，是中國學術的簡稱，也就是中國一切學問的總稱。國學與西學相對，西學是泛指西方的一切學術而言。自清代鴉片戰爭以後，西方文化輸入中國，始有西學、國學的名稱。

2. 「國學」和「漢學」有何不同？

【答】中國人稱自己本國的學術為「國學」，即指中國的一切學問；西方學者則稱中國的學術為「漢學」，也有稱「華學」或「中國學」，甚至有些地區稱中國學術為「支那學」、「中國研究」、「東方研究」、「遠東研究」等。儘管名稱有別，但內涵相同。

3. 國學的範圍何在？試舉其大要加以說明。

【答】國學的範圍很廣，清人姚鼐將中國學問分為義理之學、考據之學、詞章之學。其後，曾國藩增列經世之學（或名經濟之學），始為完備。在這四大類中，每一類又涵蓋一些類別，如義理之學包括經學、子學、玄學、佛學、理學及哲學等範圍；考據之學包括文字學、訓詁學、校勘學、考古學等範圍；經世之學包括天文學、地理學、醫學、兵學及一些自然科學；詞章之學包括詩學、詞學、文章學，以及文學和文學批評等範圍。

4. 我國的圖書分類始於何人？如何分類？

【答】我國圖書分類始於西漢劉歆的七略。他對圖書的分類採七分法，計有：輯略、六藝略、諸子略、詩賦略、兵書略、術數略、方技略。

5. 隋書經籍志的圖書分類採用何種分法？

【答】隋書經籍志是依西晉荀勖中經新簿的圖書分類而來，但其分類不用甲、乙、丙、丁四部，而改用經、史、子、集四部，其後四部的分法，大致以此為標準。

6. 四庫全書是怎樣的一部書？

【答】清代乾隆年間，用國家的經費收集古今名著，設館編修四庫全書，將古今名著分經、史、子、集四大類，共收錄圖書三千五百零三種，計七萬九千三百三十卷，歷十年編抄完成。是我國首次由朝廷出力來整理歷代現存的圖書，對圖書的保存和流傳有極大的貢獻。

7. 四庫全書當時分藏何處？現存的四庫全書有那些？

【答】四庫全書是紀昀等奉皇帝的命令敕編而成的一套鉅著，將中國歷代學術名著收錄在一套書中，當時由翰林學士用毛筆正楷抄錄七部，分別收藏七個地方，即北京清宮的文淵閣、奉天行宮的文溯閣、圓明園的文源閣、熱河承德行宮的文津閣、揚州的文匯閣、鎮江的文宗閣，以及杭州的文瀾閣。咸豐年間，英法聯軍攻入北京，火燒圓明園，文源閣中的四庫全書被毀。洪楊之亂，揚州的文匯閣和鎮江的文宗閣亦被毀。今所存者，有文淵、文溯、文瀾、文津四部。文淵閣收藏的四庫全書為正本，現存臺北故宮博物院，今有商務印書館的影印本，其餘三部副本，存放大陸。

8. 清代除經、史、子、集的圖書分類法外，還有那種四分法？

【答】清代除四庫全書的四分法外，尚有曾國藩的新四分法，將中國圖書分為義理、考據、詞章、經世四類。其後朱次琦沿用曾氏的說法，加以推廣。

經學常識測驗題

一、單選題

(　)1. 中國文化是以 Ⓐ儒家 Ⓑ道家 Ⓒ法家 Ⓓ墨家 思想為主流。

(　)2.「六經」的名稱最早見於 Ⓐ莊子齊物論 Ⓑ莊子天運篇 Ⓒ莊子天下篇 Ⓓ莊子德充符。

(　)3. 五經正義的作者 Ⓐ鄭玄 Ⓑ董仲舒 Ⓒ孔安國 Ⓓ孔穎達。

(　)4. 十三經是原有十二經再加上 Ⓐ論語 Ⓑ孟子 Ⓒ孝經 Ⓓ爾雅。

(　)5. 乾卦所代表的原始物象是 Ⓐ天 Ⓑ地 Ⓒ雷 Ⓓ風。

(　)6. 卦爻的陽爻叫做 Ⓐ三 Ⓑ五 Ⓒ六 Ⓓ九。

(　)7. 十翼中泛論陰陽、象數變化道理的是 Ⓐ彖辭 Ⓑ象辭 Ⓒ文言 Ⓓ繫辭。

(　)8. 經書中談到變易、時位的，為下列何者 Ⓐ書經 Ⓑ易經 Ⓒ儀禮 Ⓓ春秋。

圖(一)　南韓國旗

(　)9. 南韓國旗中有四個卦，如下圖(一)，代表的是 Ⓐ天地山澤 Ⓑ山澤風雷 Ⓒ水火風雷 Ⓓ天地水火。

(　) 10.「立卦生爻事有因，兩儀四象已前陳。須知三絕韋編者，不是尋行數墨人。」上引朱熹七言絕句，如果是抒發他讀過儒家某部經典之後的感想，則這經典應是 Ⓐ詩經 Ⓑ禮記 Ⓒ易經 Ⓓ論語。

(　) 11.尚書古代只稱 Ⓐ經 Ⓑ書 Ⓒ誥 Ⓓ典。

(　) 12.下列何書，其內容大都是古代誥命等公文，相當於後世的檔案 Ⓐ易經 Ⓑ書經 Ⓒ周禮 Ⓓ儀禮。

(　) 13.漢朝平定天下之後，伏生搜求過去藏在壁中的尚書，得到二十九篇，便以此在齊魯地區教授學生。這二十九篇就是所謂的 Ⓐ殘本尚書 Ⓑ古文尚書 Ⓒ今文尚書 Ⓓ偽古文尚書。

(　) 14.關於堯舜禪讓的記載，在那一部書中可以找到 Ⓐ尚書 Ⓑ春秋 Ⓒ周禮 Ⓓ易經。

(　) 15.韓愈在進學解中提到：「周誥殷盤，詰屈聱牙。」指的是下列何者文字艱澀難懂 Ⓐ春秋 Ⓑ易經 Ⓒ尚書 Ⓓ詩經的雅頌。

(　) 16.以確鑿的證據，證明被尊奉一千多年的孔安國傳古文尚書，是一部偽書，為下列何者 Ⓐ閻若璩尚書古文疏證 Ⓑ孫星衍尚書今古文注疏 Ⓒ阮元尚書校勘記 Ⓓ屈萬里尚書集釋。

(　) 17.今文尚書傳自漢初 Ⓐ伏生 Ⓑ劉歆 Ⓒ鼂錯 Ⓓ班固。

(　) 18.韓詩傳自 Ⓐ齊人轅固生 Ⓑ燕人韓嬰 Ⓒ魯人申培公 Ⓓ趙人毛亨。

(　) 19.鄭玄以 Ⓐ文王 Ⓑ成王 Ⓒ懿王 Ⓓ幽王 以後之詩為變風變雅。

(　) 20.齊詩亡失於 Ⓐ西漢 Ⓑ東漢 Ⓒ魏 Ⓓ晉。

(　) 21. 要了解春秋時代的民間歌謠，下列何者資料最為豐富　Ⓐ爾雅　Ⓑ書經　Ⓒ易經　Ⓓ詩經。

(　) 22. 「風、雅、頌、賦、比、興」稱為　Ⓐ六書　Ⓑ六義　Ⓒ六藝　Ⓓ六經。

(　) 23. 目前流傳於世的詩經版本是　Ⓐ齊詩　Ⓑ毛詩　Ⓒ魯詩　Ⓓ韓詩。

(　) 24. 過去史學家撰寫歷史，大都以下列何者為典範　Ⓐ春秋　Ⓑ書經　Ⓒ易經　Ⓓ周禮。

(　) 25. 周禮原名　Ⓐ周官　Ⓑ周易　Ⓒ禮記　Ⓓ儀記。

(　) 26. 周禮六官掌邦教的是　Ⓐ天官　Ⓑ地官　Ⓒ秋官　Ⓓ冬官。

(　) 27. 周禮在漢初亡失　Ⓐ春官　Ⓑ夏官　Ⓒ秋官　Ⓓ冬官。

(　) 28. 小戴記四十九篇傳自　Ⓐ劉向　Ⓑ戴德　Ⓒ戴聖　Ⓓ班固。

(　) 29. 孔穎達認為儀禮的作者是　Ⓐ文王　Ⓑ武王　Ⓒ周公　Ⓓ孔子。

(　) 30. 研究古代的職官制度，下列何者應為首要的參考書　Ⓐ春秋　Ⓑ左傳　Ⓒ周禮　Ⓓ禮記。

(　) 31. 王莽推行新政，唐玄宗制作開元六典，王安石實行變法，都以何書為藍圖或依據　Ⓐ儀禮　Ⓑ周禮　Ⓒ春秋　Ⓓ禮記。

(　) 32. 「公羊外傳」是指　Ⓐ呂不韋呂氏春秋　Ⓑ家鉉翁春秋詳說　Ⓒ董仲舒春秋繁露　Ⓓ杜預春秋釋例。

(　) 33. 「春秋外傳」是指　Ⓐ戰國策　Ⓑ左傳　Ⓒ國語　Ⓓ呂氏春秋。

(　) 34. 鄭玄注儀禮是採用　Ⓐ別錄本　Ⓑ戴德本　Ⓒ戴聖本　Ⓓ張禹本。

(　) 35. 論語多問王、知道二篇者是　Ⓐ魯論　Ⓑ古論　Ⓒ張侯論　Ⓓ齊論。

(　　) 36. 十三經中的孝經為　Ⓐ漢文帝　Ⓑ漢武帝　Ⓒ唐太宗　Ⓓ唐玄宗　注。

(　　) 37. 中國的道統思想，孔子偏重仁道，孟子注重　Ⓐ忠孝　Ⓑ仁愛　Ⓒ仁義　Ⓓ信義。

(　　) 38. 孔門傳經的儒者首推　Ⓐ子夏　Ⓑ子路　Ⓒ子貢　Ⓓ曾子　之功最大。

(　　) 39. 漢代廢除挾書之禁的是　Ⓐ漢惠帝　Ⓑ漢文帝　Ⓒ漢景帝　Ⓓ漢武帝。

(　　) 40. 經書今、古文兩派之爭論，肇始於　Ⓐ劉向　Ⓑ劉歆　Ⓒ馬融　Ⓓ鄭玄。

(　　) 41. 經書今古文的混合是始自　Ⓐ馬融　Ⓑ鄭玄　Ⓒ王肅　Ⓓ朱熹。

(　　) 42. 經書今古文兩派之爭論，到了　Ⓐ班固　Ⓑ馬融　Ⓒ鄭玄　Ⓓ王肅　始結束。

(　　) 43. 馬瑞辰著有　Ⓐ毛詩傳箋通釋　Ⓑ古文尚書疏證　Ⓒ毛詩傳疏　Ⓓ五禮通考。

(　　) 44. 「先天下之憂而憂，後天下之樂而樂」典出何書　Ⓐ論語　Ⓑ孟子　Ⓒ左傳　Ⓓ禮記。

(　　) 45. 下列選項正確的是　Ⓐ檮杌是晉國史記的名稱　Ⓑ乘是楚國史記的名稱　Ⓒ周易是西周史記的名稱　Ⓓ春秋是魯國史記的名稱。

(　　) 46. 對宋太宗說：「臣有論語一部，以半部佐太祖定天下，以半部佐陛下致太平。」是為何人　Ⓐ趙普　Ⓑ趙岐　Ⓒ范仲淹　Ⓓ韓琦。

(　　) 47. 十三經中，字數最少的經書是　Ⓐ易經　Ⓑ爾雅　Ⓒ孝經　Ⓓ尚書。

(　　) 48. 「夫孝，始於事親，中於事君，終於立身。」語出孝經的　Ⓐ開宗明義章　Ⓑ士章　Ⓒ廣揚名章　Ⓓ事書章。

(　　) 49. 下列關於孝經的敘述，何者正確　Ⓐ古人曾引述孔子的話「吾志在春秋，行在孝經」，所以孝經無疑是孔子作的　Ⓑ唐玄宗曾為之作注　Ⓒ此書內容豐富，為十三經中分量最多者　Ⓓ經朱熹推重而列入十三經之一。

（　）50. 古代「移孝作忠」的觀念，出自下列何書　Ⓐ論語　Ⓑ禮記　Ⓒ孝經　Ⓓ春秋。

（　）51. 被古人稱為「詩書之襟帶」、「六籍之戶牖，學者之要津」、「訓故之淵海，五經之梯航」的，應為下列何書　Ⓐ周易　Ⓑ大學　Ⓒ說文解字　Ⓓ爾雅。

（　）52. 記載堯、舜、禹、湯、文王、武王到孔子的政治主張，而聯繫出「道統」觀念的是　Ⓐ論語　Ⓑ孟子　Ⓒ尚書　Ⓓ孝經。

（　）53. 黃庭堅清明云：「佳節清明桃李笑，野田荒冢只生愁。雷驚天地龍蛇蟄，雨足郊原草木柔。人乞祭餘驕妾婦，士甘焚死不公侯。賢愚千載知誰是，滿眼蓬蒿共一坵。」詩中「人乞祭餘」一聯的典故，出自下列何者　Ⓐ孟子　Ⓑ公羊傳　Ⓒ禮記　Ⓓ儀禮。

（　）54. 戰國之際，傳經之儒下列何人貢獻最大　Ⓐ莊子　Ⓑ孟子　Ⓒ荀子　Ⓓ子夏。

（　）55. 下列關於今古文經紛爭的敘述，錯誤的是　Ⓐ今古文兩派的紛爭始於劉向　Ⓑ用隸書寫的叫今文經　Ⓒ用秦漢以前通行文字寫的叫古文經　Ⓓ至鄭玄時今古文的派別開始混合。

（　）56. 東漢末年，注解群經兼採今古之說，使今古文派別逐漸混合，是為何人　Ⓐ鄭眾　Ⓑ馬融　Ⓒ何休　Ⓓ鄭玄。

（　）57. 孔穎達等人所撰五經正義，內容為下列何者　Ⓐ尚書正義、毛詩正義、周禮正義、周易正義、春秋正義（取公羊春秋）　Ⓑ尚書正義、毛詩正義、禮記正義、周易正義、春秋正義

（取左氏春秋）　Ⓒ尚書正義、毛詩正義、儀禮正義、周易正義、春秋正義（取穀梁春秋）　Ⓓ尚書新義、毛詩新義、禮記正義、周官新義、春秋正義。

二、複選題

（　）58. 經學　Ⓐ自漢以後，分為今文、古文　Ⓑ古文經乃出自孔壁　Ⓒ以隸書寫成之經書即是今文經　Ⓓ今傳之十三經皆屬今文。

（　）59. 鄭玄六藝論所說「易，一名而含三義」。三義是指　Ⓐ蜥蜴　Ⓑ易簡　Ⓒ變易　Ⓓ不易。

（　）60. 易經是由　Ⓐ卦爻　Ⓑ卦爻辭　Ⓒ十翼　Ⓓ卜筮　所組成的經書。

（　）61. 孔安國分尚書體式為那六體？　Ⓐ典、謨　Ⓑ訓、誥　Ⓒ歌、範　Ⓓ誓、命。

（　）62. 詩經中時代最晚的兩首詩是　Ⓐ邶風北門　Ⓑ豳風七月　Ⓒ陳風株林　Ⓓ曹風下泉。

（　）63. 下面何者為古文尚書之篇目？　Ⓐ武成　Ⓑ五子之歌　Ⓒ酒誥　Ⓓ大禹謨。

（　）64. 古書用樂之記載極為詳細者是　Ⓐ尚書　Ⓑ論語　Ⓒ儀禮　Ⓓ禮記。

（　）65. 春秋左氏傳是　Ⓐ劉向作注　Ⓑ賈逵作箋　Ⓒ杜預作集解　Ⓓ孔穎達作正義。

（　）66. 春秋三傳是指　Ⓐ故訓傳　Ⓑ左氏傳　Ⓒ公羊傳　Ⓓ穀梁傳。

（　）67. 陸德明認為論語是　Ⓐ仲弓　Ⓑ子夏　Ⓒ曾子　Ⓓ有子　所撰定。

（　）68. 何晏採集　Ⓐ孔安國、包咸、周氏　Ⓑ邢昺、皇侃　Ⓒ趙岐、高誘　Ⓓ馬融、鄭玄　之說，編著論語集解。

(　) 69. 漢文帝時，以治詩立為博士者有 Ⓐ申培 Ⓑ轅固生 Ⓒ毛萇 Ⓓ韓嬰。

(　) 70. 漢景帝時，以治公羊春秋立為博士者有 Ⓐ胡母生 Ⓑ董仲舒 Ⓒ高堂生 Ⓓ轅固生。

(　) 71. 孟子一書所說的「四心」，是指 Ⓐ忠、孝 Ⓑ仁、義 Ⓒ禮、智 Ⓓ廉、恥 之心。

(　) 72. 孟子書中重要的思想是 Ⓐ性善學說 Ⓑ無為思想 Ⓒ心學理論 Ⓓ道統思想。

(　) 73. 南北朝人的經學著作，流傳於世的有 Ⓐ劉獻之三禮大義 Ⓑ皇侃論語義疏 Ⓒ崔靈恩三禮義宗 Ⓓ皇侃、熊安生禮記義疏。

(　) 74. 唐代最著名的經學著作有 Ⓐ陸德明經典釋文 Ⓑ顏師古五經定本 Ⓒ孔穎達五經正義 Ⓓ胡廣五經大全。

(　) 75. 清代最著名的書學著作有 Ⓐ閻若璩古文尚書疏證 Ⓑ孫星衍尚書今古文疏證 Ⓒ蔡沈書集傳 Ⓓ梅鷟尚書考異。

(　) 76. 東漢著名的今文經學家有 Ⓐ鄭眾 Ⓑ李育 Ⓒ何休 Ⓓ馬融。

(　) 77. 鄭玄 Ⓐ字康成，西漢北海郡高密人 Ⓑ注有周易、尚書、毛詩 Ⓒ注有儀禮、禮記、論語 Ⓓ著有六藝論、毛詩譜。

(　) 78.

甲	泰曰：小往大來，吉，亨。
乙	彖曰：泰，小往大來，吉，亨。則是天地交而萬物通也，上下交而其志同也。內陽而外陰，內健而外順，內君子而外小人，君子道長，小人道消也。
丙	象曰：天地交，泰；后以財成天地之道，輔相天地之宜，以左右民。
丁	初九，拔茅茹，以其彙，征吉。
戊	象曰：拔茅征吉，志在外也。

下列關於以上文字的敘述何者正確　Ⓐ甲中「泰」是卦名，其他為卦辭　Ⓑ乙是「彖傳」解釋卦象的　Ⓒ丙是「大象」解釋一卦卦象的　Ⓓ戊是「小象」解釋初九爻爻象的。

(　) 79. 下列成語的出處或關聯，何者是正確的　Ⓐ否極泰來——易經　Ⓑ天視自我民視，天聽自我民聽——書經　Ⓒ無忝所生——詩經　Ⓓ鳶飛魚躍——詩經。

(　) 80. 「十翼」是易經的傳，用來解釋經文的含義，它包括下列何者　Ⓐ彖傳、象傳　Ⓑ文言傳、繫辭傳　Ⓒ說卦、序卦、雜卦　Ⓓ卦辭。

(　) 81. 關於易經的敘述，下列何者正確　Ⓐ相傳伏羲畫卦（八卦），文王重卦（六十四卦），孔子作十翼　Ⓑ孔子說，「易」有三義：易簡、變易、不易　Ⓒ六十四卦，始於乾卦，終於未濟卦　Ⓓ原為卜筮之書。

(　) 82. 下列關於書經的敘述，何者正確　Ⓐ今十三經注疏中的尚書，是魏末晉初出現的孔傳古文尚書，它並非孔安國所注解，所以後人稱它為偽孔傳古文尚書，或偽古文尚書　Ⓑ今文尚書，也保留在偽古文尚書之中　Ⓒ它是夏商周三代的歷史文獻檔案彙編，其中分虞書、夏書、商書、周書四部分　Ⓓ它是古代記言散文之祖。

（　）83. 下列有關周禮的敘述，正確的有　Ⓐ本名周官，後被尊為禮經　Ⓑ東漢劉歆校整群書，改稱周禮　Ⓒ今亡冬官一篇，以考工記補之　Ⓓ內容包括天官、地官、春官、夏官、秋官、冬官六篇。

（　）84. 關於學習詩經的用途，下列敘述何者正確　Ⓐ可以安　Ⓑ事父與君　Ⓒ多識鳥獸草木之名　Ⓓ通達政事。

（　）85. 下列關於詩經的敘述，何者正確　Ⓐ中國最早的詩歌總集，是韻文之祖　Ⓑ為中國北方文學的代表　Ⓒ內容有十五國風、二雅、三頌三部分　Ⓓ漢代傳詩有齊、魯、韓、毛四家，今只有毛詩存留。

（　）86. 有關詩經的敘述，下列何者正確　Ⓐ其三百十一篇，其中六篇有目無辭，被稱為「笙詩」　Ⓑ廢詩序，作詩集傳者為朱熹　Ⓒ漢代傳詩經者僅有魯詩一家　Ⓓ頌分周頌、魯頌、商頌。

（　）87. 下列有關詩經的內容與作法，何者正確　Ⓐ內容為風、雅、頌，作法為賦、比、興　Ⓑ風為地方歌謠　Ⓒ賦即譬喻，取物比人　Ⓓ雅，多用於朝會、宴饗，有大雅、小雅。

（　）88. 關於儀禮的說明，下列何者正確　Ⓐ原本稱禮　Ⓑ漢人稱為士禮　Ⓒ相對於禮記而言，又叫禮經　Ⓓ主要在記錄儀節，不講禮的意義。

（　）89. 關於禮記的敘述，下列何者正確　Ⓐ西漢戴聖編，凡四十九篇　Ⓑ戴聖字次君，以博士講學於石渠閣，官至九江太守 Ⓒ十三經注疏中之禮記，為唐孔穎達注，漢鄭玄疏 Ⓓ後代所說的禮記，係指小戴記。

( ) 90. 下列關於大學、中庸的敘述，何者正確 Ⓐ大學相傳曾子所作，中庸相傳閔子騫所作 Ⓑ大學以明明德、親民、止於至善為綱，中庸以天命之謂性、率性之謂道、修道之謂教為綱 Ⓒ大學為初學入德之門，中庸為孔門心法要籍 Ⓓ大學本為禮記四十二篇，中庸本為禮記三十一篇。

( ) 91. 下列關於禮記的敘述，正確的有 Ⓐ乃孔子弟子及後學所記 Ⓑ大學、中庸原皆為禮記的一篇 Ⓒ與詩、書、樂、春秋合稱五經 Ⓓ專記日常生活儀節。

( ) 92. 下列有關禮記、儀禮比較，敘述正確的有 Ⓐ儀禮十八篇，禮記四十九篇 Ⓑ儀禮記載古代習俗禮儀，禮記所記內容頗為豐盛繁雜 Ⓒ同為鄭玄所注 Ⓓ儀禮本有古文，但已亡佚。

( ) 93. 下列成語的出處關聯，何者正確 Ⓐ無妄之災——易經 Ⓑ體國經野——周禮 Ⓒ設官分職——儀禮 Ⓓ緣木求魚——孟子。

( ) 94. 下列關於春秋的敘述，何者正確 Ⓐ孔子曾說：「知我者，其惟春秋乎！罪我者，其惟春秋乎！」 Ⓑ有公羊、穀梁、左氏三家傳 Ⓒ又名竹書紀年 Ⓓ王安石批評春秋為「斷爛朝報」，可能是對春秋殘缺的不滿。

( ) 95. 關於春秋與三傳的說明，下列何者正確 Ⓐ早期春秋與三傳各自單獨成書 Ⓑ公羊、穀梁成書於戰國時代，用戰國文字寫成，所以是古文經 Ⓒ左傳寫於漢代，用漢隸書寫，又立於學官，所以是今文經　Ⓓ公羊、穀梁記事同樣止於哀公十四年。

（　）96. 下列成語何者與春秋相關　Ⓐ撥亂反正　Ⓑ不能贊一辭　Ⓒ一字褒貶　Ⓓ韋編三絕。

（　）97. 下列關於三傳的說明，何者正確？　Ⓐ晉范寧：「左氏豔而富，其失也巫；穀梁清而婉，其失也短；公羊辯而裁，其失也俗。」　Ⓑ「春秋大一統」、「尊王攘夷」之說，出於公羊傳　Ⓒ漢時均曾立於學官　Ⓓ公羊傳有「據亂世」、「升平世」、「太平世」三世之說。

（　）98. 下列關於三傳的說明，何者正確　Ⓐ左傳相傳是左丘明為闡明夫子不以空言立說，所以論輯本事為之作傳而成　Ⓑ鄭玄六藝論：「左傳善於禮，公羊善於讖，穀梁善於經。」　Ⓒ左傳以敘事為主，書中有所謂無經之傳　Ⓓ三傳中，在西漢以公羊傳最受重視。

（　）99. 下列關於論語的敘述，何者正確　Ⓐ漢代論語有魯論、齊論、古論三種傳本　Ⓑ漢代人已把論語視為「經」　Ⓒ論語每篇篇名並沒有特殊的意義，篇章之間也無關聯　Ⓓ論語自學而至堯曰，共二十篇。

（　）100. 關於爾雅的說明，下列何者正確　Ⓐ乃古人綴輯舊文，遞相增益彙編而成，非成於一人一時之手　Ⓑ為分類釋義之辭書，即古代之辭典　Ⓒ推究六書之義，為治小學者所宗　Ⓓ為中國最早依字形編排的字典。

（　）101. 下列觀念何者出自孟子　Ⓐ知言養氣　Ⓑ用行舍藏　Ⓒ揠苗助長　Ⓓ五十步笑百步。

（　）102. 下列敘述何者正確　Ⓐ「春秋，天子之事也。」意謂記載史事，乃天子之事　Ⓑ「罪我者，其惟春秋乎！」其「罪」乃因春秋一書，口誅筆伐，褒善貶惡，僭越天子之權　Ⓒ「墨氏兼愛，是無父也。」乃言墨子不具仁義之心　Ⓓ「閑先聖之道，距楊、墨。」意謂熟習先聖道統以排斥楊、墨學說。

（　）103. 關於孟子的敘述，下列何者正確　Ⓐ司馬遷認為此書主要是孟子自著，弟子萬章、公孫丑等參與其事　Ⓑ從唐代開始，被列入儒家的「十三經」之中　Ⓒ南宋朱熹又加以集注，列為「四書」之一　Ⓓ是研究孟子思想的最主要資料。

（　）104. 下列關於鄭玄的敘述，何者正確　Ⓐ東漢時代的大儒　Ⓑ師事馬融，盡傳其學；他告別還鄉時，馬融喟然對門人說：「鄭生今去，吾道東矣。」　Ⓒ曾受東漢黨錮之禍牽連　Ⓓ所注經書有周易、尚書、毛詩、儀禮、禮記等。

（　）105. 下列關於今、古文經的說明，何者正確　Ⓐ秦朝焚書，漢代蒐求遺書，凡以漢代當時通行之隸書所寫的經書，即為今文經　Ⓑ漢代發現用秦以前之文字古篆寫成之經書，即為古文經　Ⓒ古文經偏重名物訓詁，今文經偏重微言大義　Ⓓ西漢時，古文經多立於學官，今文經則盛行於民間。

（　）106. 下列敘述，何者正確　Ⓐ「舍經學，無理學」，是顧炎武的主張　Ⓑ魏晉時代，王肅治經亦兼通今古，他的著作因女婿司馬昭的關係而立於學官，從此以後，經學今古文的爭論，就銷聲匿跡了　Ⓒ宋儒疑經，自立新說，不守舊義，如朱熹作詩集傳，廢詩序而不用，其注解與毛亨、鄭玄不同　Ⓓ朱熹集宋代經學大成。

（　）107. 下列那些典籍中可以看到孔子的相關事蹟與思想　Ⓐ尚書　Ⓑ詩經　Ⓒ論語　Ⓓ孟子。

三、問答題

1. 何謂「六經」？其排列次序如何？

【答】六經的名稱，最早見於莊子的天運篇，其排列次序是：詩、書、禮、樂、易、春秋；而漢書藝文志排列次序是：易、書、詩、禮、樂、春秋。

2. 十三經之注疏者為何人？試列舉其書名及姓名。

【答】周易正義：魏王弼、晉韓康伯注・唐孔穎達正義。
尚書正義：漢孔安國傳・唐孔穎達正義。
毛詩正義：漢毛亨傳、鄭玄箋・唐孔穎達正義。
周禮注疏：漢鄭玄注・唐賈公彥疏。
儀禮注疏：漢鄭玄注・唐賈公彥疏。
禮記正義：漢鄭玄注・唐孔穎達正義。
春秋左傳正義：晉杜預注・唐孔穎達正義。
春秋公羊傳注疏：漢何休注・唐徐彥疏。
春秋穀梁傳注疏：晉范寧注・唐楊士勛疏。
論語注疏：魏何晏等注・宋邢昺疏。

孝經注疏：唐玄宗注・宋邢昺疏。
爾雅注疏：晉郭璞注・宋邢昺疏。
孟子注疏：漢趙岐注・宋孫奭疏。

3. 八卦的形式為何？

【答】乾卦 ☰　坤卦 ☷
震卦 ☳　艮卦 ☶
離卦 ☲　坎卦 ☵
兌卦 ☱　巽卦 ☴

4. 八卦所代表的物象為何？

【答】乾卦代表天　坤卦代表地
震卦代表雷　艮卦代表山
離卦代表火　坎卦代表水
兌卦代表澤　巽卦代表風

5. 何謂「卦辭」？試舉例說明之。

【答】在每卦下面所綴聯的辭，叫做卦辭。如乾卦：「乾：元亨利貞。」乾，是卦名；「元亨利貞」，即是卦辭。

6. 何謂「爻辭」？試舉例說明之。

【答】每爻下面所綴聯的辭，叫做爻辭。如乾卦：「初九：潛龍勿用。」初九，是爻名，「潛龍勿用」，即是爻辭。

7. 試述卦爻之名稱，並以乾坤二卦圖形為例說明之。

【答】卦爻是由陽爻「⚊」與陰爻「⚋」組合而成。每卦都有六爻，陽爻叫做「九」，陰爻叫做「六」。每卦最下的一爻，陽爻叫做「初九」，陰爻叫做「初六」。從第二爻到第五爻，陽爻叫做「九二、九三、九四、九五」，陰爻叫做「六二、六三、六四、六五」。每卦最上的一爻，陽爻叫做「上九」，陰爻叫做「上六」。現在就以乾坤二卦圖形為例，說明如下：

乾

上九 ——
九五 ——
九四 ——
九三 ——
九二 ——
初九 ——

坤

上六 — —
六五 — —
六四 — —
六三 — —
六二 — —
初六 — —

8. 何謂「十翼」？作者為何人？

【答】即象傳上下、象傳上下、繫辭上下、文言、說卦、序卦、雜卦等十篇。因為這十篇文字是易經的傳文，具輔翼作用，故稱十翼。至於十翼的作者，說法各有不同，目前尚無定論。

9. 何謂「易有三義」？

【答】鄭玄的六藝論說易經的易字有三種含義：一是簡易——易經的通理和法則，是從簡單而容易入手的；二是變易——易經的爻位和宇宙人世的現象，是變動不居的；三是不易——易經所表示的道理，即是天地人生的真理，永恆不變。

10. 易經有何異名？試說明之。

【答】易經，原來只叫做「易」。根據鄭玄易論說，易經的名稱，最古為連山，後又稱作歸藏，最後才稱作周易。至於易經這個名稱，將經字和書名連在一起，大抵已經到了南宋之世。

11. 何謂「尚書」？

【答】尚，就是上古之意。因為這部書所記錄保存的都是上古的史料，所以稱為尚書。

12. 何謂「今文尚書」？

【答】秦焚書時，伏生壁藏尚書；至漢代，出其壁藏之書二十九篇，以教授於齊魯之間。文帝時，伏生老不能行，乃命鼂錯前往受業。其後學者遞相授受，以漢隸寫成，所以稱為「今文尚書」。

13. 何謂「古文尚書」？

【答】古文尚書，就是秦以前用古文字所寫成的尚書。漢景帝時，魯恭王壞孔子宅，得古文尚書及論語等凡數十篇，後來孔安國得其書，以校伏生之二十九篇，多得十六篇，這十六篇，加伏生所傳的二十九篇，共為四十五篇，是為真古文尚書。

14. 何謂「偽古文尚書」？

【答】古文尚書於晉永嘉之亂時，全部亡失，後來王肅、皇甫謐之徒，偽造古文尚書二十五篇及孔安國書傳行世。元帝時，有豫章內史梅賾，奏上偽孔傳古文尚書，自稱得之鄭冲、蘇愉之傳。晉代君臣信偽為真，立於學官。惟缺舜典一篇，購不能得，乃取王肅注堯典，從「慎徽五典」以下，分為舜典一篇。堯典既分出舜典一篇，盤庚又分為三篇，又從皐陶謨分出益稷一篇，所以為三十三篇，此外又增二十五篇，共計五十八篇，此即今本十三經的尚書。

15. 尚書的體式如何？

【答】尚書的體式，依照孔安國的分法，計有典、謨、訓、誥、誓、命六種體式。

16. 何謂「三家詩」？

【答】今文的詩經，有齊、魯、韓三家。齊詩傳自齊人轅固生，魯詩傳自魯人申培公，韓詩傳自燕人韓嬰，後人合稱為「三家詩」。

17. 「三家詩」的流傳情形為何？

【答】齊詩亡於魏，魯詩亡於西晉，只有韓詩外傳流傳於世。

18. 詩經又名毛詩，理由何在？

【答】漢人傳詩經，今文家有齊、魯、韓三家詩，古文家只有毛詩。其後三家詩失傳，僅毛詩流傳後世，因此詩經又名為毛詩。

19. 古者採集民歌的原因何在？

【答】周代時政府設有采詩的官，專門負責到各地去採集民間歌謠，目的是為了了解各地風俗、民生狀況，提供王者施政的參考。

20. 詩經有「四始」之說，史記書中的解釋為何？

【答】史記書中對於四始的解釋是：關雎為風之始，鹿鳴為小雅之始，文王為大雅之始，清廟為頌之始。也就是以風、小雅、大雅、頌的第一篇詩為四始。

21. 試簡述詩經國風的內容。

【答】詩經有十五國風，共收錄一百六十首詩，有的描述各地的風土民情，有的抒寫青年男女的戀情，都是民間的歌謠。

22. 詩經中的「雅」，意義為何？試論述之。

【答】詩經中的雅詩，分為小雅與大雅，共收錄一百零五首。雅字本來是樂器之名。周代歌唱雅詩時，就是以「雅」這種樂器為主，後因以樂器名作為樂歌之名。又古代「雅」字與「夏」字相通，夏字的本義，是「中國之人」的意思，所以稱流行中原一帶而為王朝所崇尚的正聲為「雅」。

23. 「小雅」、「大雅」有何不同？

【答】詩經中的大、小雅，大概是從音節和內容來分別的，小雅七十四篇，大多是士大夫宴饗的樂詩；大雅三十一篇，大多是士大夫會朝的樂詩。

24. 試簡述詩經頌的內容。

【答】詩經中的頌詩，分為周頌、魯頌與商頌，共收錄四十首。「頌」就是「容」，是歌而兼舞的意思。在這四十首的頌詩中，大多是用來祭告神明的樂詩。

25. 何謂「三禮」？

【答】儒家以周禮、儀禮、禮記三書，合稱三禮。

26. 周禮一書，原名為何？至何時何人始稱周禮？

【答】周禮本稱周官，到西漢末年的劉歆，始稱周禮。

27. 周禮一書的成書年代當在何時？

【答】周禮一書，從其文體及思想觀之，當是於西周時代粗具規模，到戰國末期又有人加以增補整理，所以周禮一書的著成時代，當是戰國末期。

28. 周禮何以稱為「六官」？

【答】周禮本來收錄天官、地官、春官、夏官、秋官、冬官等六篇，所以有人稱此書為「六官」。

29. 周禮六官之總職為何？

【答】周禮六官的總職，是：

天官冢宰，掌邦治；地官司徒，掌邦教；春官宗伯，掌邦禮；夏官司馬，掌邦政；秋官司寇，掌邦禁。其中冬官一篇已亡佚，故無冬官總職的記載，後人根據天官小宰及尚書周官篇加以增補，認為冬官的總職是：冬官司空，掌邦事。

30. 儀禮原名為何？何時始稱儀禮？

【答】儀禮原來只稱「禮」，到梁陳以後始稱儀禮。

31. 儀禮一書的作者係何人？

【答】儀禮是由生活漸漸約定俗成，不可能由一人強制規定，所以儀禮非一人一時所作，而是輯纂成書的。

32. 儀禮的內容為何？

【答】儀禮的內容是記述古代冠、昏、喪、祭、鄉、射、朝、聘等八種禮節的儀式，所以儀禮是一部記述古代習俗禮儀的書。

33. 大戴記與小戴記有何不同？試陳述之。

【答】大戴記與小戴記，不但傳者不同，而且篇數也不同。大戴記原本八十五篇，今存四十篇，其中有與小戴記相重複者，也有雜入小戴記篇中者；而小戴記四十九篇，至今沒有散失，就是現在的禮記。

34. 十三經中的禮記篇數多少？內容如何？試敘述之。

【答】禮記的篇數，共有四十九篇。至於它的內容，有的是說明禮文制度的原意，有的是闡論淑世拯民的道理，有的是記載祭祀養老的制度，有的是敘述生活行為的規範，所以禮記是一部內容豐盛繁雜的書。

35. 何謂「春秋三傳」？

【答】春秋左氏傳、春秋公羊傳、春秋穀梁傳，合稱「春秋三傳」。

36. 何謂「春秋內傳」、「春秋外傳」？

【答】左丘明作左傳，又作國語，後人因稱左傳為「春秋內傳」、國語為「春秋外傳」。

37. 左傳有何別名？

【答】左傳是「春秋左氏傳」的省稱，原名「左氏春秋」，漢人又省稱「左氏傳」。

38. 試略述左傳一書體例之特色。

【答】左傳一書的體例旨在闡釋春秋經旨，傳示來世，所以左氏蒐集許多史料，來講論春秋的大義，但左傳也往往溢出經文之外，敘述一些春秋所無的事情，因此，左傳是一部經學的書，同時也是一部史學的書。

39. 春秋三傳之釋經有何不同？

【答】左傳重在敘述春秋經文所記載的事實，所以稱為「記載之傳」；公羊、穀梁重在解釋春秋經文的義例，以發揮春秋的微言大義，所以稱為「訓詁之傳」。

40. 何謂「公羊外傳」？

【答】漢人董仲舒治公羊學，著有春秋繁露十七卷，後人稱為「公羊外傳」。

41. 試略述公羊傳一書體例之特色。

【答】公羊傳解經的體例，是採用每句一解，而其記事多用問答，探義著重於正名分，所以公羊傳是一部闡發春秋大義的典籍。

42. 試略述穀梁傳一書體例之特色。

【答】穀梁傳一書的體例，大致與公羊傳相近，也是一句一句用問答方式來解釋春秋經文的義例，而且其解經又多本於論語，書中寓有「明辨是非」的精神，所以穀梁傳也是一部闡發春秋大義的典籍。

43. 春秋三傳何者為古文？何者為今文？

【答】公羊、穀梁二傳，在西漢時都是用當時文字撰寫的，故為今文；而左傳則以先秦古文寫成，故為古文。

44. 論語之傳本有何不同？

【答】論語在漢代有三種傳本：魯論、齊論、古論。現就其間的差別略述於下：

1. 魯論：今文本。魯人所傳，共二十篇。

2. 齊論：也是今文本。齊人所傳，共二十二篇。多問王、知道二篇。二十篇中的章句，亦較魯論為多。

3. 古論：古文本。得自孔壁，共二十一篇。將堯曰下半分為子張篇。篇次與齊論、魯論不同，文字與魯論不同的有四百多字。

45. 試略述論語一書之重要思想。

【答】論語自學而至堯曰，全書凡二十篇。從其內容觀之，仁道學說是孔子的中心思想，也是論語一書重要的理論。

46. 孝經今古文之分別何在？

【答】孝經一書，也有今文、古文的分別。古文本為孔安國所注，據說也出於孔宅壁中，傳到梁時亡佚；今文本為鄭玄所注，鄭注雖已亡佚，而經文卻流傳至今。現存十三經中的孝經，經文就是採用今文本，注是唐玄宗的御注。

47. 何謂「孝經之經與傳」？

【答】孝經全書凡十八章，第一章開宗明義章是全書的綱領，其他十七章都是用來補充詮釋孝道，所以朱子稱第一章為「經」，而下面十七章為「傳」。

48. 試略述爾雅一書之性質。

【答】爾雅原來只是一本解釋字義的書，也可說是我國最早的一部詞典。因為漢書藝文志把這部書列在孝經類中，所以後來就將它安置在經書之列；其實，爾雅這部書，只是古人為解經而作的，附在群經之末，以備讀經者的翻檢而已，在十三經中，算是價值最低的一部經書；不過，書中所錄的名物詞類，不僅對讀經書有極大的幫助，而且對古今語言和名物命名演變的研究，也是一種有用的資料，所以爾雅這部書自有其不朽的價值。

49. 試略述孟子一書之性質。

【答】孟子本來是一部子書，在漢書藝文志中列於子部的儒家，沒有今古文之分。唐代以後漸被尊崇，宋代時始列入經部，與論語並稱，共七篇，是一部闡揚孔子學說最重要的經典。

50. 試略述孟子一書之重要思想。

【答】孟子一書最重要的思想有三：性善學說、心學理論、道統思想。

51. 東漢有那些著名的經學家？

【答】東漢著名的古文經學家有鄭眾、杜林、桓譚、賈逵、馬融等；今文經學家有李育、何休等。

52. 兩漢經學有何不同？

【答】西漢的經師，文尚簡樸，注重大義；東漢的經師，文多泛濫，注重訓詁，此乃兩漢經學最大的區別。

53. 魏晉人注解經書，有何著名著作？試列舉其書名及作者。

【答】魏晉人注經的著作，最著名的有下列五部：(1)周易注　王弼、(2)論語集解　何晏、(3)左傳集解　杜預、(4)穀梁傳集解　范寧、(5)爾雅注　郭璞。

54. 唐人注解經書，有何著名著作？試列舉其書名及作者。

【答】唐代注經的著作，最著名的有三部：(1)經典釋文　陸德明、(2)五經定本　顏師古、(3)五經正義　孔穎達。

55. 清代何人之著作影響經學研究至鉅？

【答】閻若璩的古文尚書疏證一書，考辨真偽，詳列證據，喚起學者疑古求真的精神，對經學研究之影響至鉅。

史學常識測驗題

一、單選題

(　)1. 我國現存最早的史書為何　Ⓐ春秋　Ⓑ左傳　Ⓒ尚書　Ⓓ史記。

(　)2. 我國史學至何代、何人始脫離經學而獨立　Ⓐ東漢班固　Ⓑ西晉荀勖　Ⓒ東晉李充　Ⓓ唐劉知幾。

(　)3. 我國史書的分類，最早見於何書　Ⓐ漢書藝文志　Ⓑ中經新簿　Ⓒ四部書目　Ⓓ隋書經籍志。

(　)4. 我國史家何人深通史法，將古來史籍的體例分敘為六家、二體　Ⓐ漢司馬遷　Ⓑ唐劉知幾　Ⓒ宋司馬光　Ⓓ清章學誠。

(　)5. 史家的「四長」，依梁啟超先生的觀點，其重要性由上而下以何者為是　Ⓐ史才、史學、史識、史德　Ⓑ史識、史學、史才、史德　Ⓒ史學、史才、史德、史識　Ⓓ史德、史學、史識、史才。

(　)6. 我國史書中，不具史德，且內容蕪穢，體例荒謬，世稱「穢史」者為何　Ⓐ晉書（唐房玄齡等撰）　Ⓑ宋書（梁沈約撰）　Ⓒ魏書（北齊魏收撰）　Ⓓ北齊書（唐李百藥撰）。

(　)7. 我國史書的主要體裁，通稱「正史」者為何　Ⓐ紀傳體　Ⓑ編年體　Ⓒ紀事本末體　Ⓓ政書體。

(　)8. 我國現有正史（若含新元史及清史稿）共有幾部　Ⓐ二十四部　Ⓑ二十五部　Ⓒ二十六部　Ⓓ二十七部。

(　)9. 以人為綱的紀傳體史書體例，始創自何人、何書　Ⓐ左丘明左氏春秋傳　Ⓑ司馬遷史記　Ⓒ班固漢書　Ⓓ司馬光資治通鑑。

(　)10. 何人作「歷代史表」一書，可補諸史無表之不足（僅史記等十史有表）　Ⓐ萬斯同　Ⓑ顧炎武　Ⓒ章學誠　Ⓓ梁啟超。

(　)11. 史記體例的編次，以下列何者為是　Ⓐ本紀、表、書、世家、列傳　Ⓑ本紀、世家、列傳、書、表　Ⓒ本紀、世家、表、書、列傳　Ⓓ本紀、世家、列傳、表、書。

(　)12. 何書為我國通史紀傳體之祖　Ⓐ尚書　Ⓑ春秋　Ⓒ史記　Ⓓ資治通鑑。

(　)13. 太史公司馬遷的思想主流為何　Ⓐ陰陽之學　Ⓑ黃老之學　Ⓒ公羊之學　Ⓓ儒家之學。

(　)14. 何書為我國第一部斷代紀傳體的史書　Ⓐ史記　Ⓑ漢書　Ⓒ後漢書　Ⓓ三國志。

(　)15. 史記「世家」一體，自何書改為「列傳」後其他諸史因之　Ⓐ漢書　Ⓑ後漢書　Ⓒ三國志　Ⓓ南、北史。

(　) 16. 范曄後漢書以何人所注最為通行　Ⓐ唐章懷太子李賢注本　Ⓑ清惠棟注本　Ⓒ清王先謙注本　Ⓓ唐顏師古注本。

(　) 17. 二十五史中，以何書最為簡潔　Ⓐ史記　Ⓑ三國志　Ⓒ新五代史　Ⓓ明史。

(　) 18. 何朝、何人奉敕所撰之史書，開史書眾修的先河　Ⓐ唐魏徵等所撰之隋書　Ⓑ唐姚思廉所撰之梁書　Ⓒ唐令狐德棻所撰之周書　Ⓓ唐房玄齡等所撰之晉書。

(　) 19. 何人為三國志作注，較原書多出三倍，可謂集注史的大成　Ⓐ南朝宋裴松之　Ⓑ唐顏師古　Ⓒ元胡三省　Ⓓ清張廷玉。

(　) 20. 司馬光稱譽何書「刪繁補闕，意存簡要，無煩冗蕪穢之詞」，可謂「佳史」　Ⓐ三國志　Ⓑ南史　Ⓒ北史　Ⓓ新五代史。

(　) 21. 趙翼廿二史劄記稱美何書不惟文筆簡淨，直追史記；而以春秋書法寓褒貶於紀傳之中，則雖史記亦不及也　Ⓐ三國志　Ⓑ晉書　Ⓒ舊五代史　Ⓓ新五代史。

(　) 22. 宋、遼、金三史，何者敘事最為詳賅，文筆簡潔，為趙翼、顧炎武所稱美　Ⓐ宋史　Ⓑ遼史　Ⓒ金史　Ⓓ以上皆是。

(　) 23. 何書為近代諸史中的佳作，趙翼稱之　Ⓐ元史　Ⓑ明史　Ⓒ新元史　Ⓓ清史稿。

(　) 24. 隋、唐以前，以一代編年為體的史書，除何人所撰書外，都不傳於世　Ⓐ袁宏後漢紀　Ⓑ習鑿齒漢晉春秋　Ⓒ孫盛魏代春秋　Ⓓ干寶晉紀。

(　) 25. 何部史書「撮要舉凡，存其大體」，實可作為研讀漢書的入門要籍　Ⓐ范曄後漢書　Ⓑ袁宏

後漢紀 Ⓒ荀悅漢紀 Ⓓ陳壽三國志。

( ) 26. 四庫提要稱譽何書為「網羅宏富，體大思精，為前古之所未有」 Ⓐ史記 Ⓑ明史 Ⓒ資治通鑑 Ⓓ續資治通鑑。

( ) 27. 何人創製「紀事本末體」的史書體例 Ⓐ宋鄭樵 Ⓑ宋朱熹 Ⓒ宋袁樞 Ⓓ宋司馬光。

( ) 28. 政書為史，專記文物制度，始於何書 Ⓐ尚書 Ⓑ唐杜佑通典 Ⓒ宋鄭樵通志 Ⓓ元馬端臨文獻通考。

( ) 29. 「史家之絕唱，無韻之離騷」，所稱頌的為下列何者 Ⓐ史記 Ⓑ漢書 Ⓒ三國志 Ⓓ後漢書。

( ) 30. 下列篇目，何者是中國現存最早的圖書目錄 Ⓐ漢書藝文志 Ⓑ漢書五行志 Ⓒ七略 Ⓓ隋書經籍志。

( ) 31. 劉知幾在史通一書中，將史籍分為六體，以下四部書「尚書、左傳、國語、史記」分別為何種史體：甲、紀傳體，乙、紀言體，丙、編年體，丁、國別史。請選出依序正確的搭配 Ⓐ丙乙丁甲 Ⓑ乙丙甲丁 Ⓒ乙丙丁甲 Ⓓ丙丁乙甲。

( ) 32. 四史中何者無志、無表，而有正統問題 Ⓐ史記 Ⓑ漢書 Ⓒ後漢書 Ⓓ三國志。

( ) 33. 唐初修梁、陳、北齊、周、隋等五代史時，另編寫十篇共同的志，稱為「五代史志」，後因附於隋書之後，又稱為隋書志。其中何者為東漢到唐初古籍流傳的總結性著作，地位可與漢書藝文志相比 Ⓐ律曆志 Ⓑ天文志 Ⓒ百官志 Ⓓ經籍志。

( ) 34. 南、北史，在史籍的分類上，應屬 Ⓐ斷代史 Ⓑ通史 Ⓒ霸史 Ⓓ古史。

( ) 35. 想要找到關於夏商周史事，與儒家不同的記載，應參考下列何者 Ⓐ史記 Ⓑ資治通鑑 Ⓒ竹書紀年 Ⓓ尚書。

( ) 36. 要研究蘇秦合縱的歷史，下列何書有索引的功能，又可以找到不同來源（相關職籍）的記載，不必浪費太多找尋的工夫 Ⓐ繹史 Ⓑ戰國策 Ⓒ資治通鑑 Ⓓ史記。

( ) 37. 要迅速掌握赤壁之戰的整個事件緣由始末，最好優先參考下列何者？ Ⓐ資治通鑑 Ⓑ三國志 Ⓒ通鑑紀事本末 Ⓓ後漢紀。

( ) 38. 四庫全書總目提要說：「然其博取五經、群史及漢、魏、六朝人文集、奏疏之有裨得失者，每事以類相從，凡歷代沿革，悉為記載，詳而不煩，簡而有要，元元本本，皆為有用之實學，非徒資記問者可比。考唐以前之掌故者，茲編其淵海矣。」試問，它所稱美的典籍為下列何者 Ⓐ資治通鑑 Ⓑ通典 Ⓒ通志 Ⓓ通鑑紀事本末。

二、複選題

( ) 39. 梁啟超先生在中國歷史研究法中，詮釋史的定義最為精當，下列何者為是 Ⓐ記述人類社會賡續活動的體相 Ⓑ校其總成績 Ⓒ求得其善惡關係 Ⓓ以為現代政治人物活動之資鑑者也。

( ) 40. 治史的人，應具備何種胸懷 Ⓐ究天人之際，通古今之變 Ⓑ天地與我並生，萬物與我為一

Ⓒ為天地立心，為生民立命，為往聖繼絕學，為萬世開太平　Ⓓ視人之國若視其國，視人之家若視其家，視人之身若視其身。

(　) 41. 四部之目及其分類次序，經何人規格後，自隋、唐迄今，已成定制　Ⓐ魏鄭默　Ⓑ晉荀勖　Ⓒ晉李充　Ⓓ清紀昀。

(　) 42. 梁啟超先生在中國歷史研究法一書中，分史籍體例為何　Ⓐ紀傳體　Ⓑ政書體　Ⓒ紀事本末體　Ⓓ編年體。

(　) 43. 以下所述有關史家「四長」，何者為是　Ⓐ所謂「才」即指是非的褒貶是否精當　Ⓑ所謂「學」即指參考的資料是否廣博　Ⓒ所謂「識」即指表現於文字組織的技巧　Ⓓ所謂「德」即指作史者心術是否端正。

(　) 44. 所謂「四史」，以下敘述何者為當　Ⓐ史記、漢書、後漢紀、三國志　Ⓑ史記為一部紀傳體的通史　Ⓒ漢書歷經四人之手始全帙完成　Ⓓ唐顏師古所注三國志最通行於世。

(　) 45. 以下有關史記體例的敘述，何者為非　Ⓐ史記體例共分五類　Ⓑ本紀以帝王為中心，記載國之大事　Ⓒ表係以事類為綱，編排同類性質的大事　Ⓓ書係以紀侯國，記載國家的大政大法。

(　) 46. 以下有關史實的敘述，何者為確當　Ⓐ史記論斷稱「太史公曰」　Ⓑ班固漢書改稱「君子曰」　Ⓒ陳壽三國志稱「評曰」　Ⓓ梁沈約宋書改稱「史臣曰」。

(　) 47. 以下有關史記的敘述，何者為是　Ⓐ我國第一部通史紀傳體的史書　Ⓑ我國第一部傳記文學

的總集　Ⓒ東漢司馬遷所撰述　Ⓓ上起黃帝之世，下迄漢武之朝。

( ) 48. 司馬遷撰寫史記的目標為何　Ⓐ究天人之際　Ⓑ通古今之變　Ⓒ成一家之言　Ⓓ創獨代之史。

( ) 49. 班固漢書，歷經何人之手，始成完本　Ⓐ班彪　Ⓑ班昭　Ⓒ馬融　Ⓓ馬續。

( ) 50. 劉知幾稱美「後漢書」為何　Ⓐ簡而且周　Ⓑ富而不麗　Ⓒ密而不澀　Ⓓ疏而不漏。

( ) 51. 宋歐陽脩參贊修撰史書工作，完成何部史書，而盛稱於世　Ⓐ南史、北史　Ⓑ新唐書　Ⓒ新五代史　Ⓓ通鑑綱目。

( ) 52. 元朝宰相托克托一人主修撰何部史書　Ⓐ宋史　Ⓑ遼史　Ⓒ金史　Ⓓ元史。

( ) 53. 明焦竑著國史經籍志，論紀傳、編年之不同，以下何者敘述不當　Ⓐ編年者，以事繫年，詳一人之事蹟　Ⓑ紀傳者，以人繫事，詳一國之治體　Ⓒ紀傳者，蓋本左氏　Ⓓ編年者，蓋本資治通鑑。

( ) 54. 班固漢書的注釋，以何人所注本最通行於世　Ⓐ唐司馬貞索隱　Ⓑ唐顏師古注　Ⓒ唐張守節正義　Ⓓ清王先謙補注。

( ) 55. 近人所輯「竹書紀年」一書，以何人所著為佳　Ⓐ清朱右曾汲冢紀年存真二卷　Ⓑ王國維古本竹書紀年輯校一卷　Ⓒ陳寅恪今本竹書紀年疏證二卷　Ⓓ顧頡剛古史辨。

( ) 56. 以下有關「紀事本末體」的敘述，何者為是　Ⓐ以事為中心，標立題目　Ⓑ依年月為序敘述　Ⓒ既不受人物的拘束，可以免去紀傳體的重複　Ⓓ又不受時間的限制，可以補編年體的破碎。

(　)57.「九通」之完成，歷經那些朝代　Ⓐ唐、宋　Ⓑ元　Ⓒ明　Ⓓ清。

(　)58.下列關於司馬遷的敘述，何者正確　Ⓐ字子長　Ⓑ東漢人　Ⓒ曾為太史令，參與制定「太初曆」　Ⓓ父為司馬談。

(　)59.下列有關史記的敘述，正確的有　Ⓐ史記載自黃帝至於漢武帝太初年間　Ⓑ「史記」本史書之通稱，魏晉以後（或言東漢末年），史記二字方為遷書專名　Ⓒ史記為紀傳體、國別史之祖　Ⓓ史記凡一百三十卷，五十二萬餘言。

(　)60.下列何者為司馬遷寫作史記的直接史料　Ⓐ尚書、詩經　Ⓑ周禮、儀禮、禮記　Ⓒ左傳、國語　Ⓓ山海經。

(　)61.下列評論是針對司馬遷及史記而來的，選項中相對的解釋，正確的有哪些　Ⓐ論學術則崇法家而薄五經——太史公自序中引述了司馬談的論六家要指　Ⓑ謗書——對漢高祖、武帝的事蹟，沒有隱諱　Ⓒ是非頗謬於聖人——游俠、刺客、貨殖都成為列傳的人物　Ⓓ劉向、揚雄稱之「有良史之才」、「實錄」——就文章、內容而言成就很高。

(　)62.史記中本紀、世家、列傳，分別記載不同身分地位的人物，下列歸屬何者正確　Ⓐ劉邦——本紀　Ⓑ項羽——世家　Ⓒ孔子——世家　Ⓓ管仲——列傳。

(　)63.有關史記與漢書的比較，下列何者正確　Ⓐ漢武帝以前，漢書的記載大部分用史記原文　Ⓑ史記是通史，漢書是斷代史　Ⓒ其體例皆為本紀、表、書、世家、列傳　Ⓓ文後評論，史記言「太史公曰」，漢書作「贊曰」。

(　) 64. 下列關於班固與漢書的敘述，何者正確　Ⓐ班固續父彪而著漢書，悉依其體例　Ⓑ漢書中的八表由班昭續作，馬融之兄馬續亦參與補作　Ⓒ漢書共一百篇，分一百二十卷　Ⓓ班彪與馬續均扶風人。

(　) 65. 下列關於後漢書的敘述，何者正確　Ⓐ體例師法班、馬，而精審過之　Ⓑ首創獨行、逸民、黨錮、列女……等傳　Ⓒ刪定眾家後漢書而成　Ⓓ原書只有本紀、列傳，南朝梁劉昭取晉司馬彪續漢書之文以成八志。

(　) 66. 下列有關三國志的敘述，正確的有　Ⓐ即三國演義　Ⓑ為四史之一　Ⓒ亦為二十四史之一　Ⓓ記魏、蜀、吳三國事。

(　) 67. 南朝史書中，子承父業而完成的，有　Ⓐ宋書　Ⓑ齊書　Ⓒ梁書　Ⓓ陳書。

(　) 68. 下列關於北齊書的敘述，正確的有　Ⓐ唐李百藥奉敕撰　Ⓑ本紀八、列傳四十二　Ⓒ唐中葉以後殘缺，後人取北史加以補綴　Ⓓ北齊書大部分材料在李百藥父親李德林時已經具備。

(　) 69. 下列何者有散佚、殘缺的情形，後人取北史以補成、補亡　Ⓐ魏書　Ⓑ北齊書　Ⓒ周書　Ⓓ梁書。

(　) 70. 唐初大舉修撰各朝史書，其中成於眾史官之手的為下列何者　Ⓐ晉書　Ⓑ隋書　Ⓒ舊唐書　Ⓓ周書。

(　) 71. 下列關於新、舊唐書的敘述，何者正確？　Ⓐ新由歐陽脩、宋祁等撰，舊由劉昫等撰　Ⓑ新成書於北宋，舊成書於後晉　Ⓒ兩者均屬二十五史之一　Ⓓ顧炎武以為舊唐書簡而不明，多遜於新唐書。

(　) 72. 要研讀李白、杜甫的傳記資料，可以查閱下列何者　Ⓐ新唐書　Ⓑ舊唐書　Ⓒ北史　Ⓓ南史。

(　) 73. 下列關於舊五代史的敘述，何者正確　Ⓐ為薛居正個人修撰　Ⓑ取材多本諸實錄，體例仿三國志，以國別為限，各自為書（如梁書、唐書……等）　Ⓒ成於北宋太宗之時　Ⓓ元明以來，罕被援引，傳本也逐漸湮沒，乾隆時，才自永樂大典輯出，並考核宋人徵引資料，才頗復舊觀。

(　) 74. 下列關於新五代史的敘述，何者正確　Ⓐ為歐陽脩撰，凡七十四卷，記梁、唐、晉、漢、周五代及十國事蹟　Ⓑ體例有本紀、考、世家、十國年譜、列傳、四夷錄　Ⓒ文體平弱，不免敘次煩瑣之病　Ⓓ褒貶祖春秋，敘事祖述史記。

(　) 75. 馮道歷仕數朝，又自號長樂老，在歷史上是出名的特殊人物，要了解他更多的事蹟，下列何書可以參閱　Ⓐ南史　Ⓑ北史　Ⓒ新五代史　Ⓓ舊五代史。

(　) 76. 要了解宋朝與異族的關係，應參考下列何書　Ⓐ宋書　Ⓑ宋史　Ⓒ北史、南史　Ⓓ遼史。

(　) 77. 下列關於資治通鑑的敘述，何者正確　Ⓐ上自三家分晉，戰國開始，下迄五代　Ⓑ宋神宗以其「鑑於往事，有資治道」，所以賜名「資治通鑑」　Ⓒ是一部編年體通史　Ⓓ司馬光在進通鑑表中說：「臣之精力，盡於此書」，可見此書是他獨力完成。

(　) 78. 下列關於竹書紀年的敘述，何者正確　Ⓐ舊本稱為汲冢古書，因它是汲郡人不準盜發魏襄王墓（或言安釐王冢），竹書數十車中的一部分 Ⓑ史料價值雖高，與傳統儒說不合 Ⓒ目前所見為輯本，原書早已失傳 Ⓓ此書為編年體裁。

（　）79.了解宋朝的歷史，除了宋史之外，還可以參考的是下列何者 Ⓐ資治通鑑 Ⓑ北宋部分，參考續資治通鑑 Ⓒ南宋部分，參考建炎以來繫年要錄 Ⓓ通鑑綱目。

（　）80.要研究「勾踐滅吳」的事件，下列何者可以參考 Ⓐ左傳紀事本末 Ⓑ繹史 Ⓒ通鑑紀事本末 Ⓓ國語。

（　）81.下列各選項中，後者取材不出於前者範圍的有 Ⓐ資治通鑑——通鑑紀事本末 Ⓑ漢書——漢紀 Ⓒ後漢書——後漢紀 Ⓓ春秋——左傳。

三、問答題

1.史的意義為何？

【答】漢許慎說文解字說：「史，記事者也。从又持中。中，正也。」玉篇說：「史，掌書之官也。」周禮天官宰夫：「史，掌官書以贊治。」由上三說可知，史的本義為掌書記事的官，職位非常的重要。

史的定義，梁啟超先生的詮釋最為精當，他在中國歷史研究法中說：「史者何？記述人類社會賡續活動之體相，校其總成績，求得其因果關係，以為現代一般人活動之資鑑者也。」歷史是人類過去一切活動的總紀錄，舉凡朝代的盛衰、風俗的文野、政教的得失、文物的盈虛，都可從歷史上獲致經驗與教訓。所以，治史的人不但能「究天人之際，通古今之變」，更能「為天地立心，為生民立命，為往聖繼絕學，為萬世開太平」。

2. 何謂「史書」？現存最早的史書為何？

【答】記載歷史的書，稱為「史書」。現代尚存最早的史書，當推「尚書」。

3. 何謂「史學」？史學脫離經學而獨立始於何人？何書？

【答】研究歷史的學問，叫做「史學」。晉荀勖依據魏鄭默的中經，更著新簿，分群書為四部，而以史為丙部，與甲經、乙子、丁集並列，史學始脫離經學而獨立。

4. 我國史書分類最早見於何書？其分類情形如何？

【答】我國史書的分類，最早見於隋書經籍志。共分為十三類：

(1)正史（紀傳表志）(2)古史（編年繫事）(3)雜史（紀異體）(4)霸史（紀偽朝）
(5)起居注（人君動止）(6)舊事（朝廷政令）(7)職官（序班品秩）(8)儀注（吉凶行事）
(9)刑法（律令格式）(10)雜傳（先賢人物）(11)地理（郡國山川）(12)譜系（世族繼序）
(13)簿錄（史條策目）

5.唐劉知幾史通與清四庫書目提要對我國史籍分類之依據有何不同？並簡評其優劣。

【答】清四庫書目提要從性質分史籍為十五類，而唐劉知幾史通則依體例分為六家。此二種分法，前者失之繁瑣，後者失之籠統，均不恰當。梁啟超著中國歷史研究法分為紀傳、編年、紀事本末、政書四體，最為合理切要。

6.史家四長為何？並釋其義及彼此之關聯性。

【答】即劉知幾史通所謂的「史才」、「史學」、「史識」，章學誠文史通義加上的「史德」。所謂「才」即指表現於文字組織的技巧；「學」即指參考的資料是否廣博；「識」即指是非的褒貶是否精當；「德」即指作史者心術是否端正。歷史本有它的「特殊性、變異性與傳統性」，而一部史書的修撰，最重要的就在能忠實地記載歷史的真相。史料的參考愈豐富，史實必愈正確。但史料愈多，編排愈難，如何把豐富的史料，有條不紊地組織起來，非有史才不為功。但有豐富的史料，完美的組織，尚須精當的判斷，才「能見其全，能見其大，能見其遠，能見其深，能見人所不見處」。有了史學、史才及史識，又需有史德，如此才能「不抱偏見，不作武斷，不憑主觀，不求速達」。

7. 略述紀傳的由來。

【答】紀傳體的史書，係以人物為中心，詳一人的事蹟。其來甚早，始於漢司馬遷的史記。

8. 何謂「四史」、「二十四史」、「二十五史」、「二十六史」？

【答】(1)四史——司馬遷的史記、班固的漢書、范曄的後漢書、陳壽的三國志皆以紀傳為體，稱為「四史」。

(2)二十四史——史記、漢書、後漢書、三國志、晉書、宋書、南齊書、梁書、陳書、魏書、北齊書、周書、隋書、南史、北史、舊唐書、新唐書、舊五代史、五代史記、宋史、遼史、金史、元史、明史。

(3)二十五史——即二十四史加上新元史。

(4)二十六史——二十五史加上清史稿。

9. 紀傳體的體例創自何人？何書？其內容如何？試略述之。

【答】紀傳體的體例創自司馬遷的史記。

史記的體例，共分五類：(1)本紀 (2)表 (3)書 (4)世家 (5)列傳。

(1)本紀：本紀以帝王為中心，記載國的大事。以編年為體，大事乃書。有年代可考的，按年記事；無年代可考的，分代敘事。

(2)世家：世家以紀侯國。年封世系，盛衰興亡的事蹟，分國按年記述。

(3)表：表係以時間為中心，編排同類性質的大事。歷史人物，不可數計，人各一傳，不勝其傳。表有提要匯總的作用，可以補本紀、世家、列傳的不足。

(4)書：書係以事類為綱，記載國家的大政大法。

(5)列傳：列傳係以誌人物。各階層的人物皆可入傳。若按撰寫性質的不同分，又有單敘一人的單傳，合敘兩人或兩人以上的合傳；可說是史書極為重要的部分。

10. 四史之論斷用語有何異同？

【答】史記論斷，稱「太史公曰」。班固漢書改稱「贊」，陳壽三國志稱「評」，范曄後漢書改稱「論」，而又系以贊。論為散文，贊為四言。

11. 司馬遷和儒學的關係如何？

【答】司馬遷少時，曾接受完整的儒學教育，從大儒孔安國學古文尚書，從董仲舒治公羊春秋。因此，司馬遷在思想上雖留有他父親的黃老之學的遺澤，但是，儒學卻是他的思想主流。因此，在整部史記中，司馬遷徵引孔子說話的地方非常多，且逕以孔子的論斷作自己的論斷，並隱然以史記上比春秋。

12. 司馬遷著史記的動機為何？

【答】司馬遷著史記，一方面是要完成其父表彰「明主賢君，忠臣死義」的遺志；另一方面則要達成自己「究天人之際，通古今之變，成一家之言」的宏願。

13. 史記的體例如何？

【答】史記一書，上起黃帝，下迄漢武。縱貫上下數千年，橫及各國各階層。據太史公自序說：「著十二本紀，作十表、八書、三十世家、七十列傳，凡百三十篇，五十二萬六千五百字。」可見史記百三十篇內容繁富，各體賅備。

14. 試要述史記的成就。

【答】史記的成就是多方面的，在史學方面，司馬遷為後世的史學家提示了作史的標的。而史記的體例，也為後世正史的體裁，奠立下永恆的規模。文學方面，史記雄深雅健的散文風格，以及簡樸而動人的敘寫方法，都是唐宋八大家和明清的散文作家學習的模範。至於明清的戲曲、小說，也多採用史記的人物故事為題材。在學術方面，舉凡禮儀禮俗、音樂曆法、軍事氣象、財政經濟、甚至宗廟鬼神、天文地理等，無不包括在八書之內。所以錢玄同先生說：「司馬遷實集上古思想學術之大成，而有自具特識的人。」

15. 漢書成為完本之經過如何？

【答】班固之父彪斷史記太初以後，採前史遺事，傍貫異聞，作後傳數十篇。而固以彪所續前史，未盡詳密，於是潛精研思，接續著作，前後經歷二十餘年。和帝永元四年，竇憲失勢自殺，固受株連，死在獄中。八表及天文志，未及完成。和帝詔其妹班昭在東觀藏書閣補寫，後又詔令馬融兄續續成，全書歷經四人之手，始成完本。

16. 試述後漢書的作者及其成書經過。

【答】南朝宋范曄撰。

范曄初為尚書吏部郎，左遷宣城太守。不得志，於是窮覽舊籍，刪眾家後漢書，以成一家之作。惜志未成，因與孔熙先謀傾宋室，事發伏誅。梁時，劉昭取晉司馬彪續漢書志的部分，加以注解，「分為三十卷，以合范史」，遂成今之後漢書。

17. 後漢書有何特色？

【答】後漢書師法史記，編次卷帙，各以類相從；取法班氏，多附載政論材料及詞采壯麗的文章。敘述詳簡得宜，立論亦稱允當。劉知幾推稱此書「簡而且周，疏而不漏」。縱有傳文矛盾、敘事無根的缺點，仍不失為良史。

18. 試述三國志的作者及體例。

【答】三國志為晉陳壽撰。

凡六十五卷：魏志三十卷，蜀志十五卷，吳志二十卷。其中魏四紀，二十六列傳，蜀十五列傳，吳二十列傳。

19. 裴松之為三國志作注的原因及成就為何？

【答】宋文帝嫌三國志為文簡略，命裴松之作注。於是松之鳩集傳記，增廣異聞，以補壽志的缺失。松之注此志，所引的書，多至五十餘種。較原書多出三倍，可謂集注史的大成。

20. 開史書眾修先河的是何書？其成書經過如何？

【答】開史書眾修先河的是晉書。

在唐以前，晉書的編撰，家數甚多。至唐初，仍有何法盛等十八家流行。唐太宗以為都不完善，敕房玄齡、褚遂良、許敬宗重撰，又命李淳風修天文、律曆、五行三志，敬播等改正類例。太宗並自撰寫宣、武二本紀和陸機、王羲之二列傳的「論」。是以曰「制旨」，又總題全書為「御撰」。

21. 宋書的取材情形如何？

【答】宋書材料，多取徐爰舊本增刪而成，用時不過一年左右。大抵沈約續補永光（前廢帝）以後，至亡國十餘年的事，並刪除徐爰舊著中有關晉末諸臣，及桓玄等諸叛賊的部分，其餘都本爰書。

22. 宋書的體例及缺失為何？

【答】宋書凡一百卷，有帝紀十，志三十，列傳六十，而無表。本書蕪詞甚多，繁簡失當，宋齊革易間的事，作史者既為齊諱，又欲為宋諱，不能據事直書，有乖史筆。

23. 沈約、裴子野與宋書的關係如何？

【答】唐劉知幾史通說：「其書既成，河東裴子野更刪為宋略二十卷，沈約見而歎曰：『吾所不逮也。』由是世之言宋史者，以裴略為上，沈書次之。」由此可知其關係。

24. 今本梁書題姚思廉撰而不列魏徵之名的原因何在？

【答】據新唐書姚思廉傳稱：「貞觀三年詔思廉同魏徵撰。」今本梁書題姚思廉撰而不列魏徵之名。大約魏徵本奉詔監修，而實由思廉一人執筆，所以獨標姚思廉撰。

25. 試述梁書的特點。

【答】本書記述史跡，詳密覈實，而成書時，又相隔三代，既無個人恩怨，亦少當朝忌諱，所以持論頗稱平允。況姚氏父子為唐代古文先驅，行文自稱爐錘，洗盡六朝浮豔文風，雖敘事論人間亦矛盾冗雜，實亦頗多可取之處。

26. 魏書的缺失何在？被列入正史的原因為何？

【答】魏書內容蕪穢，體例荒謬，世稱穢史。一人立傳，不論有無官職、有無功績，都附綴於後，有至數十人者。且史筆成為其酬恩報怨的工具。收因仕於北齊，而修史又在齊文宣帝時，舉凡涉及齊神武帝在魏朝時，多曲為迴護，黨齊毀魏，有失是非之公。惜收前諸儒所撰魏史，悉數被毀，因此，收書終得列入正史，以存文獻。

27. 隋書的作者及體例如何？

【答】唐魏徵等奉敕撰。撰紀傳者有顏師古、孔穎達、許敬宗等三人；撰志者有于志寧、李淳風、韋安仁、李延壽、令狐德棻等人。

隋書凡八十五卷，有本紀五、列傳五十、志三十。

28. 隋書的優劣如何？

【答】隋書成於眾手，牴牾難免，執筆者都屬唐初名臣，書法嚴謹，文筆簡淨，惜高祖紀與煬帝紀中，曲為迴護，頗有隱諱篡逆的事蹟，誠有愧史筆。

29. 南史的體例及特點如何？

【答】南史凡八十卷，有本紀十，列傳七十。始於劉宋永初元年，迄於陳禎明三年，歷宋、齊、梁、陳四代，一百七十年。本書敘事簡淨，文少避諱，頗能糾正各史迴護的缺點。本書雖以宋、齊、梁、陳四史為根據，但是刪繁補闕，意存簡要，舉凡詔誥詞賦，一概刪削，無煩冗蕪穢之詞，司馬光稱為佳史。

30. 試述北史的特點。

【答】北史與南史，同出李延壽之手，敘事簡淨，堪稱史籍中的佳構。而北史又較南史用力獨深，史例允當，於魏收曲筆，亦多加糾正。

31. 舊唐書的體例及優劣如何？

【答】凡二百卷，有本紀二十，書志三十，列傳一百五十。
本書多以令狐德棻及吳兢的舊稿為藍本，敘事得體，文筆簡淨。尤其穆宗以前，簡而有體，敘述詳明，頗能保存班、范的舊法。惜穆宗以後，語多枝蔓，多述官職、資望，竟似斷爛朝報；而且各傳並見，重出頗多，本紀、列傳，亦多迴護之處，為世所病。

32. 新唐書有何特點？

【答】事增文省，為其最大特色。唐書迴護之筆，本書多予刊正；舛漏之處，亦加補救。

33. 試略述舊五代史的優劣。

【答】取材多本諸實錄，因此修史時間，不過一年餘。事雖詳備，然實錄中迴護之處，都未能核實糾正，有失史實。

34. 新、舊五代史體例有何不同？

【答】舊五代史仿陳壽三國志的體例，以國別為限，各自為書；新五代史則遠祖史記，以類相從。舊五代史率依各朝實錄；新五代史則旁參史料，褒貶分明。

35. 試述宋史的作者及優劣。

【答】元托克托等奉敕修撰。宋史全書，為卷五百，文百萬言，而修撰時間，不及三年，成書可謂神速。有宋一代，史料的記錄與保存非常周密。有起居注，有時政記。每一帝必修有日曆，日曆之外，又有實錄。

然本書因依實錄與傳記而成，未加考核損益，因此枉曲迴護，頗多不合史實；且立傳失當，前後矛盾，蕪雜特甚。

36. 試評遼史的優劣。

【答】遼史在遼、金、元三史中，最為潦草疏略。本書所據底本為遼耶律儼所修太宗以下諸帝實錄七十卷，以及陳大任遼史。見聞既隘，且首尾不及一年即告完成，潦草成篇，實多疏略。遼國語解一卷，體例則頗完善。

37. 金史的作者及特點為何？

【答】元托克托等奉敕修撰。

敘事詳賅，文筆老潔，迴出宋、元二史之上。

38. 明史的作者及體例為何？

【答】清張廷玉等奉敕撰。

凡三百三十二卷。有本紀二十四，志七十五，表一十三，列傳二百二十。另附目錄四卷。

39. 明史的優點何在？

【答】明史一書，為近代諸史中的佳作。本書編纂得當，考訂審慎，頗稱精善。

40. 新元史的作者及優劣為何？

【答】民國柯劭忞撰。

本書義例嚴謹，考證博洽，且文章雅潔，論斷明快，頗足糾補元史的缺失。不過梁啟超對本書頗多微辭，謂其篇首無一字之序，無半行之凡例，令人不能得其著書宗旨及所以異於前人者之處；篇中篇末又無一字之考異或案語，不知其改正舊史者為某部分，何故改正，所根據者何書。

41. 清史稿的作者及缺點如何？

【答】由趙爾巽、柯劭忞等人撰。

本書修史諸人，純以清遺臣身分記述清朝史事，因此書中頗多不合史實之處，義例既非，書法也多有偏頗。

42. 編年體的起源為何？

【答】編年體的史書，起源於春秋、左傳。

43. 編年與紀傳的差異何在？

【答】編年者，以事繫年，詳一國的治體；紀傳者，以人繫事，詳一人之事蹟。

44. 編年的長處為何？

【答】以時月為樞紐，一切事蹟按年月一檢即得，沒有分述重出的煩惱。

45. 竹書紀年出書的經過情形如何？

【答】其出書經過，觀晉書束晳傳可知：太康二年，汲郡人不準盜發魏襄王墓，得竹書數十車。

46. 竹書紀年的特色及價值如何？

【答】本書文辭簡要有如春秋，記事則同於左傳。其中最駭人聽聞、與古代傳說相異的有：夏啟殺伯益，太甲殺伊尹，文丁殺季歷等。至於戰國時期，與史記不同的地方更多。其史料價值頗值得重視。

47. 試為竹書紀年釋名。

【答】此書因係竹簡為書，故名竹書；因係編年體裁，故名紀年。

48. 漢紀的作者及體例為何？

【答】東漢荀悅撰。

凡三十卷。計有高祖至平帝等十二紀，而以王莽之事附於平帝紀後，共敘事二百三十一年。

49. 漢紀的特色如何？

【答】本書組織嚴密，文筆簡潔，內容雖不出漢書範圍，亦時有所刪潤，並非泛泛抄錄而成書。可作為研讀漢書的入門要籍。

50. 後漢紀與范曄後漢書的關係如何？

【答】袁宏撰後漢紀的動機即因後漢書煩穢雜亂，明而不能竟，特欲掃此病之故。因此，可以說後漢紀是因後漢書而作。且後漢紀簡明扼要，一掃後漢書「煩穢雜亂」之病。

51. 資治通鑑成書經過及體例如何？

【答】宋司馬光於英宗治平二年奉詔作書，至神宗元豐七年始成，歷時十九年。助修者有劉攽、劉恕、范祖禹等人。

凡二百九十四卷，上起戰國，下終五代之末，貫一千三百六十二年的史事，以朝代為紀，以編年為體，詳述歷代治亂興衰的事蹟。

52. 資治通鑑的特色及今日最通行版本為何？

【答】本書雖以政治為主，並非單純的政治史，舉凡社會、經濟、文化、制度等莫不摘要記述，實已涵括全面的歷史發展。且除敘述史實外，兼具史實的分析與評論，為有史學價值的巨著。南宋以後，注者頗多，元胡三省匯合眾注，訂訛正漏，作資治通鑑音注，歷三十年，稿經三易，始告成功，為今日最通行的版本。

53. 續資治通鑑長編的作者及特色如何？

【答】南宋李燾撰。前後歷時四十年始成，李燾畢生精力，盡萃於斯。全書編纂得當，敘事詳密，文不蕪累，堪稱繼踵通鑑的名作。

54. 續資治通鑑有何特色？

【答】本書史料都有所本，徵引史實，以正史為經，而以契丹國志及各家文集為緯。事必詳明，語歸體要。於舊史之文，惟有取捨剪裁，不加改寫；但有敘事，不雜議論。張之洞書目答問譽稱：「有畢鑑，則諸家續鑑皆可廢。」

55. 通鑑綱目的作者及其著述目的為何？

【答】宋朱熹撰，門人趙師淵助編。朱熹編纂此書，以道德、思想、教育為主，故仿春秋褒貶之例，取通鑑所記之事創立綱目。

56. 通鑑綱目與資治通鑑的關係如何？

【答】通鑑綱目取材不出資治通鑑，因此可用以勘正資治通鑑的字句訛異。

57. 紀事本末體創於何人？何書？又其特點為何？

【答】創自宋袁樞的通鑑紀事本末。其特點在以事為中心，標立題目，而依年月為序敘述。既不受人物的拘束，可免去紀傳體的重複；又不受時間的限制，可補編年的破碎。

58. 紀事本末體的局限為何？

【答】紀事本末體以事為類，僅能就部分歷史事蹟作有系統的敘述，而無法對整個歷史作全面的觀照，就史料保存的作用而言，不及編年、紀傳二體。

59. 通鑑紀事本末的作者及其著述動機為何？

【答】宋袁樞撰。

袁樞原治通鑑，苦其以事繫年，前後尋檢，殊多費事，遂就通鑑事蹟，以事為類，每事成編，自為標題，依年月為次而成書。

60. 何謂「九朝紀事本末」？

【答】自宋袁樞通鑑紀事本末書出後，後人仿照袁書體裁，相續撰述，而有清高士奇的左傳紀事本末、明陳邦瞻的宋史紀事本末、元史紀事本末、清李有棠的遼史紀事本末、金史紀事本末、清張鑑的西夏紀事本末、清谷應泰的明史紀事本末、清楊陸榮的三藩紀事本末與袁樞的通鑑紀事本末，合稱九朝紀事本末。

61. 繹史的作者及四庫提要對其評語為何？

【答】清馬驌撰。

四庫提要評說：「疏漏牴牾，間亦不免，而蒐羅繁富，詞必有徵，實非羅泌路史、胡宏皇王大紀所可及。」

62. 政書為史始於何人何書？

【答】唐杜佑通典。

63. 何謂「三通」？

【答】自杜佑通典書出，宋鄭樵的通志和元馬端臨的文獻通考，都以通典為藍圖，號稱三通。

64. 杜佑著通典的目的何在？

【答】杜佑在通典總序中即言明其目的在：「採群言，徵諸人事，將施有政。」因而此書特重典章制度和社會經濟發展等重要史實。

65. 四庫提要對通典的評價如何？

【答】四庫提要評其：「詳而不煩，簡而有要，元元本本，皆為有用之實學，非徒資記問者可比。」

66. 通志體例如何？又其精華何在？

【答】通志凡二百卷，自三皇至唐，為通史體裁，計分帝紀十八卷，皇后列傳二卷，年譜四卷，略五十一卷，列傳一百二十五卷。

全書精華在二十略中。

67. 通志一書的優劣如何？

【答】本書網羅繁富，才辯縱橫，但穿鑿挂漏，在所未免。雖純駁互見，而瑕不掩瑜，仍值得資為考鏡。

68. 文獻通考取材的依據為何？

【答】本書取材，大抵中唐以前，以通典為基礎，中唐以後則為馬氏廣收博採而成。

69. 文獻通考的特點為何？

【答】本書取材廣博，網羅宏富，雖以卷帙繁重，難免顧此失彼，然條分縷析，貫穿古今，實政書體中的重要史籍。

70. 續三通所指為何？

【答】指續通典、續通志、續文獻通考而言。

71. 清三通所指為何？

【答】指清通典、清通志、清文獻通考而言。

72. 續三通與清三通撰寫年代為何？

【答】撰寫年代均在清乾隆年間。

73. 何謂「九通」？

【答】續三通、清三通與正三通合稱為九通。

子學常識測驗題

一、單選題

（　）1.如果你想到圖書館借閱具寓言性質的作品，下列哪一書籍最應列為優先選擇　Ⓐ左傳　Ⓑ孟子　Ⓒ莊子　Ⓓ呂氏春秋。

（　）2.以下四點，何者不是諸子產生的背景　Ⓐ封建制度崩潰　Ⓑ貴族階級動搖　Ⓒ經濟制度變化　Ⓓ教育事業不發達。

（　）3.古代學術的狀況　Ⓐ和今天相同，「政」「教」是合一的　Ⓑ和今天不同，「政」「教」是分離的　Ⓒ和今天相同，「政」「教」是分離的　Ⓓ和今天不同，「政」「教」是合一的。

（　）4.「一字千金」的典故，是由下列何者而起　Ⓐ莊子　Ⓑ呂氏春秋　Ⓒ春秋　Ⓓ老子。

（　）5.對政治改革充滿熱情，而且意志堅強的是　Ⓐ儒家　Ⓑ墨家　Ⓒ法家　Ⓓ道家。

（　）6.司馬談論六家要指所指的「六家」為　Ⓐ陰陽、儒、墨、名、法、道德　Ⓑ陰陽、儒、墨、名、法、縱橫　Ⓒ陰陽、儒、墨、名、法、雜　Ⓓ陰陽、儒、墨、名、法、小說。

（　）7. 儒家在人際關係、人與社會的關係上，主張「有差等的愛」。試問下列哪一句話和儒家「有差等的愛」其含意無關 Ⓐ先天下之憂而憂，後天下之樂而樂 Ⓑ老吾老以及人之老，幼吾幼以及人之幼 Ⓒ親親之殺 Ⓓ親親而仁民，仁民而愛物。

（　）8. 荀子云：「好治怪說，玩琦辭，甚察而不惠，辯而無用，多事而寡功，不可以為治綱紀；然而持之有故，其言之成理，足以欺惑愚眾。」他所批評的是下列何人的思想 Ⓐ孟軻 Ⓑ惠施 Ⓒ韓非 Ⓓ老聃。

（　）9. 「君無術則弊於上，臣無法則亂於下，此不可一無，皆帝王之具也。」「堯為匹夫不能治三人，而桀為天子能亂天下，吾以此知勢位之足恃，而賢智之不足慕也。」上述言論，應為何人的思想 Ⓐ商鞅 Ⓑ申不害 Ⓒ慎到 Ⓓ韓非。

（　）10. 「禮法以時而定，制令各順其宜，兵甲器備，各便其用。臣故曰：『治世不一道，便國不必法古。』湯武之王也，不脩古而興；殷夏之滅也，不易禮而亡。然則反古者未可必非，循禮者未足多是也。君無疑矣。」這樣的言論，應該出自於下列何者 Ⓐ道家 Ⓑ名家 Ⓒ法家 Ⓓ儒家。

（　）11. 如果你喜歡研究天文、星象、氣候，也想找出這些現象與大自然、人類的關聯，下列何者可能與你志同道合 Ⓐ儒家 Ⓑ陰陽家 Ⓒ農家 Ⓓ墨家。

（　）12. 以下四點敘述，何者是不正確的 Ⓐ莊子繼承老子的哲學，肯定道是創生萬物的本源 Ⓑ莊子主張萬物是齊一的，有所謂高低貴賤之別 Ⓒ莊子主張泯是非，薄辨議 Ⓓ莊子主張天地與我並生，萬物與我合一。

（　）13. 相對而言，下列何人最重視教育　Ⓐ韓非　Ⓑ惠施　Ⓒ荀子　Ⓓ老子。

（　）14. 漢書藝文志諸子略序，班固以為九流十家中，可以「權事置宜，受命不受辭」，但也容易造成「上詐諼，棄其信」流弊的是　Ⓐ雜家　Ⓑ縱橫家　Ⓒ小說家　Ⓓ名家。

（　）15. 下列何者是不正確的　Ⓐ兼愛是道德性的主張，毫無功利的用意　Ⓑ墨子主張尚同，所謂尚同，就是百姓上同天子，天子上同天志　Ⓒ基於兼愛的原則，墨子有非攻之主張　Ⓓ墨子非議禮文之虛偽，主張薄葬。

（　）16. 下列諸子中，何者重視鬼神，強調鬼神對人的賞罰力量　Ⓐ孔子　Ⓑ墨子　Ⓒ莊子　Ⓓ荀子。

（　）17. 呂氏春秋不二篇說：「（　）貴柔，（　）貴仁，墨翟貴廉（兼），關尹貴清，（　）貴虛，陳駢貴齊，（　）貴己，孫臏貴勢，王廖貴先，兒良貴後。」括號中要填入的人物如下，甲、楊生，乙、孔子，丙、子列子，丁、老聃，其次序應為　Ⓐ甲乙丙丁　Ⓑ丁丙甲乙　Ⓒ丙乙丁甲　Ⓓ丁乙丙甲。

（　）18. 曾言：「為天地立心，為生民立命，為往聖繼絕學，為萬世開太平。」的學者是　Ⓐ周敦頤　Ⓑ張載　Ⓒ程頤　Ⓓ朱熹。

（　）19. 下列何者是不正確的　Ⓐ韓非喜刑名法術之學，而其本歸於黃老　Ⓑ韓非為人口吃，而善著書，曾師事荀子　Ⓒ韓非反對儒家尊賢之說，認為「法」才是治國之張本　Ⓓ韓非不主張用「刑德二柄」來宰制群臣。

（　）20.「以天下為沈濁，不可與莊語，以卮言（無頭無尾、支離破碎的言辭）為曼衍，以重言為真，以寓言為廣。」所指的是下列何人　Ⓐ莊子　Ⓑ公孫龍　Ⓒ惠施　Ⓓ墨子。

（　）21.儒家的學術思想中，較少提及的主題是　Ⓐ歷史經驗的傳承　Ⓑ人倫關係的建構　Ⓒ生命價值的尊重　Ⓓ民生政治的觀念。

（　）22.下列何者是不正確的　Ⓐ惠施喜歡從絕對超越的角度去強調事物的「同」　Ⓑ公孫龍喜歡從絕對超越的角度去強調事物的「異」　Ⓒ惠施公孫龍都不喜歡用詭辯的方法　Ⓓ名家思想對知識層面的開拓、邏輯學的形成有很重要的貢獻。

（　）23.下列何者是了解先秦兩漢之際學術大勢的重要著作　Ⓐ春秋繁露　Ⓑ呂氏春秋　Ⓒ漢書藝文志　Ⓓ荀子非十二子。

（　）24.以下何者是不正確的　Ⓐ縱橫家雖被列入九流十家，實為戰國時代兩種外交策略　Ⓑ蘇秦主張合縱，張儀倡導連橫　Ⓒ鬼谷子是縱橫家之代表人物　Ⓓ縱橫家是帝王之學，其權謀運用，縱橫捭闔，對今天的國際外交戰略沒什麼用處。

（　）25.下列何者以「疾虛妄」作為思想宗旨，有極高的批判精神　Ⓐ法言　Ⓑ太玄　Ⓒ新論　Ⓓ論衡。

（　）26.企圖以道家思想解釋論語的著作，是何晏的　Ⓐ論語集注　Ⓑ論語集解　Ⓒ法言　Ⓓ新論。

（　）27.佛教宗派中，何者不依一定經論，且不重宗教傳統　Ⓐ三論宗　Ⓑ天台宗　Ⓒ華嚴宗　Ⓓ禪宗。

（　）28.漢代的儒家學說往往混雜　Ⓐ白馬非馬之說　Ⓑ非樂非攻之說　Ⓒ陰陽五行之說　Ⓓ君民並耕之說。

(　)29. 禪宗有頓悟、漸悟兩派，主張不同，請比較下列二偈，分別應為何人之作
甲、身是菩提樹，心如明鏡台。時時勤拂拭，勿使惹塵埃。
乙、菩提本無樹，明鏡亦非台。本來無一物，何處惹塵埃。
Ⓐ甲、達摩，乙、慧能　Ⓑ甲、慧能，乙、神秀　Ⓒ甲、神秀，乙、慧能　Ⓓ甲、慧能，乙、弘忍。

(　)30. 下列何者，以易傳與中庸的思想為基礎，提出「誠」作為易經的道體與修養的工夫　Ⓐ通書　Ⓑ太極圖說　Ⓒ經學理窟　Ⓓ易說。

二、複選題

(　)31. 下列關於中國學術，敘述正確的選項是　Ⓐ儒、墨、道、法、名、陰陽、縱橫、雜、農、小說等家合稱十家，去除雜家，則為九流　Ⓑ儒家流派中，孟子主張性善，法後王；荀子主張性惡，法先王　Ⓒ魏晉玄學發達，清談之風盛行，多治周易、老子、莊子，以王弼、何晏、阮籍、嵇康等人為代表　Ⓓ明代王學興起，以研究心性之學著稱，又名「道學」。

(　)32. 想從古籍中了解前人對先秦諸子的評述，下列那些篇章可以參考　Ⓐ莊子天下篇　Ⓑ荀子非十二子　Ⓒ韓非子顯學　Ⓓ司馬談論六家要指。

(　)33. 下列何者屬於孟子的思想觀念　Ⓐ良知良能　Ⓑ老吾老以及人之老，幼吾幼以及人之幼　Ⓒ四端之心　Ⓓ知言養氣。

（　）34. 以下四點敘述，何者是正確的　Ⓐ管子是鄭國人，曾為鄭莊公建立霸業　Ⓑ管子是春秋時代的人，管子一書卻是戰國時代的著作　Ⓒ管子的道德思想承自道家，但轉入法家的法治主義　Ⓓ管子以四維作為立國之本。

（　）35. 下列何者是孟子的人生態度　Ⓐ節用非樂　Ⓑ舍我其誰　Ⓒ動心忍性　Ⓓ生於憂患而死於安樂。

（　）36. 呂氏春秋是　Ⓐ呂不韋的門客所著　Ⓑ採取儒家修齊治平的理論，但是摻雜道家清靜無為之說　Ⓒ採取墨家節儉好義，反對其非樂非攻之說　Ⓓ採取法家信賞必罰精神，反對其嚴刑峻法之說。

（　）37. 下列何者屬於孟子對讀書學習的看法　Ⓐ知人論世　Ⓑ以意逆志　Ⓒ盡信書不如無書　Ⓓ道在屎溺。

（　）38. 下列何者與莊子或莊子的思想有關　Ⓐ鼓盆而歌　Ⓑ得魚忘筌　Ⓒ知魚之樂　Ⓓ濠濮間想。

（　）39. 以下關於漢代諸子的敘述，何者是正確的　Ⓐ漢初行黃老之治，所謂黃老，是法家與道家融合在一起的治術　Ⓑ淮南子是淮南王劉安的門客所寫的，代表雜家化的道家　Ⓒ賈誼新書、桓寬鹽鐵論、王符潛夫論，代表雜家化的儒家　Ⓓ董仲舒的天人感應學說，成為漢代思想主流。

（　）40. 下列何者與墨子或其思想有關　Ⓐ背周道而用夏政　Ⓑ摩頂放踵　Ⓒ節用非攻　Ⓓ歧路亡羊。

( ) 41.下列關於禍福言論的選項，何者屬於或接近於儒家 Ⓐ禍兮福之所倚，福兮禍之所伏 Ⓑ永言配命，自求多福 Ⓒ天道福善禍淫 Ⓓ塞翁失馬。

( ) 42.下列何人會告訴你不要讀書，或是讀書越多，心術越壞 Ⓐ莊子 Ⓑ老子 Ⓒ墨子 Ⓓ孟子。

( ) 43.下列何人在討論或辯論時，一定要先將每個詞語的意思弄得很清楚，不讓它有絲毫的含混 Ⓐ惠施 Ⓑ公孫龍 Ⓒ鄒衍 Ⓓ老子。

( ) 44.關於列子的敘述，下列何者正確 Ⓐ列禦寇撰，唐天寶元年，號列子書曰沖虛至德真經 Ⓑ屬於雜家 Ⓒ莊子書中謂其可以御風而行 Ⓓ其學本於黃帝、老子。

( ) 45.有關孫子兵法思想，下列何者正確 Ⓐ無恃敵不來，恃吾有以待之 Ⓑ投之亡地然後存，陷之死地然後生 Ⓒ兵貴勝，不貴久 Ⓓ不戰而屈人之兵，善之善者也。

( ) 46.以下四點敘述，何者是不正確的 Ⓐ周敦頤著太極圖說與通書 Ⓑ張載西銘主張「民胞物與」 Ⓒ王陽明主張「性即理」之說 Ⓓ朱熹與陳亮曾在鵝湖會面，辯論自己的學說。

( ) 47.要研究漢文化中關於丹鼎符籙為內容的神仙之學，應參考下列何者 Ⓐ阮籍的達莊論 Ⓑ嵇康的養生論 Ⓒ魏伯陽的周易參同契 Ⓓ葛洪的抱朴子。

( ) 48.以下敘述，何者是正確的 Ⓐ程顥，稱為明道先生，主張「體貼天理，敬義夾持」 Ⓑ程頤，稱為伊川先生，主張「性即理」 Ⓒ陸九淵，號象山，主張「吾心即宇宙」 Ⓓ王陽明，提出「心即理」之說。

(　) 49. 以下對考據之學之敘述，何者是正確的 Ⓐ是清代學術的中堅 Ⓑ這種學問的興起，遠承漢代班固白虎通義而來 Ⓒ大都可以派入經學、史學、聲韻、文字、辨偽、校勘等學術領域 Ⓓ已脫離思想的創造，接近歷史實證之精神。

(　) 50. 下列關於朱熹的敘述，何者正確 Ⓐ嘗師事李侗 Ⓑ遠祖程頤，學者稱為紫陽先生，亦稱考亭先生 Ⓒ為學主敬以立其本，窮理以致其知，反躬以踐其實 Ⓓ生平著述宏富，其中四書章句集注為其耗盡心血之作，影響深遠。

三、問答題

1. 「子」的涵義是什麼？

【答】「子」字原指男子，其後作為男子的美稱。古代士大夫嫡子以下，皆稱夫子。從孔子起，開始有私人講學，孔子的門人尊稱孔子為「夫子」，簡稱「子」。自此相沿成風，弟子纂述老師思想言行的書籍，便以「子」為稱呼，這便是子書命名的由來。

2. 諸子產生的背景是什麼？

【答】諸子的學術，產生於周秦之際，天下最混亂的時候。當時各國諸侯勢力龐大，相互爭雄，周天子無法號令天下，不論政治、社會、經濟、教育各方面都產生了劇烈的變革。從政治來看，周代的封建制度已因諸侯爭雄，彼此蠶食鯨吞而逐漸崩潰；從社會來看，周代世襲的貴族階級社會，已因平民崛起而根本動搖；從經濟來看，商人地位提高，經商有成的平民取代貴族成為新地主，農民隨著商人勢力的擴張，產生人口流動。從教育來看，平民教育興起，出身平民的才俊之士，數量大增，更富於使命感。他們面對時代的課題著書立說，相互論辯，就此開啟百家爭鳴的盛況。

3. 為什麼有「諸子出於王官」之說？

【答】這是因為古代學術狀況和今天不同，政教不分，官師合一，學術資源大部分掌握在官方。周平王東遷以後，官學衰微，民間學術興盛，局面才逐漸改觀。因此古人討論諸子的淵源時，便有「諸子出於王官」之說。

4. 試從漢書藝文志所載，具體說明「諸子出於王官」的內容。

【答】根據班固漢書藝文志之記載：

儒家者流，蓋出於司徒之官。（注：掌教育）

道家者流，蓋出於史官。（注：掌典籍）

陰陽家者流，蓋出於羲和之官。（注：掌星曆）

法家者流，蓋出於理官。（注：掌刑法）

名家者流，蓋出於禮官。（注：掌禮秩）

墨家者流，蓋出於清廟之守。（注：掌祀典）
縱橫家者流，蓋出於行人之官。（注：掌朝聘）
雜家者流，蓋出於議官。（注：掌諫議）
農家者流，蓋出於農稷之官。（注：掌農事）
小說家者流，蓋出於稗官。（注：掌野史）

5. 司馬談論六家要指將諸子分成幾家？

【答】分成陰陽家、儒家、墨家、名家、法家、道德家。中國學術史上，以儒、墨、名、法、道德、陰陽作為諸子流派，自此開始。

6. 九流十家彼此之關係如何？其學說之價值可否相提並論？

【答】在諸子十家之中，只有儒、道、墨三家是獨立的門派。名家、法家由此三家分出；陰陽家是春秋以前便已存在的舊學。至於縱橫家，是說客遊說各國的謀略。雜家之作，雜錄各家言論，並無中心思想。農家的許行、小說家的宋鈃均無著作流傳，必賴孟子、荀子之記述，方知學說梗概。由此可知，十家雖齊名平列，其學說之內涵與價值，並不能相提並論。

7.「儒」字的原義是什麼？

【答】儒字的原義是「柔」，又作「術士」之稱。從周禮注可知儒者是古代職掌教育的人，具備相當的學問及崇高的人格，是學者兼教育家。

8.何謂「孔門四科」？

【答】孔子在世之日，已有「四科」之名目，此即論語先進篇說的：「德行：顏淵、閔子騫、冉伯牛、仲弓；言語：宰我、子貢；政事：冉有、季路；文學：子游、子夏。」可知四科是孔門弟子因性格和能力不同，而有四種發展的傾向。

9.孟子與荀子在心性論上有何對立的主張？

【答】心性論是儒家思想的精粹。孟子、荀子都是發揮孔子思想的儒者。孟子從人人皆有「四端」之心，提出「性善說」，認為人具有本然的善性。荀子由於對心性的認知角度異於孟子，而提出「性惡說」。大體來說，孟子的「性」相當於「人的自覺心」，荀子的「性」相當於「人的自然本能」。荀子從人的自然本能看人性，因此得出「性惡」的結論。值得注意的是：荀子並不否認人可以為善。

10. 除了「性惡說」之外，荀子還有什麼具有特色的思想？

【答】荀子說：「人之性惡，其善者偽也。」所謂「偽」，就是「人為」，就是「變化氣質」。要變化氣質，必須仰賴學問。具體說，就是以禮樂作為教化工具。因此荀子大力主張「重視師法，弘揚禮樂」。

荀子從理智的精神出發，把「天」看作「自然實體」，主張「制天用天」，反對「天人禍福」之說。此外，他從認識心的辨析中，發展出初步的邏輯思維；從君臣的對待關係中提出「尊君貴民」、「富國強兵」的觀念，都是很有特色的思想。

11. 試述「道家」命名的由來。

【答】「道」的本義是「路」，又可解作「術」，皆指人們共同行走的道路。莊子天下篇將「道」「術」連言，指稱古代的學術。然而所謂「道家」卻是比較後起的稱呼。在漢司馬談論六家要指中，原稱為「道德家」，司馬遷在史記老莊申韓列傳也說老子「著書上下篇，言道德之意」，至東漢班固漢書藝文志才簡稱為「道家」。

12. 道家的創始者是何人？論及道家，應以何人為代表？

【答】相傳道家源於古之史官，而史官之設置，又相傳可以溯至黃帝，因此道家的典籍常將學說託始於黃帝。其實，道家的思想淵源或許可以遠溯到上古，道家成為學派，卻肇端於老子，而莊子的學說又承自老子，所以論及道家，應以老子、莊子為代表。

13. 老子一書的作者是誰？為什麼又稱為道德經？

【答】史記說得很清楚，老子是李耳撰成的。莊子和韓非子都引用過老子的言論。老子之所以稱為道德經，可能是取用上篇第一句：「道可道，非常道」與下篇第一句「上德不德」中的「道」與「德」二字而成。

14. 老子的思想，使用什麼形式來表達？與論語有何不同？

【答】老子一書，原先究竟分成幾章，今天已難察考。現在流傳的版本，不論是王弼本，還是河上公本，都分成八十一章，上篇三十七章，下篇四十四章。全書使用「韻文體」來表達思想，與孔子的論語使用「語錄體」來表達思想極為不同。老子一書全為獨白的格言，充滿冷靜的智慧；論語頗多師徒的對話，充滿溫暖的生活氣息。

15. 試述「道」的性質。

【答】「道」是老子思想的核心。在老子一書中，有很多對「道」的描述，大體認為：天地萬物的本源是「道」，天地萬物都由「道」所創生。而「道」是一種虛無恍惚卻實際存在的東西，在創生萬物之後，便內在於萬物之中，衣養萬物。這一種創生活動，永不竭盡，因為「道」的運作，是循環而反復的。

16. 試述莊子思想的要旨。

【答】從思想發展來看，莊子繼承老子的哲學，也肯定「道」是創生萬物的本源，但是他更進一步說明「道」是「非物」，是先於萬物而存在的精神性本體。從「道」的角度來看，萬物是齊一的，無所謂高低貴賤。從萬物是齊一的觀點出發，不僅事物是相對存在，連人的認知能力也是相對有限。由此，他主張「泯是非」、「薄辯議」，進而主張「齊物我」，並由此得出「天地與我同生，萬物與我合一」的結論。

17. 試述墨家命名的由來。

【答】「墨」字原指黑色的書寫顏料，其後引申為「繩墨」之意。墨子主張刻苦，而其從學門徒，大多「因首垢面，面目黧黑」，自奉甚儉，送死甚薄，重在引繩墨自矯，因此以「墨」作為學派名稱，叫做「墨家」。

18. 試述墨家的淵源。

【答】墨家的淵源，可以追溯到夏禹。此因夏禹治水時，「菲飲食、惡衣服、卑宮室」的刻苦精神和墨家的精神相近，以後的墨者以此相高。莊子天下篇、淮南子要略便據此認為墨子之學繼承夏禹而來。

19. 何謂「顯學」？

【答】孟子滕文公下說：「能言距楊墨者，聖人之徒也。」又說：「天下之言，不歸楊，則歸墨。」墨家是戰國時代儒家最重要的論敵，韓非子顯學篇稱儒、墨二家為「顯學」。

20. 試述墨子的「兼愛說」。

【答】「兼愛」是墨子思想的核心觀念，但是「兼愛」不是道德性的主張，而是著眼於治亂的功利性主張。墨子認為一切混亂都起於不相愛，「兼相愛則治，交相惡則亂」；天下人若能彼此相愛，就不會有強凌弱、眾暴寡的現象出現。「兼愛」也是上天的意志，順天意，兼相愛，必得天賞；反天意，別相惡，交相賊，必得天罰。

21. 墨家如何非議儒家？荀子如何批評墨家？

【答】墨子以儒者為論敵，反對儒家「天命」之說，改以「天志」、「明鬼」之說。又從儒者繁飾禮文，不事生產，譏議儒者的禮文為虛偽；由非議禮文，從而主張薄葬。又就音樂「不中聖人之事」、「不中萬民之利」足以廢事，不利天下，從而有「非樂」之說。墨子太過於重視功利與實用價值，所以荀子評之為：「墨子蔽於用而不知文。」

22. 試述法家的精神與命名由來。

【答】「法」字原為「灋」字之省文，有求平直之義，其後引申為「憲令」、「刑罰」、「準繩」之義。韓非子定法篇說：「法者，憲令著於官府，刑罰必於民心。賞存於慎法，而罰加乎姦令者也。」不別親疏，不論富貴，一切是非功過，以「法」作為論斷標準。這是法家的精神，也是法家命名的由來。

23. 試述法家諸子的代表人物。

【答】法家諸子的學說中心思想各有不同的側重與強調，可以分成三大派：一是重勢派，以慎到為代表；二是重術派，以申不害為代表；三是重法派，以商鞅為代表。此外，韓非認為勢、術、法三者不可偏廢，成為法家集大成者。戰國時代，偽託管仲所作的管子亦為法家的重要著作。

24. 略述韓非思想的淵源。

【答】韓非是荀子的弟子，他承繼了荀子的性惡說，認為人無善、惡意識。又承繼了荀子的尊君說，強調人主的利益至上。他襲取了道家虛靜的修養理論，強調人君應以靜制動，冷靜地駕馭臣下。此外，他吸收了法家前驅人物的思想，建立了一個以法治為基礎，集「法」、「術」、「勢」三者於一爐的政治思想體系。

25. 略述韓非對於「法治」的主張。

【答】韓非反對儒家、墨家尊賢的主張，認為「禮治」、「人治」不足仗恃，唯有「法治」才是治國的張本。他認為一個有道的君主，應該「遠仁義，去智能，服之以法」。作為人君，必須以「利」來收人心，以「威」遂行意志，以「名」作為上下追求的目標。

26. 試述管子一書的思想要旨。

【答】(1)在道德思想方面：完全承自道家，但是轉入「法治」主義，認為「法」之來源，出於「道」，無為之治是法治的最高理想。但是，管子也強調「禮治」，禮不能治，才繼之以法，以濟禮治之窮。

(2)在政治制度方面：以「四維」作為立國之本，國本既立，乃有五官、五鄉之設，施行文政、武政。

(3)在教育方面：主張教軍士、教子弟、教士民。其教育事業，全委諸地方官吏。

(4)在經濟方面：主張鹽鐵專賣，礦產國有，開發森林，斂散穀物；且鼓勵生產，均節消費，調劑各種資源，販有易無，從事國際貿易。

(5)在國際關係方面：主張敦睦邦交，聯盟諸侯。

總之，管子一書在為政處事、經世濟民方面有極高的價值。

27. 「名」的意義是什麼？

【答】「名」本指對事物之稱謂。「名」的觀念是由「實」而來，古代以「名」、「實」之關係作為探討對象，從而發展出來的學問稱為名學。

28. 試述名家的來源及代表人物。

【答】早自孔子、老子，已經用了「名」這一個術語。孔子曾有「正名」的主張，老子也曾說：「無名天地之始，有名萬物之母。」荀子擅長「名」、「實」之辯，有正名篇之作。墨子的後學，有「同異」、「堅白」之論辯。凡此皆為名家的來源。但是，真正使「名學」成為一種學術，則始於鄧析，大盛於惠施、公孫龍。因此，提及名家應以惠施、公孫龍為代表人物。

29. 略述惠施思想的大要。

【答】惠施的名理思想大致是從「合同異」的角度出發。他說：「大到極點，沒有範圍，叫做『大一』；小到極點，沒有內核，叫做『小一』。」所謂「大一」是就宇宙整體來看，所謂「小一」是從普遍萬物而言。「大一」、「小一」都是自然形上學的概念。惠施又說：「無厚的東西，不可以累積。然而它的廣大，在空間上可以推展到千里。」這是指「面」的物理性質。又說：「天與地一樣卑下，山和澤一般齊平。」又說：「太陽剛到正午時，就偏斜了；生物剛出生下來，就走上死亡。」又說：「南方沒有窮盡，然而實有窮盡。

今日剛走到越這個地方，而其實是老早就來的。」又說：「連環是可以解開的。我知道天的中央：無論在燕國的北方，或者越國的南方都是。」可以看出惠施刻意要人突破一般的感官經驗，而從一個絕對的、超越的角度去思考、判斷。

30. 公孫龍子的白馬論主要在討論什麼？

【答】白馬論中最主要的命題是「白馬非馬」。公孫龍認為「白」是指顏色的概念，「馬」是指形象的概念。「顏色的概念」異於「形象的概念」，所以說「白馬」不是「馬」。這當然是一種詭辯，但是使人們注意到概念的類別和概念的「內含」、「外延」等問題。

31. 公孫龍子的堅白論主要在討論什麼？

【答】堅白論中最主要的命題是「離堅白」。有人問公孫龍：「堅硬、白色、石頭合稱為三，可以嗎？」公孫龍說：「不可以。」又問：「稱為二可以嗎？」公孫龍答：「可以。」原因是：對一塊白色的石頭，我們看不出它的「堅硬」，而只能看出它是「白色」的「石頭」，因此只能舉出「白」與「石」二者；用手來摸，不能摸出它的「白色」，而只能感覺它是「堅硬」的「石頭」，因此也只能舉出「堅」和「石」二者。就事物的性質來說，公孫龍認為「堅」和「白」是可以相離的。

32. 公孫龍子的指物論主要在討論什麼？

【答】指物論最主要的命題是：「物莫非指，而指非指」。意思是說：「一般人都認為天地萬物無非是指謂它們的概念，而事實上被概念指謂的『天地萬物』和指謂天地萬物的『概念』是有區別的。」換言之，公孫龍旨在強調「概念」與「物自身」是不同的。

33. 試述惠施、公孫龍思想的不同及名家思想的貢獻。

【答】惠施、公孫龍的名學，最大的不同在於惠施主張「合同異」，公孫龍主張「離堅白」。更具體地說：惠施喜歡從絕對超越的角度去強調事物的「同」，公孫龍則喜歡從絕對超越的角度去強調事物的「異」。他們雖然都使用了詭辯的方法，提示自己學說的要旨，卻能使人跳出常識的觀點，對事物的性質作抽象的思考。名家的思想或許有其令人難以苟同的地方，但是對於知識的進展，邏輯學的形成有其重要的貢獻。

34. 試述陰陽家命名的由來。

【答】據漢書藝文志，陰陽家起源於古代「羲和之官」，主要職守是觀察天象、制定曆法，並對於天道人事作種種預測。為了審度物勢的順逆生剋，判斷人事的吉凶禍福，於是運用了上古即有的陰陽、五行觀念，構成一套神祕的陰陽術數之學，這便是陰陽家命名的由來。

35. 陰陽家以何人為代表？

【答】漢書藝文志著錄宋司星子韋、鄒衍等二十一家陰陽家著作都已亡佚，而鄒衍的學說較具獨創性，後世便推尊為陰陽家的代表人物。

36. 何謂「五德終始」？

【答】鄒衍認為自有天地以來「五德轉移，治各有宜」。所謂「五德」，就是土木金火水。「土德之後，木德繼之，金德次之，火德次之，水德次之。」每一時代，各主一德，循環往復，周而復始。可知這是鄒衍對朝代更易、治亂盛衰提出的解釋。

37. 何謂「大小九州」之說？

【答】鄒衍認為所謂中國乃天下八十一分居其一分而已。中國名叫赤縣神州，赤縣神州之內有九州，此為「小九州」；中國之外如赤縣神州者九，此為「大九州」。此種地理觀念，雖不盡符合事實，但是能夠恢廓我們的地理觀念，此為前所未有的想法。

38. 試述陰陽家思想對後世的影響。

【答】鄒衍創立的「五德終始」本為迂怪之學，並沒有什麼哲學價值。但是到了漢代，董仲舒春秋繁露提出五行相生相勝之說，班固白虎通說明五行相生相勝的原理，劉向父子更將先秦時代本來各為系統的「八卦」與「五行」合而為一，其後又混入了讖緯之學，陰陽五行學說遂成為漢代最有影響力的學說。時至今日，卜筮星相仍然流行於民間，可見陰陽五行的影響力至今未泯。

39. 縱橫家因何而得名？以何人為代表人物？

【答】縱橫家因「合縱」與「連橫」而得名。根據韓非子五蠹篇說：「從者，合眾弱以攻一強也。衡（橫）者，事一強以攻眾弱也。」戰國後期，蘇秦倡導韓、趙、魏、楚、燕、齊六國聯合抗秦，是為「合縱（從）」；張儀倡導六國共事秦國，是為「連橫」。但是蘇秦、張儀皆非思想家，他們遊說各國的事蹟，全載於戰國策，被視為歷史資料。相傳蘇秦、張儀同師於鬼谷先生，學習縱橫之術。鬼谷先生，是周代晚期的高士，不知其鄉里姓氏，以所居之地名鬼谷為號，有鬼谷子一書。因此，論及縱橫家思想應以鬼谷子為代表。

40. 雜家何以謂之「雜」？先秦雜家有何重要的著作？

【答】雜家之所以名為「雜」，是因為他們雜揉諸子的思想，自身並無一貫的宗旨。雜家著作以先秦的尸子、呂氏春秋最著名。

41. 試述呂氏春秋與諸子各家的關係。

【答】呂氏春秋一書大體以儒家思想為主，而參以各家之說。它採取儒家修齊治平的理論，參以道家清靜無為的學說；對於墨家只取其節儉好義，不贊成其非樂非攻之說；對於法家，只取其信賞必罰的守法精神，而反對其嚴刑峻法；對於名家，贊同其正名觀念，而反對其詭辯混淆是非。此外，對於陰陽家的五德終始，農家的重農主張，都有所取。此書瑰瑋宏博，各家學說粲然兼備，是了解先秦兩漢之際學術大勢的重要著作。

42. 試述農家興起的背景與學說淵源。

【答】農家以「播百穀，勤耕桑，以足衣食」作為訴求的內容。農家的興起，與戰國時代諸侯力政，相互攻伐，怠忽農業，以致民不聊生的背景有關。漢書藝文志說農家源於古代「農稷之官」。而農家學說，則託始於神農。神農是上古三皇之一，始創耒耜，教民稼穡，實為農業的始祖。神農氏的時代尚無文字，所以漢書藝文志著錄九種農家著作，其中神農二十篇，顯然是後人偽託的。

43. 試述農家思想之大要。

【答】農家著作今已亡佚，目前僅能從孟子及少數輯佚的書籍中了解其中的大概。在孟子滕文公中記錄了農家許行、陳相的言行，可知許行主張「君民並耕而食」，反對「治於人者食人，治人者食於人」。在經濟方面主張劃一市價，以量為準。由於許行昧於社會分工原則及經濟原理，曾遭孟子駁斥。

44. 兵家之成立，以什麼為目的？何時是兵家最盛的時期？

【答】兵家以行陣仗列、集體爭戰為主要的目的。我國自古便把祭祀與兵戎視為國家大事，因為兵戎之事直接關係到國家的興亡盛衰。戰國時代，諸侯爭霸，戰爭頻繁，因此成為兵家之學最盛的時期。

45. 試述兵家之學的思想方針。

【答】「不戰而屈人之兵」是兵家最高的思想方針，既已開啟戰端，則「以正合，以奇勝」，必然竭盡韜略智謀以求勝利。兵器戰便不是解決衝突的唯一手段，舉凡政治戰、心理戰、謀略戰、情報戰都成為可用的方法。

46. 漢書藝文志區分兵家之學為幾家？今人提及兵家以何人為代表？

【答】班固漢書藝文志兵書略將兵家之學分成「兵權謀」、「兵形勢」、「兵陰陽」、「兵技巧」共五十三家，七百九十篇，圖四十三卷。或因偽託，或因亡佚，今人提及先秦兵家之學，以春秋時代孫武的孫子兵法、戰國時代吳起的吳子為代表。

47. 試舉出先秦兩漢以來最具有代表性的兵學著作。

【答】除了孫子兵法、吳子之外，周初姜太公的六韜、三略、司馬兵法，戰國時代的尉繚子兵法、孫臏兵法，蜀漢諸葛亮的孔明兵法，以及唐初的李靖兵法都是兵家具有代表性的兵學著作。

48. 試舉出漢代儒家的著作。

【答】漢武帝採行董仲舒的建議，罷黜百家，獨尊儒術，於是混雜讖緯與陰陽五行的天人感應學說成為主流，董仲舒的春秋繁露正是這樣的一部書。此外，另有一批人起來反對，如揚雄仿論語作法言、仿易經作太玄，桓譚作新論、王充作論衡、桓寬作鹽鐵論、王符作潛夫論，都是本著儒家立場，雜揉他家思想，針對時代的課題提出議論，可以視為「雜家化的儒家著作」。

49. 試舉出漢代道家的著作。

【答】淮南王劉安賓客共著的淮南子，雜取各家言論，向來被視為雜家之作。此書原有內書、外書、中篇之分，內書二十一篇曾以鴻烈為名，獻於朝廷。外書、中篇今已亡佚。就二十一篇而言，其中所言之「道」，即黃老刑名之術，論及權謀之處，又為老子思想之運用，因此，淮南子一書，實可視為「雜家化的道家著作」。

50. 魏晉之際，以何種學術為主流？有何主要派別？

【答】魏晉之際，政治紊亂，知識分子飽受摧殘，此時的學術，以玄學為主流，大致可以分為「名理派」、「玄論派」、「曠達派」三大派別。

51. 試述魏晉玄學「名理派」的代表人物與著作。

【答】名理派以辨別性情、分析才能、論說人物為重心，劉劭人物志為最重要的著作。

52. 試述魏晉玄學「玄論派」的代表人物與著作。

【答】玄論派以推論「有」「無」，剖明體用，談論易經、老子、莊子為主（易、老、莊又號為「三玄」）。代表人物有何晏、王弼。何晏有論語集解，企圖以道家思想解釋論語；王弼有老子注，闡發老子以「無」為本體之精義。

53. 試述魏晉玄學「曠達派」的代表人物與著作。

【答】曠達派以順任情性、擺脫約束、追求自我為本色。代表人物為阮籍、嵇康。阮籍著有達莊論、通老論，嵇康著有養生論、聲無哀樂論。

54. 試述魏晉神仙之學的代表人物與著作。

【答】除了玄學之外，另有一些道教徒摭取古代神仙思想及莊子養生學說，形成一套以丹鼎符籙及成仙方法的神仙之學。以魏伯陽的周易參同契及葛洪的抱朴子為最重要的著作。

55. 佛教傳入我國之後，有那些重要的宗派？何謂「格義之學」？何謂「教外別傳」？

【答】(1)佛教傳入我國，最早的紀錄是東漢明帝永平十年（西元六七年）。自漢末至中唐，佛教徒一方面翻譯佛典，一方面西行求法，佛教日益壯盛，佛學成為隋唐學術的主流。最重要的宗派有：成實宗、三論宗、涅槃宗、律宗、地論宗、淨土宗、禪宗、俱舍宗、攝論宗、天台宗、華嚴宗、法相宗、真言宗。其中天台宗、華嚴宗、禪宗是我國佛教徒自創的宗派。

(2)魏晉時代，僧侶為了傳教的需要，往往使用易經、老莊的思想和術語來解釋佛理，稱為「格義之學」。

(3)在我國佛教徒自創的宗派中，天台、華嚴猶能依據印度佛教經籍自造經論、自成系統。但是禪宗則不依一定的經論，而且不重宗教傳統，因此禪宗被稱為「教外別傳」。

56. 宋代理學向有濂、洛、關、閩四派之稱，試說明其代表人物與基本主張。

【答】(1)宋代理學，最早以周敦頤為開山祖。著有太極圖說及通書。太極圖說在說明宇宙產生、創化之道。通書則以易傳、中庸的思想為基礎，提出「誠」作為易經的道體及個人修養的工夫。世稱周敦頤為濂溪先生，所以為「濂學」之代表人物。

(2)周敦頤以後，有居關中講學的張載。張載字子厚，號橫渠，世稱橫渠先生。著有正蒙、易說、經學理窟。他有民胞物與的胸懷、氣一分殊的宇宙理論，以及變化氣質的修養工夫。張載所開的宗派稱為「關學」。

(3)周敦頤以後又有程顥、程頤兄弟光大周子之學問。程顥字伯淳，學者尊稱為明道先生，著有識仁篇、定性書，主張「體貼天理、敬義夾持」。程頤字正叔，學者尊稱為伊川先生，著有易傳、經解，主張「性即理」。二人因居洛陽，所開之宗派稱為「洛學」。

(4)南宋朱熹生於周、張、二程之後，是宋代理學集大成人物。著有易本義、詩集傳、大學中庸章句、論語孟子集注等書，主張「理」「氣」渾合的一元論。因為在福建講學，所開之宗派稱為「閩學」。

57. 除了濂、洛、關、閩四派理學之外，還有那些重要的理學家？

【答】南宋時代，除了朱熹，尚有陸九淵、葉適、陳亮等著名的理學家。陸九淵，字子靜，號象山，強調「吾心即宇宙」，與朱熹的思想路向不同，朱、陸二人曾有「鵝湖之會」，辯論自己的學說要義，是我國哲學上的一段美談。到了明代王陽明，承繼陸九淵之學說，提出「心即理」、「知行合一」之說，使心性之學推展到登峰造極的境地。

文學常識測驗題

一、單選題

（　）1.詩歌用韻的作用，在於　Ⓐ加強文字的排列組合　Ⓑ增加寫作的難度　Ⓒ讀起來和諧　Ⓓ摹仿民歌的特色。

（　）2.我國最早的一部詩歌總集　Ⓐ詩經　Ⓑ楚辭　Ⓒ樂府詩集　Ⓓ全唐詩。

（　）3.依照唐代詩人的風格特色來判斷，下列哪兩句應是王維之作　Ⓐ孤燈燃客夢，寒杵搗鄉愁　Ⓑ無邊落木蕭蕭下，不盡長江滾滾來　Ⓒ古木無人徑，深山何處鐘　Ⓓ抽刀斷水水更流，舉杯銷愁愁更愁。

（　）4.戰國楚屈原的辭賦，用象徵手法表現　Ⓐ邊塞的風光　Ⓑ含忠履潔的精神　Ⓒ神話志怪的故事　Ⓓ異國的情調。

（　）5.辭賦中的短賦起於　Ⓐ屈原　Ⓑ荀子　Ⓒ司馬相如　Ⓓ歐陽脩　的作品。

（　）6.「黛玉笑道：『既要學做詩，你就拜我為師。我雖不通，大略也還教的起你。』香菱笑道：

『果然這樣，我就拜你為師。你可不許膩煩的。』黛玉道：『什麼難事，也值得去學？不過是起承轉合。當中承轉，是兩副對子，平聲的對仄聲；虛的對虛的，實的對實的。若是果有了奇句，連平仄虛實不對都使得的。』」據上文黛玉要教香菱的詩是　Ⓐ樂府　Ⓑ絕句　Ⓒ律詩　Ⓓ排律。

（　）7. 下列有關文學流派的敘述，錯誤的選項是　Ⓐ擅長描寫田園風光、農村生活的詩人為田園詩人。陶淵明被稱為田園詩人之宗，其後繼者有唐王維、孟浩然、儲光羲，南宋范成大等人　Ⓑ擅長邊塞風光的描寫與戰爭的歌詠的詩人為邊塞詩人。代表作家有盛唐岑參、高適、王昌齡、王之渙等人　Ⓒ明末湖北公安袁宗道、袁宏道、袁中道三兄弟主張擬古、復古，所作亦典雅高古，世稱「公安派」　Ⓓ清初桐城方苞為文嚴標義法，其後劉大櫆、姚鼐承其遺緒。三人皆桐城人，故世稱「桐城派」。

（　）8. 樂府是掌管音樂的官府，采詩以配合祭祀，於是有樂府詩。樂府的制度建立於　Ⓐ周代　Ⓑ秦代　Ⓒ西漢　Ⓓ東漢。

（　）9. 下列有關詩、文、小說的敘述，正確的選項是　Ⓐ章回小說起於唐，成於宋，盛行於元明，衰竭於清　Ⓑ晚明小品重性靈，貴獨創，歸有光、袁宏道為其代表作家　Ⓒ詩、詞、曲皆為韻文，詩為整齊句，詞曲為長短句，故詞曲的形式與格律均較詩為自由　Ⓓ古體詩產生於兩漢，發展於魏晉，句數可以不拘，亦不刻意求對仗，無論平仄、用韻皆較近體詩自由。

（　）10. 中國古籍中保留較多神話故事者，為下列何者　Ⓐ詩經　Ⓑ山海經　Ⓒ楚辭　Ⓓ淮南子。

(　　) 11. 中國七言詩起於　Ⓐ詩經國風桃夭篇　Ⓑ漢武帝柏梁臺君臣聯句　Ⓒ南朝宋鮑照行路難　Ⓓ唐李白將進酒。

(　　) 12. 近體詩中的律詩共八句，它除了講求平仄外，在二、三兩聯還要講求　Ⓐ用韻　Ⓑ對仗　Ⓒ夸飾　Ⓓ聲調。

(　　) 13. 唐代詠邊塞的詩歌能振奮人心，其中重要的邊塞詩人有　Ⓐ王勃駱賓王　Ⓑ李白杜甫　Ⓒ高適王之渙　Ⓓ杜牧李商隱。

(　　) 14. 清光緒年間所出土的敦煌曲子詞即　Ⓐ南北朝時的民歌　Ⓑ詩經最早的抄本　Ⓒ唐人的民歌，也是唐詞的開端　Ⓓ清代的講唱文學。

(　　) 15. 最早將屈原和其弟子宋玉、景差、唐勒等人作品，以及漢人仿作，合編成書，名為楚辭的是　Ⓐ王逸　Ⓑ劉向　Ⓒ朱熹　Ⓓ洪興祖。

(　　) 16. 所謂「洛陽紙貴」，是因何人的作品而起　Ⓐ左思的三都賦　Ⓑ張衡的西京賦　Ⓒ班固的兩都賦　Ⓓ司馬相如的子虛賦。

(　　) 17. 請依詩體的特色，選出屬於古體詩的選項　Ⓐ白日依山盡，黃河入海流，欲窮千里目，更上一層樓。（王之渙登鸛雀樓）　Ⓑ嶺外音書絕，經冬復立春，近鄉情更怯，不敢問來人。（李頻渡漢江）　Ⓒ慈母手中線，遊子身上衣；臨行密密縫，意恐遲遲歸。誰言寸草心，報得三春暉？（孟郊遊子吟）　Ⓓ細草微風岸，危檣獨夜舟。星垂平野闊，月湧大江流。名豈文章著，官應老病休。飄飄何所似，天地一沙鷗。（杜甫旅夜書懷）。

（　）18. 近體詩除了在平仄有定則、句數有定格外，多用平韻，且一韻到底。頷聯、頸聯必須對仗。在這些條件下，請依詩意推敲，選出最適合填入□內的選項：「南北山頭多墓田，清明祭掃各紛然。紙灰飛作白蝴蝶，淚血染成□□□。日落狐狸眠冢上，夜歸兒女□□□。人生有酒須當醉，一滴何曾到□□」　Ⓐ紅海棠／喜團圓／黃泉　Ⓑ紅牡丹／展歡顏／九原　Ⓒ紅玫瑰／繞膝前／墳冢　Ⓓ紅杜鵑／笑燈前／九泉。

（　）19. 鍾嶸詩品說：「文體省淨，殆無長語。篤意真古，辭興婉愜。每觀其文，想其人德。世歎其質直。至如『懽言酌春酒』、『日暮天無雲』，風華清靡，豈直為田家語邪？古今隱逸詩人之宗也。」他所評論的是　Ⓐ曹操、曹丕、曹植　Ⓑ陶潛　Ⓒ嵇康　Ⓓ阮籍。

（　）20. 莊子的寓言多寫自然界的各種事物，而韓非子中的寓言卻多寫　Ⓐ神鬼　Ⓑ山水　Ⓒ田園　Ⓓ人事。

（　）21. 我國第一部的山水小品散文是　Ⓐ北魏酈道元的水經注　Ⓑ北齊顏之推的顏氏家訓　Ⓒ南朝梁劉勰的文心雕龍　Ⓓ南朝梁蕭統的昭明文選。

（　）22. 主張「詩緣情而綺靡」，並倡「巧構形似之言」，而使詩的創作走上排偶對稱，重視綺靡豔麗的詩風。這是那一代詩人的特色　Ⓐ晉代太康詩人　Ⓑ東漢末建安詩人　Ⓒ魏代正始詩人　Ⓓ齊梁之間的宮體詩人。

（　）23. 唐代新樂府運動主要的提倡人是　Ⓐ元結杜甫　Ⓑ元稹白居易　Ⓒ杜牧李商隱　Ⓓ李賀溫庭筠。

(　) 24. 唐代古文運動主要的提倡人是 Ⓐ陳子昂元結 Ⓑ元稹白居易 Ⓒ韓愈柳宗元 Ⓓ皮日休陸龜蒙。

(　) 25. 中國文學史上在文體上皆有一名多義的現象，下列各著作共包含幾種不同的文體？(甲) 郭茂倩樂府詩集 (乙) 蘇軾東坡樂府 (丙) 馬致遠東籬樂府 (丁) 張可久小山樂府 (戊) 魯迅唐宋傳奇記 (己) 張敬明清傳奇導論 Ⓐ六種 Ⓑ五種 Ⓒ三種 Ⓓ兩種。

(　) 26. 詞作不多，然其蘇幕遮「碧雲天，黃葉地」，漁家傲「塞下秋來風景異，衡陽雁去無留意」，有幾分塞外風貌，歐陽脩嘗呼為窮塞主之詞。此人為 Ⓐ范仲淹 Ⓑ柳永 Ⓒ晏殊 Ⓓ溫庭筠。

(　) 27. 明代三袁公安派的古文理論在於 Ⓐ獨抒性靈，不拘格套 Ⓑ童心說 Ⓒ文章本色 Ⓓ求真求美。

(　) 28. 駢文四體中的吳均體是在寫 Ⓐ宮庭女子生活 Ⓑ邊塞征戰 Ⓒ江湖漁樵生活 Ⓓ山水清音 的駢文。

(　) 29. 詞中有：「雲破月來花弄影」、「簾壓卷花影」、「墮絮飛無影」，世稱誦之，謂之「張三影」的是為何人 Ⓐ張孝祥 Ⓑ張元幹 Ⓒ張先 Ⓓ張可久。

(　) 30. 晚清的譴責小說有 Ⓐ紅樓夢、聊齋誌異 Ⓑ兒女英雄傳、三俠五義 Ⓒ官場現形記、二十年目睹之怪現狀 Ⓓ歧路燈、浮生六記。

二、複選題

(　) 31. 若想了解屈原的生平或作品，下列可閱讀的書籍選項是　Ⓐ史記　Ⓑ春秋　Ⓒ四庫全書　Ⓓ楚辭集注。

(　) 32. 下列敘述，正確的選項是　Ⓐ世說新語、儒林外史、老殘遊記都採章回體寫成　Ⓑ歷代的樂府詩皆可入樂　Ⓒ詞因須合樂，故字句多少，句中平仄，叶韻位置皆有嚴格規定　Ⓓ元雜劇一人獨唱，每本四折；而傳奇不限獨唱，可以對唱、合唱，有多至四、五十齣者。

(　) 33. 小強正在進行古典小說研究，初步寫下下列筆記，請問其中正確的有那幾項　Ⓐ紅樓夢是描寫貴族家庭興衰的寫實小說　Ⓑ儒林外史是敘述科舉黑暗面的諷刺小說　Ⓒ三國演義是敘述漢末至西晉間歷史演變的小說　Ⓓ老殘遊記是譴責小說。

(　) 34. 下列有關文學常識的敘述，正確的選項是　Ⓐ清李漁：中國小說界四大奇書——三國演義、水滸傳、金瓶梅、西廂記　Ⓑ詩經是我國最早的詩歌總集，內容有十五國風、二雅、三頌　Ⓒ我國四大韻文是漢賦、唐詩、宋詞、元曲　Ⓓ俳賦、駢文、古文都屬無韻文。

(　) 35. 楚辭是南方文學的代表，多用楚語作語詞，最常見的有　Ⓐ兮　Ⓑ也　Ⓒ只　Ⓓ些　等字。

(　) 36. 下列敘述何者正確　Ⓐ詩經是中國最早的詩歌總集，與楚辭並為先秦文學雙璧　Ⓑ漢代，賦是最流行的文體；樂府詩與古詩十九首也產生於兩漢　Ⓒ魏晉南北朝是駢文最盛行的時代　Ⓓ王安石的泊船瓜洲與黃庭堅的寄黃幾復皆可在全唐詩中查到。

( ) 37. 下列關於中國傳統小說敘述，何者正確 Ⓐ山海經是先秦時代的作品，包含一些神話、寓言，乃屬小說的萌芽階段 Ⓑ虬髯客傳乃屬唐代傳奇的愛情類小說 Ⓒ水滸傳乃大宋宣和遺事的前身，為宋代白話章回小說 Ⓓ紅樓夢是原創性極高的白話章回小說。

( ) 38. 古體詩的作法 Ⓐ句子的多寡不受限制 Ⓑ要求嚴格的對仗 Ⓒ句中每個字不受平仄的約束 Ⓓ用韻寬，可以通押，並可以換韻。

( ) 39. 下列何者合乎樂府詩的條件 Ⓐ可以歌而合樂的詩 Ⓑ歌行體的詩 Ⓒ標題上用「歌」、「行」、「吟」、「弄」等名稱的詩 Ⓓ八句以上，要求兩兩對仗的詩。

( ) 40. 文學史上有許多文學改革運動，其中的參與者也多有其文學革新的主張。下列人物中提倡文學改革，有其文學革新主張的選項是 Ⓐ韓愈 Ⓑ胡適 Ⓒ白居易 Ⓓ歐陽脩。

( ) 41. 兩漢樂府詩的內容和特色 Ⓐ大抵為清商曲、相和曲 Ⓑ感於哀樂、緣事而發的敘事詩 Ⓒ大量使用諧音雙關語 Ⓓ有四季調、十二月令歌的組詩。

( ) 42. 詞是詩與音樂的結合，由詩衍化而來，又與民間音樂有直接的關係，所以有許多別名。下列何者即是詞的別名 Ⓐ曲子、曲子詞 Ⓑ長短句 Ⓒ詩餘 Ⓓ琴趣、樂章。

( ) 43. 絕句 Ⓐ又名斷句、截句 Ⓑ八句詩，其中有兩聯要對仗 Ⓒ為四句詩，五言為二十字，七言為二十八字 Ⓓ長短句的詩。

( ) 44. 四庫全書的集部中，有總集、別集之分，下列何者屬於眾人作品合輯的總集 Ⓐ昭明文選 Ⓑ花間集 Ⓒ臨川集 Ⓓ欒城集。

(　)45. 小說大要可分為筆記小說、傳奇小說、短篇小說、章回小說等，下列選項的歸屬，何者正確　Ⓐ搜神記、世說新語——筆記小說　Ⓑ枕中記、聊齋誌異——傳奇小說　Ⓒ警世通言、喻世明言、醒世恆言——短篇小說　Ⓓ三國演義、紅樓夢——章回小說。

(　)46. 下列關於賦的說明，何者正確　Ⓐ體裁介於詩文之間，源於詩經，盛於兩漢　Ⓑ魏晉南北朝發展為俳賦，唐則演變為律賦　Ⓒ宋人所作，受古文影響，稱為文賦，蓋即陸機文賦之苗裔　Ⓓ文賦化典重為流利，極近散文，故又稱散賦；蘇軾赤壁賦即其代表。

(　)47. 下列敘述何者正確　Ⓐ樂府和古詩同為漢代詩歌主流，都不拘平仄，可以換韻，且句數不限　Ⓑ樂府本是漢代官署之名，後習慣將樂府所採集的詩歌稱為「樂府詩」，文人仿作者則為「古詩」　Ⓒ樂府詩多長短句，可被之管弦；古詩多五、七言，不入樂　Ⓓ樂府詩的命題多用歌、行、引、曲、調、辭等字，它與古詩的不同，由標題就可以辨認出來。宋郭茂倩編有樂府詩集，總括歷代樂府歌辭，以音樂為主，分為十二類。

(　)48. 清代桐城派的古文理論　Ⓐ獨抒性靈，不拘格套　Ⓑ提倡古文義法　Ⓒ古文要雅潔　Ⓓ推崇唐宋古文家及歸有光的古文。

(　)49. 下列詩歌皆為六朝的樂府詩，請依其特色，選出其為南朝樂府者　Ⓐ敕勒川，陰山下。天似穹廬，籠罩四野。天蒼蒼，野茫茫，風吹草低見牛羊（敕勒歌）　Ⓑ驅羊入谷，自羊在前。老女不嫁，蹋地喚天（地驅歌樂辭四之二）　Ⓒ春林花多媚，春鳥意多哀。春風復多情，吹我羅裳開（子夜春歌）　Ⓓ宿昔不梳頭，絲髮被兩肩。婉伸郎膝上，何處不可憐（子夜歌）。

(　) 50. 有關韻文的流變，下列敘述正確的選項是 Ⓐ北方韻文的代表是詩經，南方韻文的代表是楚辭 Ⓑ賦，是介於詩、文之間的一種合樂文體，可被之管弦，名作如蘇軾的赤壁賦，即是蘇子與客江上泛舟時，吟歌對答的文章 Ⓒ樂府詩是漢朝文學主流之一，南北朝時依然興盛；中唐白居易以樂府詩「緣事而發」的精神，提倡「新樂府運動」，企圖以詩歌改革社會 Ⓓ近體詩在章法上，絕句四句，律詩八句，超過八句以上則為古體詩。

三、問答題

1. 什麼叫做文學？文學和學術的分野何在？

【答】我國早期的文學，以實用為主，往往跟學術混在一起。廣義的文學，如章太炎所說的：只要是文字記錄在竹帛紙上，而且有法式的文章，便可稱為文學。狹義的文學，是指作家運用語言文字，表現人類的思想、情感，創造出完美的想像和新技巧的作品，便叫做文學。

文學和學術的分野：文學是藝術而學術則屬於學問，藝術要求美，學術要求實用。前者憑直接的感受，是感性的文章；後者靠客觀的分析，是知性的文章，道路不同，效果兩樣。

2. 我國文體分類，最早見於何人何書？其分類的大要如何？

【答】我國文體分類，最早見於魏曹丕的典論論文。他將文體分為四大類，即奏議、書論、銘誄、詩賦四種，而且每種文體的特色是：奏議宜雅，書論宜理，銘誄尚實，詩賦欲麗。

3. 詩大序有云：「詩有六義焉。」詩經的「六義」是指那六義？其含義又如何？

【答】詩大序中所說的六義包括風、雅、頌、賦、比、興六大類。風、雅、頌三項，是詩經的分類，也是詩經的體裁；賦、比、興三項，是詩經的作法，其實也是後世詩歌的作法。因此詩的六義，包涵了詩經的類別和詩歌的作法。

4. 何謂「楚辭」？楚辭一書是誰編成的？

【答】楚辭，是楚地的歌謠。戰國時屈原、宋玉等運用楚地的語言，配合楚地的南音和巫歌，記述楚地的地名和名物以入歌謠，於是成為南方文學中特有的文體。誠如宋人黃伯思所云：「屈、宋諸騷，皆書楚語，作楚聲，紀楚地，名楚物，故謂之『楚辭』。」楚辭一書，是西漢末葉劉向所編的，其中收錄屈原和屈原弟子宋玉、景差的作品，以及漢人賈誼、淮南小山、東方朔等摹仿屈原離騷的作品，合而成書，共十六篇，名為楚辭。

5. 楚辭為南方文學的代表，有何特色？

【答】楚辭是淵源於楚文化的巫覡文學，屈原繼承了詩經的四言詩，同時又吸收了楚文化，對楚地民歌加以革新，開展了句法參差的新體詩。這種以象徵手法為主的象徵文學，與北方實寫為主的詩經不同。它具有濃厚的楚地色彩，又以描寫個人的情懷和幻想，構成了詞藻華麗、對稱工巧，具有象徵、神祕、浪漫等特色的南方文學。

6. 何謂「短賦」？荀子有那些短賦的作品？

【答】每篇不超過五百字，篇幅極短的辭賦，稱為短賦。是繼詩經之後的一種韻文。荀子的短賦，藉詠物以說理，在今傳荀子一書中，有賦篇、成相篇二篇。賦篇又收有五篇短賦，各自獨立，不相關聯，即禮賦、知賦、雲賦、蠶賦、箴賦；成相篇包含三首類似鼓詞的詩，以及兩首佹詩。佹詩，是荀子創造的新體詩。

7. 何謂「賦」？兩漢有那些重要的賦家？

【答】賦，文體的一種，是繼詩經四言詩之後，漢人所開展的一種韻文。因此班固說：「賦者，古詩之流也。」劉勰文心雕龍詮賦篇對賦所下的定義是：「賦者，鋪采摛文，體物寫志。」也就是說：賦這種文體，是以鋪陳文采，用華麗的辭藻，來詠物託諷。漢代文學的主流，便是漢賦，漢賦的主要作家，西漢有賈誼、司馬相如、王褒、揚雄；東漢有班固、傅毅、張衡、王延壽等。而司馬、揚、班、張四家，並稱為漢賦四大家。

8. 我國古典詩歌可分那幾類？

【答】我國古典詩歌，大抵以齊言詩而言，非齊言的韻文，便不稱為詩，而名之為辭、為賦、為詞、為曲。我國古典詩歌可分為三大類：古體詩、樂府詩、近體詩。古體詩，又名古詩；近體詩，又稱絕律。樂府詩最自由，它可用古詩來寫樂府，也可以用近體詩來寫樂府。

9. 何謂「古詩」、「近體詩」？

【答】古體詩，又名古詩，與近體詩相對。所謂古詩，是詩體的一種，依照古人作詩的方式所寫的詩，稱為古詩，與唐人所開創的近體詩作法不同。古詩之名，始見於文心雕龍和昭明文選。所謂近體詩，是唐人所開創的新體詩，包括絕句和律詩，在作法上比古詩嚴格，有句法、平仄、對仗等限制。

10. 古詩和近體詩有何不同？

【答】古詩和近體詩的分別，在於形式結構上的不同：一、句子的多寡不同：古詩句子的多寡，依內容而決定，最少兩句，最多數百句不等；近體詩句法一定，絕句四句，今律八句，八句以上為排律，今人所稱的律詩，便是八句的今律。二、平仄使用的限制：古詩每個字不受平仄的約束，但近體詩每個字平仄的用法有一定的格律。三、對仗的要求：古詩句法自由，可寫單句，也可寫雙句，便成一聯，唐以前的古詩，有對稱的現象，但不刻意的要求；然而近體詩中的律詩，除了前後兩聯不對仗外，其他兩兩要對仗。四、用韻的限制：古詩用韻寬，可以通押，可以換韻；近體詩用韻嚴，不能通押，只限一韻之內的字押韻，且不能換韻。

11. 何謂「建安詩」？建安有那些重要詩人？作品的特色何在？

【答】建安詩是指東漢獻帝建安時代（西元一九六—二二〇年）所出現的五言詩。當時重要的詩人有曹氏父子：曹操、曹丕、曹植，以及建安七子：孔融、陳琳、王粲、徐幹、阮瑀、應瑒和劉楨。建安作品的特色，在於「慷慨以任氣，磊落以使才」，也就是任才氣，表現磊落不拘的性情、對時代的抗議和憤慨。

12. 何謂「正始詩」？正始詩人有那些重要的作家？作品的特色何在？

【答】三國時魏齊王正始年間（西元二四〇－二四九年），有一些隱逸詩人所寫的詩，稱為正始詩。他們常集於竹林之下，飲酒賦詩，崇尚老莊虛無之學，輕禮法，尚自然，時人稱為「竹林七賢」，也稱為正始詩人，包括阮籍、嵇康、山濤、向秀、劉伶、阮咸、王戎七人。他們作品的特色，如同文心雕龍明詩篇所說：「正始明道，詩雜仙心。」也就是正始詩人崇尚老莊之道，詩中摻雜著遊仙觀念與隱逸思想。

13. 何謂「太康詩」？有那些代表作家？作品的特色何在？

【答】西晉武帝太康年間（西元二八〇－二八九年）一些詩人所寫的詩，稱為太康詩。太康詩人有三張、二陸、兩潘、一左。三張是指張載、張協、張華；二陸是指陸機、陸雲兩兄弟；兩潘是指潘岳、潘尼叔侄；一左是指左思，他們處於西晉太平年代，作品內容缺少時代的激盪，比較偏重形式結構和華麗辭藻的組合，因此崇尚巧構形似之言，是其特色。

14. 我國田園文學起於何時何人？

【答】我國以農立國，照理田園文學、田園詩極為發達。但實際上，我國田園詩或田園文學並不發達，原因是歷代文人都非農夫出身。詩經國風中的豳風，有幾首描寫農耕生活的詩，但並沒有將田園文學的精神特色寫出。直到東晉義熙年間，陶淵明寫歸園田居、飲酒詩和歸去來辭，才真正表現了田園詩和田園文學的特色，所以我國田園詩、田園文學始於東晉陶淵明。

15. 我國山水詩始於何時、何人？山水散文始於何書？

【答】我國山水詩始於南朝宋謝靈運的山水詩，他以永嘉一帶的奇山異水入篇，其後尚有齊謝朓寫江南山水清麗的小篇山水詩，世人稱之為大謝小謝。同時在北朝北魏時，酈道元用漢人桑欽的水經加以注釋，成為水經注。水經注本是河渠水利的書，由於對河川江水景色的描寫清麗脫俗，遂成為山水散文、山水文學的第一書。

16. 何謂「樂府」？

【答】樂府就是音樂的官府，漢武帝立樂府，採集民歌，因此樂府一詞成為民歌的代稱，而樂府詩便是合樂的詩。

17. 古詩與樂府詩有何不同？

【答】古詩和樂府詩的不同，最主要的在於合樂和不合樂，古詩是文人所寫的詩，它只能誦而不能歌；樂府詩是民歌，是合樂的詩，也是可以歌唱的音樂文學。其後文人也仿作民間樂府。今樂府詩的音樂部分已亡佚，僅留下文字部分的歌詞，但從標題上，仍可以判斷是古詩或樂府，凡是與音樂結合的詩，詩題的命名與音樂有關，即有「歌」、「行」、「吟」、「弄」、「曲」、「調」、「操」、「引」、「章」等音樂痕跡，如長歌行、江南弄等便是樂府詩，否則便是古詩。但唐人所開創的新題樂府，簡稱新樂府，那是不合樂的詩，也稱為樂府詩。

18. 試述漢樂府的由來。

【答】漢朝初建，帝王為了朝廷的用樂，漢惠帝任命夏侯寬擔任樂府令，「樂府令」便是音樂官府的首長，於是始有「樂府」這個名稱。到漢武帝時，為了祭天地，因此成立了「樂府」這個機構，而樂府便成為官署，采詩夜誦，並編製祭祀的詩歌，以李延年為協律都尉，負責帶領編製朝廷典禮所需的樂曲。由於樂府的職掌是採集民歌，配合祭祀，後樂府便引申為民歌的代稱。

19. 我國第一首長詩，是那一首？內容寫些什麼？

【答】我國第一首長詩，是發生於東漢末葉建安中的民歌孔雀東南飛，該詩被收錄在梁徐陵所編的玉臺新詠中，全詩共三百五十三句，一千七百六十五字，為我國五言敘事詩中特有的長詩。

該詩內容在敘述廬江府小吏焦仲卿妻劉蘭芝，被婆婆遣回娘家，誓不他嫁，後因家人逼迫改嫁，投水而死，焦仲卿獲知此消息後，也自縊而死。全詩是敘述一則愛情倫理悲劇，情節至為感人。

20. 文人摹仿民間樂府始於何時？有那些作品可以佐證？

【答】文人摹仿民間樂府，而有文人樂府，文人樂府起於東漢建安時代，曹氏父子和建安七子大量摹仿民歌而作樂府詩，如曹操的短歌行、曹丕的燕歌行、曹植的白馬篇、王粲的七哀詩、陳琳的飲馬長城窟行等，都是著名的文人樂府，足以佐證。

21. 魏晉南北朝時有那些主要的樂府詩？

【答】魏晉南北朝時，在長江以南地區，流傳的樂府民歌以清商曲為主，其中包括吳歌、西曲、神弦曲三種。而北朝民歌，以梁樂工所蒐集的梁鼓角橫吹曲為主。

22. 魏晉南北朝樂府的特色何在？

【答】魏晉南北朝樂府詩的特色，在於民歌中帶有浪漫、神祕，以及唯情唯美的色彩。它們大半是五言四句的情歌，有時用男女對口的方式來表達，如同一般的對口山歌。詩中大量使用諧音雙關語，以增詩歌中的情趣和諧趣，構成詩歌的弦外之音；在詩中也大量使用和送聲，以增歌唱時的熱烈場面和強烈的節奏。

23. 何謂「敦煌曲子詞」？

【答】清光緒二十五年，西元一八九九年，在敦煌莫高窟所出土的唐人寫本敦煌卷，其中有大量的曲子詞，世稱「敦煌曲子詞」，便是唐人的民歌，也是唐詞的開端。

24. 何謂「新樂府」？

【答】在唐以前，一般詩人寫樂府詩，依然沿用舊題，如長干行、飲馬長城窟行等。新題樂府在盛唐杜甫詩中已出現，也就是「即事名篇」的樂府詩，簡稱新樂府，但已是文字詩而不能合樂。中唐時李紳寫新題樂府二十首，都是描寫民生疾苦的詩；當時元稹、白居易均有和作，元稹有十二首，白居易有五十首，因此新題樂府流行。

25. 何謂「近體詩」？

【答】近體詩是唐人所開創的新體詩，包括了絕句和律詩。絕句共四句，有五絕、七絕之分。律詩分今律和排律兩種，也是有五律、七律之分；今人所謂律詩，多指八句的今律而言，八句以上的排律，今人已不流行。近體詩在作法上，較古詩為嚴，講平仄，律詩還講求對仗，用韻以一韻為限，不通押，不換韻。

26. 何謂「絕句」？試述絕句的由來。

【答】絕句又名斷句、短句、截句，也就是極短的小詩。全詩共四句，具備起、承、轉、合的結構，詩句雖短，但有截然而止、言有盡而意無窮的效果。絕句的由來已久，漢代已有四句的小詩，名為斷句或短句；其後魏晉南北朝盛行小詩，永明聲律說流行；至唐代，絕句的格律隨初唐律詩的成立而建立。

27. 上官體和沈宋體對唐詩有何貢獻？

【答】初唐武后時，上官儀和上官婉兒工詩，詩風綺錯婉媚，風行一時，時人稱為上官體。同時，他們提倡詩中的對仗，有「上官六對」六種對仗的類別。因此上官體對律詩形式的完成有其貢獻。又沈佺期、宋之問也長於五律，他們寫詩講究音韻對仗，力求形式的工整、格律的完備，時人稱為沈宋體。律詩的成熟，可說成於他們之手。

28. 律詩的形式結構如何？

【答】律詩共八句，八句以上則稱排律。可分五律和七律兩種，其中又有平起格和仄起格的區別。律詩每兩句為一聯，共四聯：首聯、頷聯、頸聯、末聯。第二、第三兩聯要對仗。每聯的末字用韻，律詩只有平聲韻，不用仄聲押韻，至於句中的平仄，也有一定的規格，稱為定式。

29. 唐詩興盛，唐詩的分期如何？

【答】由於唐詩興盛，且唐代（西元六一八——九〇六年）近三百年，詩人輩出，詩風亦異，最早將唐詩分期，始於南宋嚴羽的滄浪詩話。他將唐詩分為五個時期：初唐、盛唐、大曆、元和、晚唐。明高棅編唐詩品彙，沿用嚴羽的分期，將它修訂為四個時期，即初唐、盛唐、中唐、晚唐。此後唐詩四期之說，成為定論。

30. 試述初唐的詩風及主要作家。

【答】初唐是指唐高祖李淵開國，從武德元年（西元六一八年）起，到睿宗李旦先天末年（西元七一二年）止，詩壇呈現新氣象，代表作家有王勃、楊炯、盧照鄰、駱賓王等，號稱初唐四傑，詩風華麗而高妙；上官儀、上官婉兒的詩，號為上官體，詩風綺錯婉媚；而沈佺期、宋之問的沈宋體，張若虛的春江花月夜，仍有六朝金粉的餘習。此外，王績、王梵志、寒山子的隱逸詩，陳子昂的復古詩，都開啟了初唐詩蓬勃的生機。

31. 盛唐的詩風如何？有那些重要的詩人？

【答】盛唐從唐玄宗開元元年（西元七一三年），到肅宗寶應末年（西元七六二年），尤其是開元、天寶年間，詩人輩出，浪漫詩派如李白、賀知章等；自然詩派如王維、孟浩然、儲光羲等所寫的山水、田園詩；邊塞詩派如王昌齡、王之渙、高適、岑參、李頎、崔顥等，出入邊塞，許身報國，唱出了悲壯的邊塞詩；寫實詩派如杜甫、張籍、元結、沈千運等，他們關心民瘼，寫下了可歌可泣的社會詩。盛唐的詩，熱情而多樣，最足以代表盛唐時期的大詩人，有詩佛王維、詩仙李白、詩聖杜甫，他們的作品，正好代表了佛、道、儒三種不同思想形態的詩歌。

32. 中唐詩風的趨向如何？有那些主要的詩家？

【答】中唐指代宗廣德元年（西元七六三年）到敬宗寶曆二年（西元八二六年）之間，其間經安史之亂後，唐室由極盛而中衰，經過大劫後，上下重建社會秩序，於是在大曆元和年間，有中興氣象。詩人從沉思中醒覺，開始寫個人情懷的詩，如大曆十才子李益、錢起的詩；元和年間，李紳、元稹、白居易的新樂府運動，要求詩歌應配合時事而作，使詩歌通俗化。其次韓愈、賈島、孟郊等苦吟詩人，使詩散文化，開啟了唐詩的新途徑。

33. 中唐時有那兩大文學運動？

【答】中唐時期，從德宗的貞元年間到憲宗元和年間，唐室致力於中興，於是文士提倡儒家言志載道的文藝思潮，以配合時代的需要。在散文方面，有韓愈、柳宗元的古文運動；在詩歌方面，有李紳、元稹、白居易的新樂府運動。他們主張「文以載道」、「文章合為時而著，歌詩合為事而作」的理論，要求詩文為時事而作，為生民服務。

34. 晚唐詩的發展如何？有何主要的詩家？

【答】晚唐是指文宗太和元年（西元八二七年）以後的唐代末葉，其間由於黨爭及進士浮華成習，詩風趨於冷豔而多傷感。如杜牧、張祜、李商隱綺靡的小詩，無論詠物、詠史、宮體，都達到小詩登峰造極的境地。李商隱的無題詩，帶來愛情詩的新風貌。其他如皮日休、陸龜蒙、聶夷中、杜荀鶴等沿承新樂府的道路，開展「正樂府」描寫民生疾苦的詩風，替離亂的晚唐，留下一些真實的紀錄。同時，唐人有養伎之風，聲樂不絕，於是長短句興起，造成另一新體詩——詞的產生。

35. 詞有那些別稱？

【答】詞的別稱很多，詞，又名曲子、曲子詞、長短句。又有詩餘、樂府、琴趣、樂章、歌曲等別稱。在唐宋人的詞集中，有敦煌曲子詞、秦觀淮海居士長短句、范仲淹范文正公詩餘、蘇軾東坡樂府、黃庭堅山谷琴趣、柳永樂章集、姜夔白石道人歌曲，這些都是詞家的詞集名，詞的異名如此之多，由此可見一斑。

36. 詞起源於何時？與音樂的關係何在？

【答】詞的起源，說法紛紜，但與音樂有密切的關係。大抵於唐代時，源自樂府歌辭，或因加和送聲使歌唱活潑而成長短句，或因攤破而成長短句。再者，當時聲詩流行，由於曲調的傳唱，形成詞牌，文人於是倚聲填詞，開啟了另一種新詩體。

37. 詞中有小令、中調、長調之分，其分別何在？

【答】詞有小令、中調、長調之分，其分別在於一闋詞字數的多寡，凡五十八字以內的詞稱為小令；五十九字至九十字的詞，稱為中調；而九十一字以上的詞，稱為長調。小令就是小調，來自於酒令，中調和長調則合稱慢詞。

38. 詞有單調、雙調之稱，意義何在？

【答】詞一篇，通稱為一闋，今人多稱之為一首。一闋詞而不分段，便叫單調，如秦觀的如夢令。凡詞調分前後兩段的稱為雙調。上段又稱之為上闋、上片，下段為下闋、下片。上闋和下闋之間，通常空一格以表示分割。

39. 詞中有三李，是指那三李？

【答】著名的詞家，姓李的有三位，俗稱「詞中有三李」，即李白、李煜（李後主）、李清照。

40. 何謂「花間詞人」？重要的花間詞人有那些？

【答】五代西蜀趙崇祚將西蜀詞人的作品，編成花間集一書，是我國第一部詞總集。花間集所收的詞，都是輕豔的小令，共收晚唐五代詞人十八家，這十八家便稱為花間詞人。重要的詞人有溫庭筠、韋莊、顧敻、孫光憲、牛希濟等。其中溫庭筠的詞被選入花間集中，共六十六首，數量最多，清王士禎花草蒙拾尊他為「花間鼻祖」。

41. 北宋初期的詞風如何？代表這時期的詞人有那些？

【答】北宋初期的詞，沿花間、尊前集的遺風，仍是小令之類的歌者之詞。北宋晏殊、晏幾道父子，首開風氣，著有珠玉集、小山集，詞風輕豔纖巧，婉麗精美。其後尚有宋祁、范仲淹、歐陽脩等詞家，他們是當時的顯達貴人，他們的詞風雖有改變，仍不失孅巧嫵媚，惟范仲淹的詞，有幾分邊塞風貌。

42. 張先何以有「張三影」之稱？

【答】北宋張先的詞，是慢詞的開始，在他的詞中，「影」字用得特別精巧，尤其這三句佳句：「雲破月來花弄影」，「柳徑無人，墮絮飛無影」，「嬌柔嬾起，簾壓卷花影」，更是傳誦一時，時人稱之為張三影。

43. 南宋詞的發展如何？

【答】南宋詞的發展，大別可分為樂府詞派和白話詞派兩大類：樂府詞派，是繼承北宋周邦彥重音律的詞風，在音律上、創詞調上有他們的成就，主要的詞人有姜夔、史達祖、吳文英、張炎、周密、蔣捷、王沂孫等。白話詞派從李清照開始，其他如朱敦儒、張元幹、張孝祥、陸游、辛棄疾、劉克莊等詞家，都能將白話入詞，用白描手法，寫真摯的情感、自我的生活，同時也能反映大眾心聲，開拓了詞的另一境界。

44. 我國韻文，一脈相承，在唐詩、宋詞、元曲中，有何不同的特色？

【答】我國韻文，一向十分發達，且一脈相承，相互影響，唐詩影響宋詞，故稱詞為詩餘，宋詞影響元曲，故稱曲為詞餘。唐詩、宋詞、元曲各有特色：唐詩典雅，宋詞豔麗，元曲俚俗，風格不一，各有千秋。

45. 元曲產生的原因何在？

【答】(1)元人入主中原，摧殘漢人文化，將江南人分為十等，有九儒十丐之分，文人受鄙視，元曲便成為文人寄託情意的一種文體。

(2)元代廢科舉長達三十六年，使文人無所事事，於是他們隱逸在漁樵之間，放歌於江湖之上，而使元曲為漁樵文學。

(3)由於詞的衰微，於是民間小調翻新，南曲崛起。

(4)遼金元時，胡人入主中原，胡樂大行，中原詞調不足以配合，而更創新聲新詞，於是有北曲新聲。

46. 從形式結構而言，曲可分成那幾類？

【答】從形式結構來看，曲可分成散曲和戲曲兩大類。散曲又可分成小令和套數兩種。戲曲便是四折為主的雜劇。

47. 元代散曲可分前後兩期，作品的風格和精神有何差異？

【答】元代散曲作家，可分前後兩期：前期散曲，如白樸、關漢卿、馬致遠等，表現北方民族中率真爽朗的精神，與質樸自然的通俗文學之美。後期散曲，如張養浩、貫雲石、張可久等，漸失去民間文學的通俗精神，走上文人雕飾典麗的道路，與元曲俚俗的特色，相去漸遠。

48. 元人的雜劇，其中有「科」、「白」，而「科」、「白」的意義何在？

【答】元人的戲曲，加上「科」和「賓白」，便成為舞臺上可以演出的戲劇，元人的戲劇稱為雜劇，所謂的「科」，是指演員所表現的動作。所謂的「白」，是指賓白，即演員所講的臺詞。有了歌唱、動作和臺詞，便能將戲劇中的情節借舞臺表演出來，而成為歌舞劇的形態。

49. 元人雜劇的基本結構如何？

【答】元人雜劇的基本架構共四折，每一折就是一個套曲，四折，就是四個套曲合成一本。表演時，每一折一韻到底，由一人獨唱，也有全劇四折，由一人獨唱到底，如馬致遠的漢宮秋，白樸的梧桐雨等便是。每一本雜劇，前有「楔子」作序幕，後有「題目」、「正名」作結束。

50. 元代著名的雜劇作家有那些？並列舉其作品。

【答】元代著名的雜劇作家，有關、王、白、馬、鄭。即為關漢卿、王實甫、白樸、馬致遠以及鄭光祖。他們主要的作品有關漢卿的竇娥冤，王實甫的西廂記，白樸的梧桐雨，馬致遠的漢宮秋，鄭光祖的倩女離魂。

51. 元人的雜劇和明清的傳奇有何不同？

【答】在我國戲曲中，元人每本四折的戲曲，稱為雜劇；明清的戲曲，衍為三十齣，甚至四五十齣，因故事題材，仍如元人劇曲一樣，來自於唐人的傳奇小說，因而明清的戲曲，沿用傳奇之名。但唐人的傳奇，指的是小說，明清的傳奇，則指戲曲。元人雜劇每折限一人獨唱，明清傳奇，不限獨唱，可以對唱、合唱、輪唱，變化多樣。雜劇的開端用「楔子」，而傳奇的開端用「家門」，或「開場」、「開場始末」為啟端。元雜劇的結束有「題目」和「正名」，但明清傳奇的結束，往往用一首詩作收結。

52. 明代有五大傳奇，是指那五大傳奇？

【答】明代最早的傳奇作品，有五大傳奇之說，即殺狗記、白兔記、拜月亭、琵琶記、荊釵記。

53. 何謂「臨川四夢」？

【答】明代最偉大的劇作家湯顯祖，為江西臨川人，他的代表作，有還魂記（又名牡丹亭）、紫釵記、南柯記、邯鄲記，都是寫夢的戲曲，牡丹亭是寫杜麗娘和柳夢梅的愛情故事，紫釵記是寫李益和霍小玉的愛情故事，原本於唐代蔣防的霍小玉傳。南柯記和邯鄲記，均寫追求功名利祿的夢，原本於唐李公佐的南柯太守傳和沈既濟的枕中記。湯顯祖，居玉茗堂，故其四部傳奇，稱臨川四夢，或玉茗堂四夢。

54. 清代重要的傳奇作家有誰？其作品為何？

【答】清代的傳奇作家及作品，較稱著的有洪昇的長生殿，孔尚任的桃花扇，李漁的蜃中樓、比目魚等笠翁十種曲，蔣士銓的四弦秋和臨川夢等。

55. 何謂「散文」？以寫作的題材來分，散文又可分那幾類？

【答】在一切文章中，只要是不押韻的文章，都可稱為散文。從寫作的題材來分，散文可分下列六大類：即以寫景為主的遊記，寫人為主的傳記，寫情的抒情小品，寫事的敘事散文，寫物的詠物小品，寫理的說理散文或議論文。

56. 在經學散文中，時代最早的有那些散文？

【答】在經學散文中，今人能閱讀到最早的散文，要推尚書和周易。尚書是上古的書，包括虞、夏、商、周四代的文獻和政書。周易來自於卜筮，由卜筮的運用，衍為人生處世哲學，是周代易理的書。

57. 記錄孔子言行的書是論語，論語在散文的發展上，有何成就和貢獻？

【答】論語是記載孔子或孔子弟子與當時人言行的一部書，也是我國春秋時代的散文，距今約兩千五百多年。論語的篇章，一小節自成一章，每章獨立成一單元，記事質樸而不重華采。在文言虛字的使用上，極為精確自然，為後世古文家奉為典範。從論語到孟子，也可以發現，我國春秋時代到戰國時代散文的發展，是由簡樸的散文，發展到繁複的散文。論語中的論仁，成為後世古文家道統所在。

58. 在先秦諸子的散文中，莊子的寓言和韓非子的寓言有何不同？

【答】在先秦諸子的散文中，莊子和韓非子都以寓言稱著，莊子的寓言，擴及自然界的各種事物，如北溟的鯤化為鵬，河伯探訪北海若等；韓非子的寓言，則多落實在人事上，如賣矛和盾的矛盾故事，齊桓公和晏嬰的故事等，多半是寫人間發生的小故事，均具有強烈的啟發性。

59. 司馬遷被奉為古文之祖，原因何在？

【答】西漢司馬遷撰史記，史記一書，是二十五史的第一部，同時他開創了紀傳體的史書，也開創了傳記文學。唐宋以來的古文家，都奉史記為古文的規範，因此司馬遷不僅是偉大的史學家，也是偉大的古文家，且被後人推崇為古文之祖。

60. 班固被尊為駢文之祖，原因何在？

【答】東漢班固是史學家，也是文學家，他的史學作品是漢書，屬斷代史，然而其中論贊、敘事詳贍，為史書中之翹楚，且具文學價值，尤其漢書中收錄漢賦不少。班固被尊為駢文之祖，因他創作了不少賦作和駢文，如兩京賦、典引，以及燕然山銘等。從東漢以來，駢文興起，班固之作，實為啟端，故被世人尊為駢文之祖。

61. 昭明文選成書於何時？是誰編的？內容如何？

【答】昭明文選，簡稱文選，書成於梁代，由梁昭明太子蕭統召集梁代文人編選而成的，原三十卷，唐李善注文選時，列為六十卷。共收周秦兩漢至梁代單篇的文章，約分為三十七體，包括賦、楚辭、詩，以及駢文，是繼詩經、楚辭之後的一部文學總集及歷代文選。

62. 梁代有那幾部文學批評的著作？

【答】梁代重要文學批評的著作，最稱著的有鍾嶸的詩品和劉勰的文心雕龍兩部鉅著。

63. 北魏酈道元水經注是怎樣的一部書？

【答】北魏酈道元的水經注，凡四十卷，是依據漢代桑欽所撰的水經，加以作注而成的書。注文較原書多出二十倍，注以水道為綱，描述水道所經的地理環境、歷史事跡、民間傳說，內容豐富，文采生色。本是一部地理河渠的書，經酈道元的描寫，便成為我國第一部山水小品散文的名著。

64. 南朝宋劉義慶的世說新語是怎樣的一部書？

【答】南朝宋劉義慶所寫的世說新語，凡三卷，共分成三十六門，記載東漢以來，至東晉間的文人、學者、士子的言行軼事，反映當時的時代環境、政治背景、社會生活，以及士大夫的生活習俗，至為傳神。是一部寫人物軼言軼事的筆記文學，也是一部民間文人所寫的傳記文學。

65. 何謂「古文」？

【答】古文一詞，顧名思義便是古代的文章。但在唐代古文家所說的古文，在內容上，強調文以載道的精神，具有寫實諷諭的功能；在形式上，強調寫參差句的散文，不與四六文為尚。誠如韓愈所說的：「愈之為古文，豈獨取其句讀不類於今者邪？思古人而不得見，學古道則欲兼通其辭，通其辭者本志乎古道者也。」

66. 在韓愈、柳宗元提倡古文運動之前，有那些古文家在倡導古文，而被視為唐代古文運動的先驅？

【答】在韓柳提倡古文運動之前，有北魏蘇綽提倡樸質的散文，隋李諤、王通倡貫道濟義的文章，唐陳子昂倡言復古，李華、蕭穎士、柳冕、獨孤及、元結等排斥駢麗浮華的文風，崇尚樸質復古的古文，這些文士，都可視為唐代古文運動的先驅。

67. 唐代韓柳古文運動主要的古文理論如何？

【答】唐代韓愈和柳宗元在貞元年代，提倡古文，他們所主張的古文理論，是一、文以載道，認為古文是寫實實用的文學，文章必須記載道德，具有寫實、諷諭的社會功能。二、主張文道合一、文教合一，使文學與儒學合而為一。三、反對時文，也就是反對浮華的駢文。四、主張古文的典範文章，在經書和秦漢文中。於是推崇五經、史記、漢賦為古文的根源。並寫清新謹嚴的古文。

68. 北宋古文運動以誰為盟主？重要的古文家有那些？

【答】歐陽脩繼韓柳之後，提倡文以明道，反對西崑體的浮華，而再次發起古文運動，成為北宋古文運動的文壇盟主。歐陽脩樂於獎掖後進，使文壇一時的俊傑，均出入其門下，如曾鞏、王安石、蘇洵、蘇軾、蘇轍等。

69. 何謂「唐宋八大家」？「唐宋八大家」的名稱，始於何時？

【答】所謂唐宋八大家，是指唐宋時著名的古文家共八人，即唐代的韓愈、柳宗元；宋代的歐陽脩、曾鞏、王安石，以及三蘇父子：蘇洵、蘇軾、蘇轍。「唐宋八大家」之名，始於明茅坤所編選之八大先生文鈔。

70. 明代前後七子古文家的古文主張如何？

【答】明代古文家中，有前七子：李夢陽、何景明等和後七子：李攀龍、王世貞等，他們均主張擬古的古文，主張「文必秦漢，詩必盛唐」。

71. 何謂「公安派」？公安派的文學主張如何？

【答】晚明時，有袁宗道、袁宏道、袁中道三兄弟崛起於文壇，他們都是湖北公安人，世人因稱之為公安派。公安派的古文理論：一、反對前後七子摹擬之俗。二、主張文章的寫作，要獨抒性靈，不拘格套。三、認為文學是進化的，確認古今之變，一代有一代的文學。四、重視小說戲曲的作品。

72. 何謂「古文義法」？清代桐城派是怎樣建立的？

【答】清代康熙年間，方苞編古文義法約選，主張寫古文要重視義法。所謂古文義法，是指寫文章要有內容、要有層次結構，即易經所說的「言之有物，言之有序」。其後有劉大櫆、姚鼐繼續發揚光大，一時蔚成文風。方苞、劉大櫆、姚鼐三人，都是安徽桐城人，尊經史及唐宋八大家，主張為文需重義法，世稱桐城派。

73. 何謂「駢文」？駢文和散文有何不同？

【答】所謂駢文，是東漢以來，流行於六朝間行偶的文章，多為駢辭儷語的文體，後人稱之為駢文，或四六文、六朝文。駢文和散文的不同，在於駢文的基本句法，是以四字或六字為基本句，而散文不受句法的限制，可以自由書寫，因此駢文行偶，散文行奇。其次，駢文尚綺靡華采，散文尚自然樸質。駢文要用典故，散文只要白描鋪敘。駢文盛行於六朝，散文在秦漢時已存在，其後唐宋古文家所寫之古文，其實就是散文。

74. 六朝文有四體之說，是指那四體？

【答】清人孫德謙在六朝麗指一書中，將六朝的駢文分為四大類，稱為六朝文四體：即永明體、宮體、吳均體、徐庾體。永明體是重聲律對仗的駢文，宮體是以輕豔為尚的駢文，吳均體是以山水清音為主的駢文，徐庾體是徐陵、庾信所寫的駢文，也是新宮體。他們開拓了駢文的新境界，不限於宮廷生活輕豔的題材，只要是隨興感發，都可以寫入駢文之中，成為至情至性的文章。

75. 唐代有那些重要的駢文家？以及他們有那些主要的作品？

【答】唐代駢文，承六朝文的遺風，唐代重要的駢文家，有初唐四傑的駢文，大抵措辭綺麗，屬對工整，文章高華，如王勃的滕王閣序、駱賓王的為徐敬業討武曌檄，為天下至文。他如張說、蘇頲，是駢文的能手。中唐陸贄的奏議、柳宗元的謝表，是有名的駢文代表。晚唐李商隱的樊南四六甲乙稿，堪稱晚唐駢文家的巨擘。

76. 清代有那些著名的駢文家？

【答】清代駢文盛行，重要的駢文家，有陳維崧、毛奇齡、汪中、蔣士銓、王闓運、李慈銘等，堪稱一代之大家。

77. 何謂「小說」？

【答】小說一詞，由來已久，為文體中的一種。古代對小說的看法，漢書藝文志將小說家列入先秦諸子九流十家中的一家。小說便是說小道的小篇文章，大抵為街談巷語所傳說的故事，與士大夫說仁義大道理的論著不同。例如魏晉南北朝的志怪筆記，唐宋的傳奇小說，以及宋明的短篇小說，明清的章回小說。今人以為小說本屬散文，後此體特別發達，於是脫離散文而自立門戶，凡是能創作人物、刻劃人性、敘述故事情節的作品，便可視為小說。

78. 我國志怪筆記小說流行於何時？有那些重要的作品？

【答】我國志怪筆記小說，盛行於魏晉南北朝時。所講述的內容，大都記載奇特之事，尤其喜述狐鬼故事。其間重要的作品，有神異經、漢武帝故事、漢武帝內傳、西京雜記、搜神記、拾遺記、博物志、搜神後記、冥祥記、續齊諧記等。

79. 傳奇小說始於何時？它的特色何在？

【答】傳奇小說始於唐代，也是我國短篇小說的開始。傳奇小說的特色，在於寫人事，不在於寫鬼怪的故事。六朝志怪筆記，是寫些非理性的「幻設語」，而唐人傳奇小說已是理性寫實的作品，是寫人間事的「作意」小說。

80. 唐人寫愛情故事的傳奇小說有那些？

【答】唐人寫愛情故事的傳奇小說，有元稹的鶯鶯傳，又名會真記，寫張生和崔鶯鶯的故事；白行簡的李娃傳，寫長安一枝花的故事，亦即李娃和滎陽公兒子的愛情故事；陳元祐的離魂記，寫王宙和張倩娘的故事；蔣防的霍小玉傳，寫李益和霍小玉的愛情故事。

81. 我國的話本始於何時?最早的話本有那些?

【答】我國的話本始於唐代,今所見最早的話本,也是唐代說書人所用的底本,見於敦煌所出土的唐人話本,如韓擒虎話、盧山遠公話、唐太宗入冥記、葉靜能話等。

82. 明清章回小說中,有四大部之稱,是指那四大部?

【答】明清章回小說中,有四大部,即明羅貫中的三國演義、施耐庵的水滸傳、吳承恩的西遊記,以及清曹雪芹的紅樓夢。

國學常識題庫解答

國學名稱、範圍及分類測驗題

一、單選題：

1. Ⓑ 2. Ⓐ 3. Ⓓ 4. Ⓒ 5. Ⓑ 6. Ⓑ 7. Ⓐ 8. Ⓒ 9. Ⓐ 10. Ⓓ 11. Ⓑ

二、複選題：

12. ⒶⒷⒸⒹ 13. ⒷⒸⒹ 14. ⒷⒹ 15. ⒶⒷⒸ 16. ⒶⒷⒸⒹ

經學常識測驗題

一、單選題：

1. Ⓐ 2. Ⓑ 3. Ⓓ 4. Ⓑ 5. Ⓐ 6. Ⓓ 7. Ⓓ 8. Ⓑ 9. Ⓓ 10. Ⓒ 11. Ⓑ 12. Ⓑ 13. Ⓒ 14. Ⓐ
15. Ⓒ 16. Ⓐ 17. Ⓐ 18. Ⓑ 19. Ⓒ 20. Ⓒ 21. Ⓓ 22. Ⓑ 23. Ⓑ 24. Ⓐ 25. Ⓐ 26. Ⓑ 27. Ⓓ 28. Ⓒ
29. Ⓒ 30. Ⓒ 31. Ⓑ 32. Ⓒ 33. Ⓒ 34. Ⓐ 35. Ⓓ 36. Ⓓ 37. Ⓒ 38. Ⓐ 39. Ⓐ 40. Ⓑ 41. Ⓑ 42. Ⓓ

43. Ⓐ 44. Ⓑ 45. Ⓓ 46. Ⓐ 47. Ⓒ 48. Ⓐ 49. Ⓑ 50. Ⓒ 51. Ⓓ 52. Ⓑ 53. Ⓐ 54. Ⓒ 55. Ⓐ 56. Ⓓ

57. Ⓑ

二、複選題：

58. ⒶⒷⒸ 59. ⒷⒸⒹ 60. ⒶⒷⒸ 61. ⒶⒷⒹ 62. ⒸⒹ 63. ⒶⒷⒹ 64. ⒸⒹ 65. ⒸⒹ 66. ⒷⒸⒹ

67. ⒶⒷ 68. ⒶⒹ 69. ⒶⒹ 70. ⒶⒷ 71. ⒷⒸ 72. ⒶⒸⒹ 73. ⒷⒹ 74. ⒶⒷⒸ 75. ⒶⒷ 76. ⒷⒸ

77. ⒷⒸⒹ 78. ⒶⒷⒸⒹ 79. ⒶⒷⒸⒹ 80. ⒶⒷⒸ 81. ⒶⒸⒹ 82. ⒶⒷⒸⒹ 83. ⒶⒷⒸⒹ

84. ⒷⒸⒹ 85. ⒶⒷⒸⒹ 86. ⒶⒷⒹ 87. ⒶⒷⒹ 88. ⒶⒷⒸⒹ 89. ⒶⒷⒹ 90. ⒷⒸⒹ 91. ⒶⒷ

92. ⒷⒸⒹ 93. ⒶⒷⒹ 94. ⒶⒷⒹ 95. ⒶⒹ 96. ⒶⒷⒸ 97. ⒶⒷⒹ 98. ⒶⒷⒸⒹ 99. ⒶⒸⒹ

100. ⒶⒷ 101. ⒶⒸⒹ 102. ⒶⒷⒹ 103. ⒶⒸⒹ 104. ⒶⒷⒸⒹ 105. ⒶⒷⒸ 106. ⒶⒷⒸⒹ 107. ⒸⒹ

史學常識測驗題

一、單選題：

1. Ⓒ 2. Ⓑ 3. Ⓓ 4. Ⓑ 5. Ⓓ 6. Ⓒ 7. Ⓐ 8. Ⓒ 9. Ⓑ 10. Ⓐ 11. Ⓐ 12. Ⓒ 13. Ⓓ 14. Ⓑ

15. Ⓐ 16. Ⓐ 17. Ⓑ 18. Ⓓ 19. Ⓐ 20. Ⓑ 21. Ⓓ 22. Ⓒ 23. Ⓑ 24. Ⓐ 25. Ⓒ 26. Ⓒ 27. Ⓒ 28. Ⓑ

29. Ⓐ 30. Ⓐ 31. Ⓒ 32. Ⓓ 33. Ⓓ 34. Ⓑ 35. Ⓒ 36. Ⓐ 37. Ⓒ 38. Ⓑ

二、複選題：

39. ⒶⒷ 40. ⒶⒸ 41. ⒷⒸ 42. ⒶⒷⒸⒹ 43. ⒷⒹ 44. ⒷⒸ 45. ⒸⒹ 46. ⒶⒸⒹ 47. ⒶⒷⒹ

48. ⒶⒷⒸ 49. ⒶⒷⒹ 50. ⒶⒹ 51. ⒷⒸ 52. ⒶⒷⒸ 53. ⒶⒷⒸⒹ 54. ⒷⒹ 55. ⒶⒷ
56. ⒶⒷⒸⒹ 57. ⒶⒷⒹ 58. ⒶⒸⒹ 59. ⒶⒷⒹ 60. ⒶⒸ 61. ⒷⒸⒹ 62. ⒶⒸⒹ 63. ⒶⒷⒹ
64. ⒷⒸⒹ 65. ⒶⒷⒸⒹ 66. ⒷⒸⒹ 67. ⒸⒹ 68. ⒶⒷⒹ 69. ⒷⒸ 70. ⒶⒷⒸⒹ 71. ⒶⒷⒸ
72. ⒶⒷ 73. ⒷⒸⒹ 74. ⒶⒷⒹ 75. ⒸⒹ 76. ⒷⒹ 77. ⒶⒷⒸ 78. ⒶⒷⒸⒹ 79. ⒷⒸ 80. ⒶⒷⒹ
81. ⒶⒷ

子學常識測驗題

一、單選題：

1. Ⓒ 2. Ⓓ 3. Ⓓ 4. Ⓑ 5. Ⓒ 6. Ⓐ 7. Ⓐ 8. Ⓑ 9. Ⓓ 10. Ⓒ 11. Ⓑ 12. Ⓑ 13. Ⓒ 14. Ⓑ
15. Ⓐ 16. Ⓑ 17. Ⓓ 18. Ⓑ 19. Ⓓ 20. Ⓐ 21. Ⓓ 22. Ⓒ 23. Ⓑ 24. Ⓓ 25. Ⓓ 26. Ⓑ 27. Ⓓ 28. Ⓒ
29. Ⓒ 30. Ⓐ

二、複選題：

31. ⒸⒹ 32. ⒶⒷⒸⒹ 33. ⒶⒷⒸⒹ 34. ⒷⒸⒹ 35. ⒷⒸⒹ 36. ⒶⒷⒸⒹ 37. ⒶⒷⒸ
38. ⒶⒷⒸⒹ 39. ⒶⒷⒸⒹ 40. ⒶⒷⒸ 41. ⒷⒸ 42. ⒶⒷ 43. ⒶⒷ 44. ⒶⒸⒹ 45. ⒶⒷⒸⒹ
46. ⒸⒹ 47. ⒸⒹ 48. ⒶⒷⒸⒹ 49. ⒶⒷⒸⒹ 50. ⒶⒷⒸⒹ

文學常識測驗題

一、單選題：

1. Ⓒ 2. Ⓐ 3. Ⓒ 4. Ⓑ 5. Ⓑ 6. Ⓒ 7. Ⓒ 8. Ⓒ 9. Ⓓ 10. Ⓑ 11. Ⓑ 12. Ⓑ 13. Ⓒ 14. Ⓒ

15. Ⓑ 16. Ⓐ 17. Ⓒ 18. Ⓓ 19. Ⓑ 20. Ⓓ 21. Ⓐ 22. Ⓐ 23. Ⓑ 24. Ⓒ 25. Ⓑ 26. Ⓐ 27. Ⓐ 28. Ⓓ

29. Ⓒ 30. Ⓒ

二、複選題：

31. ⒶⒸⒹ 32. ⒸⒹ 33. ⒶⒷⒸⒹ 34. ⒷⒸ 35. ⒶⒸⒹ 36. ⒶⒷⒸ 37. ⒶⒹ 38. ⒶⒸⒹ

39. ⒶⒷⒸ 40. ⒶⒷⒸⒹ 41. ⒶⒷ 42. ⒶⒷⒸⒹ 43. ⒶⒸ 44. ⒶⒷ 45. ⒶⒸⒹ 46. ⒶⒷⒹ

47. ⒶⒸⒹ 48. ⒷⒸⒹ 49. ⒸⒹ 50. ⒶⒸ

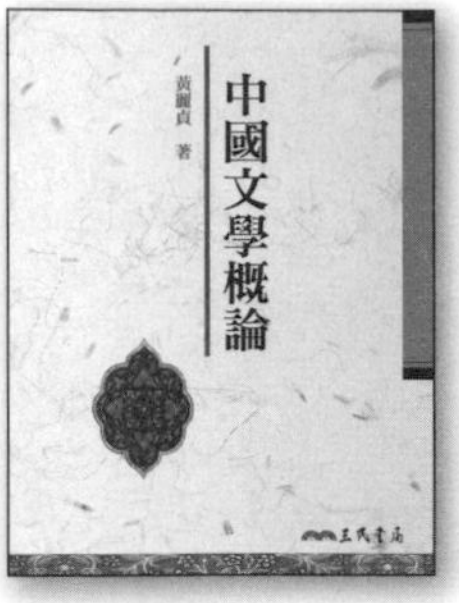

中國文學概論

黃麗貞　著

全書九章，首章說明中國文學的定義和特色；其他八章，涵蓋詩歌、散文、楚辭、賦與駢文、小說、詞、散曲、戲劇等八大類文學，精確詳盡地論介其涵義特質、形式內容與發展過程中所產生的變化與流派，並選擇名家的代表作詮釋欣賞。作者將自己研究的心得新見，融入各章節中，是中文系學生及研究、愛好中國文學人士都要一讀的好書。

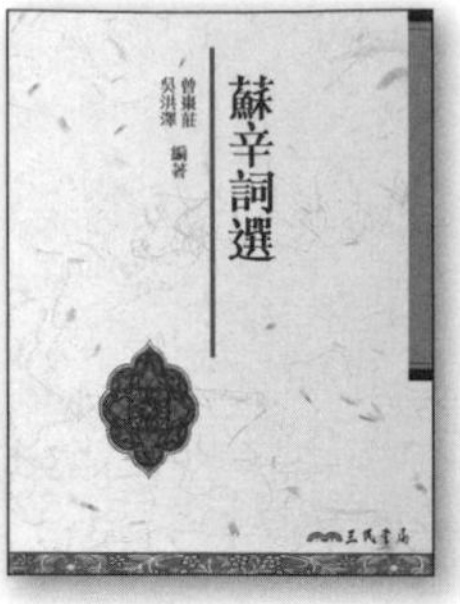

蘇辛詞選

曾棗莊、吳洪澤　編著

本書共選錄蘇軾詞七十四首、辛棄疾詞八十七首。每首詞下分注釋、賞析、集評等。書前並有〈導言〉，書末兼附蘇辛詞總評、蘇辛年表。本書入選作品，以豪放詞為主，同時也兼顧其他風格的代表作，以期展現詞壇大家不拘一格之風範。是學術性、資料性與鑒賞性集於一體的難得佳作。

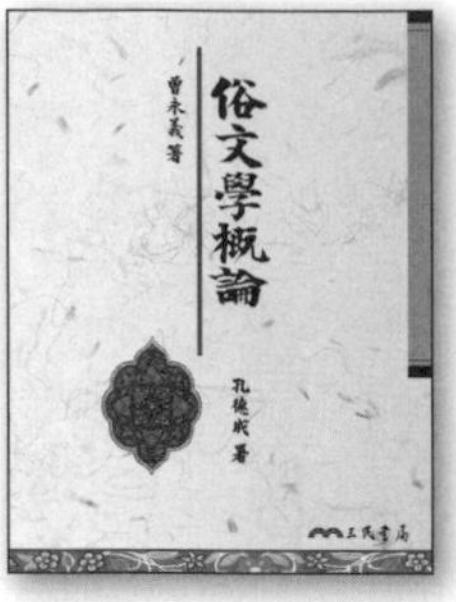

俗文學概論

曾永義　著

本書的內容是作者累積多年的研究心血。書中之建構，頗見新穎；對俗文學之範圍與分類，亦出己見。全書以「短語綴屬」、「各類型之故事」、「民族故事」、「韻文學」，將諺語、歇後語、慣用語、口頭成語、秘密語等歸入「俗語」之中討論，均可收以簡御繁之效。

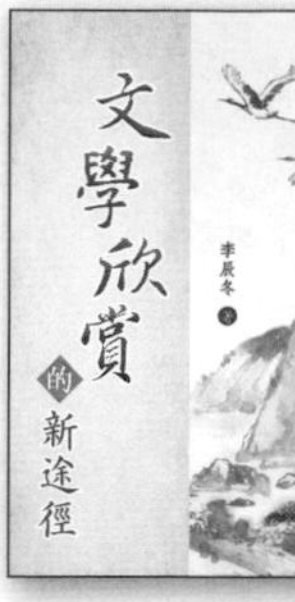

文學欣賞的新途徑

李辰冬　著

本書收錄近二十篇論述，包含詩歌、詞、賦、平話小說等作品的欣賞，以及作者對於文學批評、寫作的看法。篇篇嚴謹精確，且慧眼獨具，筆法深入淺出，推論之來龍去脈一目了然，可引導對文學評論有興趣的讀者，從不同角度深入鑽研，更全面的細品文學況味。

古典小說選讀

丁肇琴　編著

古典小說是了解當時社會文化的一項重要材料。本書從六朝至明清之際浩如煙海的小說作品中，精選最具代表性、趣味性、文學性和社會性的名家名作，並輔以精確的注釋及深刻的賞析，足堪稱為古典小說選集的範本。特別的是，本書還加上「延伸閱讀」這一單元，不僅能提供讀者閱讀相關文本或論文的捷徑，也幫助您更貼近作家的心靈。

古典詩歌選讀

王文顏、侯雅文、顏天佑　編著

本書依照年代先後，編選幾位代表性古典詩人及其作品，並另採「主題式」選詩，將同類型的詩歌集中呈現，以便讀者比較、鑑賞其間異同，增加研讀的趣味。此外，更另立專章，收錄數首臺灣古典詩歌、簡述臺灣古典詩歌發展的梗概，呈現出在特殊的歷史背景、地理環境、社群文化之下，臺灣古典詩的卓爾風味。希望帶領讀者品賞讀詩的喜悅，一同貼近詩人的心靈。

詞箋

張夢機　著

作者從南唐到南宋，精選出十五位詞人最具代表性的作品，以平易的字句，流暢的筆調，作深入淺出的賞析。作者在箋詞之前，皆先介紹詞人生平及其詞風，再選錄代表作若干首，逐一欣賞，同時對詞中格律章法，也多所闡發，切入角度亦甚為廣泛，包含詞牌、用韻、作者風格、意境分析等。本書對於初入門之學生，或者一般讀者自學、進修等等，甚有幫助；讀者亦可藉由本書，領略經典詞作中的妙境。